Das große **Ventura** Handbuch

Matthias Zehden, Holger Sparr

fm falkemedia

Impressum
Das große Ventura Handbuch, Matthias Zehden, Holger Sparr
Überarbeitete Auflage 2022, ISBN 978-3-96417-256-3
Copyright © 2022 Falkemedia GmbH & Co. KG
An der Halle 400 #1 D-24143 Kiel info@falkemedia.de
Geschäftsführer und Herausgeber: Kassian A. Goukassian
(V.i.S.d.P)

Urheberrecht: Alle hier veröffentlichten Beiträge sind urheberrechtlich geschützt. Reproduktionen jeglicher Art sind nur mit Genehmigung des Verlags gestattet.
Veröffentlichungen: Sämtliche Veröffentlichungen in diesem Buch erfolgen ohne Berücksichtigung eines eventuellen Patentschutzes. Warennamen werden ohne Gewährleistung einer freien Verwendung benutzt.
Haftungsausschluss: Für Fehler im Text, Bildern, Skizzen usw., die zum Nichtfunktionieren oder eventuellen Schäden von Bauelementen führen, wird keine Haftung übernommen.
Datenschutz: falkemedia GmbH & Co. KG,
Abt. Datenschutz, An der Halle 400, 24143 Kiel,
datenschutzfragen@falkemedia.de

Liebe Leserin, lieber Leser,

willkommen zum macOS-Handbuch von Falkemedia. Wir haben die aktuelle Ausgabe komplett überarbeitet und an das neue macOS Ventura angepasst. Doch weiterhin gilt: Das macOS-Handbuch soll ganz bewusst kein dicker Wälzer fürs Regal sein, sondern sich mit vielen Tipps und Workshops auf die Praxis konzentrieren.

Ventura macht sehr deutlich, was sich schon die letzten Jahre abgezeichnet hat. Apple stärkt die eigene Plattform dadurch, dass wichtige neue Funktionen und Apps parallel für Macs, iPhones und iPads erscheinen. Die reibungslose Zusammenarbeit der eigenen Apps und Geräte durch iCloud und die ständig verbesserten Integrationsfunktionen stehen ganz oben auf Apples Agenda. Ergänzt wird das Paket in diesem Jahr durch viele nützliche neue Funktionen, die die alltägliche Arbeit erleichtern.

Das macOS-Handbuch soll Sie dabei unterstützen, mehr aus Ihrem Mac und Ventura herauszuholen. Wir stellen die neuen Funktionen vor, erklären ausführlich die Konfiguration des Systems, die Nutzung der Apps und helfen beim Umstieg von Windows.

Wir hoffen sehr, dass das macOS-Handbuch Ihnen im Alltag mit Ihrem Mac weiterhilft und Ihnen neue Möglichkeiten aufzeigt.

Viel Spaß bei der Lektüre!

Herzlichst Ihr

Matthias Zehden

FÜR EILIGE

1 **Schneller Einstieg**	2 **Vorbereitung auf Ventura**	3 **Der Schreibtisch**
ab Seite 12	ab Seite 32	ab Seite 44

4 **Konfiguration**	5 **Programme**	6 **Weitere Apps**
ab Seite 82	ab Seite 124	ab Seite 172

7 **Ventura, iOS & Co.**	8 **macOS Praxis**	9 **Umstieg von Windows**
ab Seite 188	ab Seite 206	ab Seite 246

Inhalt

1
Schneller Einstieg

Der nächste große Schritt für den Mac 13
    Neue Voraussetzungen 14
    Eine Bühne für Programme. 14
    Nachrichten mit Extras 15
    Mehr Komfort für Mail. 16
    Besser surfen mit Safari. 17
    Neu in Fotos 18
    FaceTime mit iPhone 19
    Brainstorming mit Freeform 20
    Neue Apps für den Mac 20
    Schutzschild bei Cyberangriffen 21
    Einstellungen á la iOS. 22
Kaufberatung - der richtige Mac 24
    Upgrades ante portas? 25
    Wie viel Leistung wird gebraucht? 25
    Portabler Einstieg: MacBook Air. 26
    Mobil arbeiten: MacBook Pro 27
    Anspruchslos: Mac mini 28
    Für den Schreibtisch: iMac 28
    Bodybuilder: Mac Studio. 29
    Eigentlich obsolet: Mac Pro. 30
    Die richtige Ausstattung 30
    Schnell zuschlagen? 31

2
Vorbereitung auf Ventura

Tipps zum Aufräumen 33
    Freier Platz hilft 33
    Festplatte vs. SSD 34
    Arbeitsplatz optimieren. 34

Überblick gewinnen 37
Aufräumen lassen. 37
Mediatheken ausmisten 38
Immer mehr Fotos 39
Und dazu noch Videos 40
Daten extern speichern 41
Downloads und Mail-Anhänge überprüfen. 42
Komprimieren statt löschen 43

3
Der Schreibtisch

Ein schneller Blick auf Ihren Arbeitsplatz **45**
   Die Elemente der Menüleiste 46
   Das Apple-Menü. 48
Das Dock. **49**
   Objekte zum Dock hinzufügen 50
   Ordneransichten im Dock 51
   Objekte aus dem Dock entfernen .52
   Das Dock konfigurieren 52
Die Mitteilungszentrale. **53**
   Gesammelte Mitteilungen. 53
   Heute - Informationen des Tages. 54
Der Finder. **55**
   Das Fenster zum Mac 55
   Die Symbolleiste. 56
   Die Seitenleiste 57
   Feintuning für den Finder 58
Fensteransichten im Finder **59**
   Arbeiten mit Tabs 61
   Weitere Fensterleisten 62
Arbeiten mit Dateien **63**
   Ordner anlegen. 63
   Dateien und Ordner umbenennen 64
   Dateien bewegen 64
   Kopieren statt bewegen. 65
   Dateien duplizieren 65
   Verweise auf Dateien anlegen 66
   Dateien löschen 67

Dateien organisieren mit Tags 68
    Vorhandene Tags bearbeiten. 70
    Eigene Tags anlegen. 70
    Beliebige Tags zuweisen 71
    Tipps für den Alltag 71
Wichtige Ordner, die Sie kennen sollten. 72
    Die vier Basisordner. 72
    Ihr ganz privater Ort. 73
    Zugang zum Unterbau 74
    Ordner für Zeichensätze 76
    Sollte man im System aufräumen?. 77
Programme im Launchpad. 77
Der Desktop-Manager: Mission Control 79
    Bühne frei für Stage Manager 81

4
Konfiguration

Die Steuerzentrale von macOS. 83
    Die neue Oberfläche. 84
    Kurze Tour durch die Einstellungen 84
    Grundlegende Eigenschaften 85
    Mehr Sicherheit für den Mac. 86
    Ein- und Ausgabe konfigurieren. 86
    Einstellungen aufrufen 88
Benutzer:innen verwalten. 89
    Privater Ordner. 89
    Unterschiedliche Konten. 90
    Gruppen und Rechte 92
Netzwerk einrichten 94
    Router und Alternativen 94
    Kabel oder drahtlos?. 96

Freigaben - der Mac als Server. 99
    Datei- und Internetfreigabe. 99
    Medien teilen 99
    Rechner fernsteuern. 100
Sicherheit und Datenschutz. 103
    Zugriff verhindern 103
    Daten verschlüsseln 103
Schnelle Einstellungen 108
Mitteilungen im Griff. 110
    Die Mitteilungszentrale 112
    Flexible Widgets. 112
iCloud hält die Fäden in Hand 114
    Schnellstart mit iCloud 114
    Vorsicht, Platzfresser 114
    Sicherheit und Komfort. 116
Bildschirmzeit auf dem Mac. 119
    Protokoll aktivieren 119
    Nutzung begrenzen 122

5

Programme

Die Apps von macOS Ventura. 125
Safari macht das Surfen sicherer 126
    Tabgruppen erzeugen 127
    Passkeys sorgen für Sicherheit 128
Mail macht E-Mails bunter 130
Nachrichten mit kleinen Extras 132
    Nachrichten zurückholen 133
    Nach dem Senden bearbeiten 133
FaceTime wird mächtiger. 134
    Anruf per Handoff übergeben 137
Musik mit und ohne Flatrate 138
Fernsehen auf dem Mac 140
Podcasts statt Radio 142
Fotos auf dem Mac. 144
    Bilder besser bearbeiten 146
    Duplikate finden. 147
    Änderungen übernehmen 147

Die Karten werden immer besser	**148**
Praktische Notizen	**150**
Tags in Notizen nutzen	151
Erinnerungen als Alltagshelfer	**152**
Listen mit Vorlagen organisieren	153
Home macht das Zuhause smart	**154**
Kurzbefehle für den Mac	**156**
Eigene Kurzbefehle	158
Noch mehr Programme	**160**
Kalender	160
Bücher	160
Sprachmemos	160
Wetter	161
Rechner	161
Photo Booth	162
Kontakte	162
Vorschau	162
Wo ist?	163
QuickTime Player	163
Aktien	163
Notizzettel	164
TextEdit	164
Schriftsammlung	164
Digitale Bilder	165
Mission Control	165
Uhr	165
Dienstprogramme	**166**
Bildschirmfoto	166
Schlüsselbundverwaltung	166
Festplattendienstprogramm	167
Aktivitätsanzeige	168
Terminal	169
Skript-Editor	169
ColorSync-Dienstprogramm	170
Audio-MIDI-Setup	170
Grapher	171
Noch mehr Dienstprogramme	171

6
Weitere Apps

App Store mit Erlebnis-Shopping. 173
    Vor- und Nachteile des Stores 173
    Transparenz geht vor 174
    Redaktionelle Betreuung des Angebots. 174
    Platz für Apple Arcade 176
Die kostenlosen Extras: iWork und iLife. 178
    Pages 180
    Numbers 180
    Keynote 184
    iMovie 184
    GarageBand. 186

7
Ventura, iOS & Co.

Der Mac im Team mit iPhone und iPad 189
    Zugriff auf Telefon und SMS 190
    Der schnelle Datentausch 192
    Gerätewechsel mit Handoff. 192
    Nahtlose Steuerung für iPads 194
    Die iPhone-Kamera nutzen 195
Apple One 202
    Apple Music. 202
    Apple TV+ 203
    Apple Arcade. 203
    iCloud+ 203
    Apple Fitness+ 204

8
macOS Praxis

Ein sauberer Neuanfang 207
    Startvolume löschen 208
    Konfiguration anpassen. 209
    Sicherheit checken. 210
    Konfiguration abschließen 211

Mit wenig Massenspeicher auskommen	218
Mehr Platz im Netz	219
Privater Server	220
Platz sparen	222
Auf die Bühne mit dem Stage Manager	**226**
Limitierungen im Alltag	228
Datensicherung mit Time Machine	**231**
Daten wiederherstellen	233
Teilrestauration	234
Startfähiger USB-Stick für den Notfall	**241**
Starthilfe ohne Internet	241
Probleme vermeiden	242

9
Umstieg von Windows

Daten vom Windows-PC übertragen	247
Das kann der Migrationsassistent	247
Datenübertragung mit der Cloud	248
Daten manuell kopieren	250
Dokumente weiter nutzen	252
Windows-Apps auf dem Mac	**254**
Windows statt macOS starten	254
Den PC im Mac simulieren	254
Sonderfall Apple Silicon	256

1

Schneller Einstieg

Mit macOS Ventura zeigt Apple wieder, das man auch die Mac-Plattform nicht aus den Augen verloren hat. Das aktuelle macOS überzeugt durch viele nützliche neue Funktionen im System und in den mitgelieferten Programmen, die die tägliche Arbeit leichter machen. Wir geben einen Überblick über die Neuheiten des Systems und geben Tipps zur Auswahl des für Sie passenden Mac.

Der nächste große Schritt für den Mac

Nach Monterey hat Apple auch dieses Mal wieder einen kalifornischen Küstenort als Namenspate für sein neues System ausgewählt – macOS 13 trägt den Beinamen Ventura. Eine weitere Gemeinsamkeit der beiden Systeme ist, dass sie viel gemeinsam haben, wenn das Wortspiel erlaubt ist. Apple hat nämlich gar nicht versucht, alles neu zu erfinden, sondern betreibt mit Ventura erneut eine konstruktive Produktpflege. Es gibt zwar spannende neue Funktionen, wie den Stage Manager, aber nicht die eine umwälzende Neuerung, die alles andere in den Schatten stellt. Stattdessen fühlt man sich als macOS-Nutzer:in gleich zu Hause. Wenn es so etwas wie einen roten Faden in den zahlreichen neuen Funktionen gibt, dann am ehesten die Tatsache, dass viele davon bei ganz alltäglichen Aufgaben helfen, zum Beispiel die Kommunikation in Nachrichten und Mail, das Surfen mit Safari oder die Nutzung von FaceTime komfortabler machen.

Außerdem treibt Apple die Vereinheitlichung der hauseigenen Systeme und Apps weiter voran. Ein gutes Beispiel dafür sind die neu gestalteten Systemeinstellungen oder einige neue

Unterstützte Geräte

Die Installation von Ventura setzt mindestens einen der folgenden Macs voraus: MacBook Air 2018, MacBook 2017, MacBook Pro 2017, iMac 2017, iMac Pro 2017, Mac mini 2018, Mac Pro 2019, Mac Studio.

Apps, die bisher auf dem Mac gefehlt haben. Doch bevor wir in die Beschreibung der neuen Funktionen von System und Apps einsteigen, haben wir leider noch schlechte Nachrichten für die Nutzer:innen vieler älterer Macs.

Neue Voraussetzungen

Mit macOS Ventura hebt Apple die Anforderungen an die Hardware noch einmal deutlich an. Die ältesten Macs, auf denen sich das aktuelle System installieren lässt, sind iMacs und einige MacBooks von 2017. Bei vielen anderen Macs muss es schon der Jahrgang 2018 oder sogar 2019 sein. Damit scheiden leider viele ältere Rechner, die leistungsmäßig bei alltäglichen Aufgaben immer noch gut mithalten können, für die Verwendung mit Ventura aus. Sie lassen sich natürlich auch weiterhin prima mit Monterey nutzen, für das Apple noch eine ganze Zeit lang Sicherheitsupdates liefern wird, doch es bleibt das Gefühl, von der aktuellen Entwicklung abgekoppelt zu sein. Wer sich daran stört, muss in den sauren Apfel beißen und in einen neuen Mac investieren. Dabei hilft auch die später folgende Kaufberatung. Dank der schnellen und energieeffizienten M-Prozessoren von Apple bieten die aktuellen Macs natürlich auch noch einiges mehr als nur Kompatibilität mit Ventura.

Eine Bühne für Programme

Der Stage Manager ist eine Weiterentwicklung der Fensterverwaltung des Mac. Ist er aktiv, sehen Sie die Fenster der gerade aktiven App in der Mitte des Bildschirms. Die zuletzt benutzten Programme und Miniaturen ihrer Fenster erscheinen am linken Bildschirmrand. Klicken Sie dort auf eine App, wird sie aktiv und die vorher benutzte wandert nach links in die Übersicht. Optional lässt sich immer nur ein Fenster der App öffnen und das jeweils nächste durch mehrfaches Klicken durchblättern. Oder Sie blenden die Objekte auf dem Schreibtisch aus.

Mit aktivem Stage Manager können Sie sich voll auf die Arbeit konzentrieren und den Bildschirm effektiver nutzen, da er ausblendet, was Sie gerade nicht nutzen. Das ist nicht nur auf einem großen Monitor komfortabel, sondern gerade auch auf MacBooks,

Fensterverwaltung mit Stage Manager: Die aktiven Apps stehen auf der Bühne in der Mitte, die ausgeblendeten links am Rand.

die mit weniger Platz auskommen müssen – der Stage Manager bietet mehr Übersicht und schnelle App- oder Fensterwechsel.

Man kann sich vielleicht darüber streiten, ob das Programm „nur" ein Abfallprodukt des neuen iPadOS ist, da es die Multitaskingfähigkeiten der Tablets enorm verbessert und einen einzelnen Bildschirm effektiver nutzbar macht. Doch wer sich auf dem Mac mit Mission Control, virtuellen Desktops und Vollbildmodus nicht so richtig anfreunden kann, sollte Stage Manager auf jeden Fall ausprobieren. Als Alternative oder auch in Kombination mit den genannten Funktionen, denn auch das ist möglich.

Nachrichten mit Extras

Die App Nachrichten ist nicht vom Mac wegzudenken. Die Kommunikation ist einfach, direkt und schnell. Trotz harter Konkurrenz durch Whatsapp & Co. bevorzugen viele Mac-Nutzer:innen sie, auch weil der Dienst so perfekt auf allen Apple-Geräten vom Mac bis zur Apple Watch integriert ist.

In Ventura erhält die App nun zwei Funktionen, auf die viele Anwender:innen wohl schon lange gewartet haben. Sie kann jetzt versendete Nachrichten zurückzuholen oder nachträglich bearbeiten. Dabei gibt es allerdings gewisse Einschränkungen. Im ersten Fall muss man schnell sein, denn es ist nur zwei Minuten lang möglich. Für das Editieren haben Sie immerhin 15 Minuten Zeit, wobei sich sowohl Sie als auch der Empfänger trotzdem noch

Ventura

macOS 13 verzichtet auf große Kapriolen und bleibt auf angenehme Weise in der Nähe des Vorgängers. Es steht für eine gelungene Weiterentwicklung, die vor allem im Alltag nützliche Funktionen nachliefert, die viele Nutzer:innen bisher vermisst haben dürften.

das Original anzeigen lassen können. Um die üblichen Macken der Autokorrektur auszubügeln, reicht es aber. So richtig funktionieren beide Features ohnehin nur, wenn auch der Empfänger schon eines der aktuellen Apple-Systeme verwendet. Zum Glück sind Mac- und iPhone-Nutzer:innen dafür bekannt, neue Systeme relativ schnell anzunehmen.

Sehr praktisch ist auch die Möglichkeit, empfangene Nachrichten als ungelesen zu markieren, um sie sich später noch einmal vorzunehmen. Gelöschte Beiträge landen zunächst für 30 Tage in einem speziellen Bereich und lassen sich in dieser Zeit bei Bedarf wiederherstellen.

Außerdem erweitert Apple die SharePlay-Funktion. Man kann jetzt auch über Nachrichten die Wiedergabe von Filmen und Musik gemeinsam starten und parallel chatten. Notizen, Präsentationen, Tabgruppen in Safari und vieles mehr lassen sich ebenfalls teilen, um sofort die Zusammenarbeit zu starten.

Mehr Komfort für Mail

E-Mails sind und bleiben wohl auch bis auf Weiteres der am meisten verbreitete Kommunikationsstandard. Gerade jüngere Smartphone-Nutzer:innen sehen sie als Dinosaurier des Nachrichtenaustausches, aber ohne geht es trotzdem nicht - auf dem Rechner schon gar nicht. Eine E-Mail-Adresse hat eben doch jeder, entsprechend ist die Mail-App ein unentbehrlicher Bestandteil jedes Systems. Statt E-Mails einfach nur als ungelesen zu markieren, besitzt die Mail-App von Ventura eine praktische Funktion zur

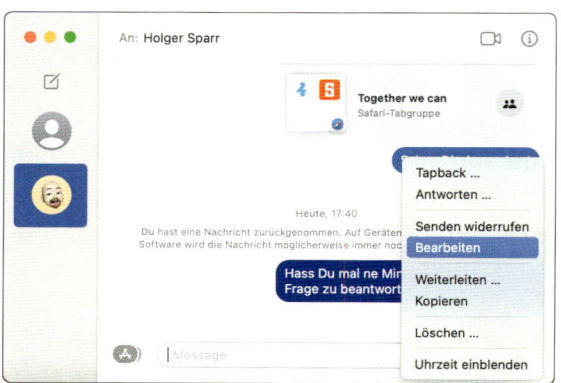

Versendete Nachrichten lassen sich kurze Zeit zurückholen und korrigieren. Allerdings nicht, ohne dass der Empfänger das mitbekommt.

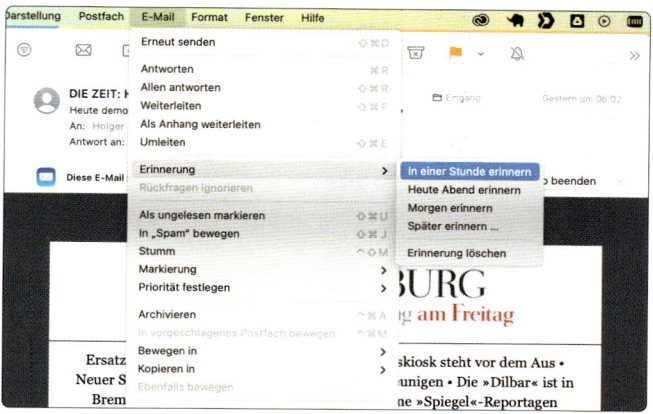

Mail kann Sie an bereits empfangene E-Mails erneut erinnern, wenn Sie gerade keine Zeit haben. Zudem erlaubt es Termine für das Senden von Nachrichten.

Wiedervorlage. Die erinnert einen zu einem wählbaren Zeitpunkt erneut an die E-Mail.

Außerdem unterstützt Mail den zeitversetzten Versand. Dafür können Sie einfach einen Termin vorgeben. Haben Sie eine E-Mail verschickt, lässt sich das Absenden zehn Sekunden lang rückgängig machen, was letztlich einfach bedeutet, dass die App etwas wartet bis eine E-Mail grünes Licht für den Versand bekommt. Über die Einstellungen lässt sich die Verzögerung ausschalten oder auf bis zu 30 Seklunden ausdehen.

Beim Schreiben erkennt Mail aus dem Kontext heraus fehlende Anhänge oder Zieladressen, und die Suchfunktion berücksichtigt nun Tippfehler und Synonyme.

Besser surfen mit Safari

In Safari hat Apple die Fähigkeiten von Tabgruppen erweitert. Sie erhalten jetzt eine eigene Startseite sowie gepinnte Tabs. Vor allem lassen sie sich nun aber mit anderen teilen und gemeinsam nutzen. So sehen nicht nur alle die gleichen Tabs, sondern können auch eigene Inhalte hinzufügen.

Die Nutzung von Passwörtern wird komfortabler. Die automatisch vorgeschlagenen starken Passwörter lassen sich nun an die Anforderungen einer Webseite anpassen, falls diese bestimmte Zeichen nicht erlaubt oder eine andere Länge vorgibt.

In Zukunft sollen allerdings Passkeys bei der Anmeldung – nicht nur auf Webseiten – an die Stelle konventioneller Passwörter treten. Dabei handelt es sich um Paare aus einem öffentlichen und einem privaten Schlüssel, wie Sie es vielleicht schon von der Verschlüsselung von E-Mails kennen. Diese Paare erzeugt das System individuell für jeden Dienst, wodurch das Problem entfällt, dass man sich ständig neue Passwörter merken muss (oder leichtsinnigerweise immer dasselbe benutzt). Ein weiterer Vorteil ist, dass der private Schlüssel nur auf Ihren Geräten liegt, sich somit nicht bei einem Einbruch vom Server stehlen lässt.

Apples Systeme speichern Passkeys verschlüsselt und synchronisieren sie auf Ihren Geräten über iCloud.

Neu in Fotos

Ein weiteres wichtiges Update betrifft die App Fotos. Die aktuelle Version besitzt nun in der Seitenleiste einen Eintrag für Duplikate, der das Aufräumen der Mediathek erleichtert. In diesem Bereich zeigt sie automatisch mehrfach vorhandene Bilder, wobei sie auch gleiche Motive in unterschiedlicher Auflösung oder Kompression erkennt. Für mehr Privatsphäre lassen sich die Alben für gelöschte und ausgeblendete Bilder mit Touch ID oder Passwort schützen. Zumindest bei den ausgeblendeten Bildern fragt man sich, warum es dieses Feature nicht schon lange gibt.

Die Texterkennung funktioniert nun auch in Standbildern von Videos und unterstützt die Übersetzungsfunktion.

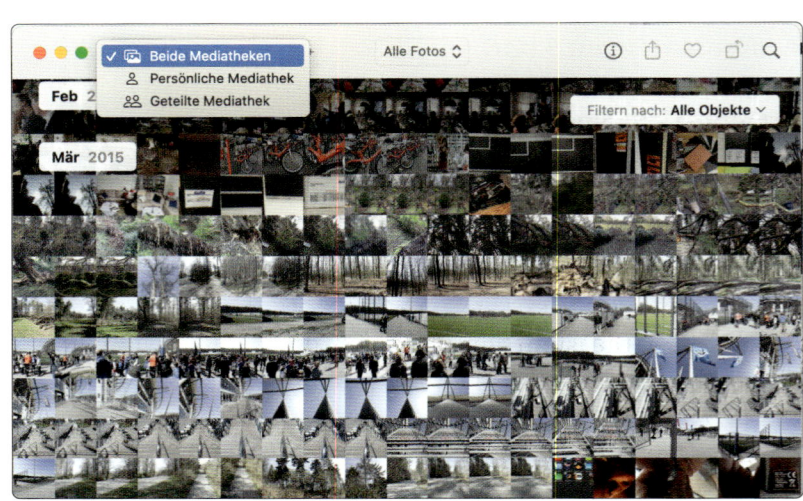

In Fotos können Sie eine zusätzliche Mediathek anlegen, die sich mit maximal fünf Personen teilen lässt. Über ein Menü wählen Sie, welche die App anzeigen soll.

Mit der Funktion Kamera-Übergabe können FaceTime und andere Apps die Kamera des iPhone nutzen, inklusive Schreibtischansicht per Ultraweitwinkel.

Mit einem Update will Apple außerdem die Möglichkeit zur Einrichtung einer zusätzlichen gemeinsamen Mediathek mit der Familie oder Freund:innen nachreichen. Dort können dann alle gleichberechtigt Bilder hinzufügen, löschen oder bearbeiten. Ausgewählte Favoriten, Schlagwörter und Untertitel synchronisiert Fotos ebenfalls für alle. Der Abgleich findet über iCloud statt. Den für die geteilte Fotomediathek notwendigen Speicherplatz stellt der oder die Initiator:in über das iCloud-Konto zur Verfügung. Für die anderen ist die Funktion platzneutral.

FaceTime mit iPhone

Der Trend zum Homeoffice hat der Entwicklung von FaceTime ordentlich Schwung gegeben, der immer noch nachwirkt. Nach Konferenzen und Weblinks fügt Apple FaceTime dieses Jahr zu den von Handoff unterstützten Diensten hinzu. Sie können nun eine laufende FaceTime-Verbindung zum Beispiel vom iPhone auf den Mac holen und umgekehrt.

Außerdem kann Ventura jetzt die Kamera des iPhone für FaceTime nutzen. Die ist nicht nur deutlich besser als die eingebaute FaceTime-Kamera vieler Macs, sondern bietet auch einige Extras. So nutzt die Funktion das Ultraweitwinkelobjektiv (ab iPhone 11) für einen Blick auf den Schreibtisch oder die Verfolgung, falls die sprechende Person sich während des Videocalls bewegt oder

> **Spotlight**
>
> Apple hat auch die Suche mit Spotlight verbessert. Es kann jetzt nach Text in Bildern suchen und unterstützt den Aufruf der Finder-Vorschau zu Fundstellen. Sie können schnell einen Wecker oder Timer stellen oder einen Fokus aktivieren.

weitere Personen hinzukommen. Mithilfe der Porträtfunktion des iPhone lässt sich der Hintergrund weichzeichnen.

Brainstorming mit Freeform

Freeform heißt eine faszinierende neue App zur Entwicklung von Ideen und Projekten. Das Besondere an ihr ist, wie sie die gleichzeitige gemeinsame Arbeit mit mehreren Personen an einem Dokument erlaubt. Die App stellt eine freie Arbeitsfläche zur Verfügung, der die Mitarbeitenden alle möglichen Inhalte wie Notizen, Skizzen, Fotos und andere Dokumente hinzufügen können. Die schnelle Kommunikation über Nachrichten oder FaceTime ist integriert. Freeform soll mit einem späteren Update, aber noch im Laufe des Jahres 2022 für Mac, iPhone und iPad erscheinen. Dabei dürfte es besonders für Letzteres durch die einfache Stifteingabe interessant sein.

Neue Apps für den Mac

Im Rahmen der Angleichung aller Apple-Systeme hat macOS Ventura auch noch zwei Neuzugänge im Ordner Programme zu verzeichnen. Das ist als Erstes die neue Wetter-App, die wirklich sehenswert ist. Sie nutzt die Möglichkeit eines großen Fensters aus und zeigt deutlich mehr Informationen als das alte Wet-

Mit Freeform können Sie allein, aber vor allem auch im Team, diverse Inhalte sammeln und Ideen entwickeln.

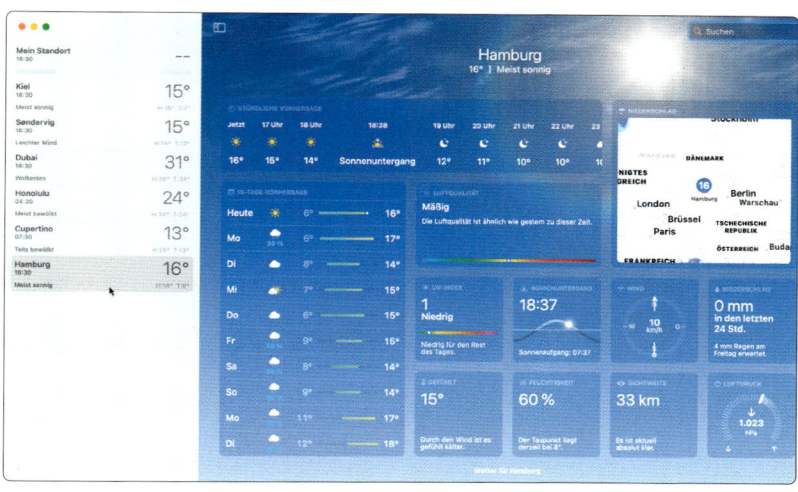

Die Wetter-App ist neu auf dem Mac. Sie zeigt in einem übersichtlichen Fenster alle Infos zur aktuellen und kommenden Wettersituation.

ter-Widget in der Mitteilungszentrale. Sie App präsentiert alle möglichen Informationen, von der Temperaturvorhersage über Niederschlag, Luftqualität bis zu aktuellen Wetterwarnungen.

Die zweite neue App ist Uhr. Sie bietet endlich den vollen Umfang der iPhone-App, also zur der Weltuhr für Orte in anderen Zeitzonen auch Wecker, Stoppuhr und Timer.

Weitere Programme

Zu den weiteren Highlights gehört das Programm Karten, das nun mehrere Zwischenstopps bei der Planung einer Route einfügen kann. Außerdem unterstützt es Fahrpreise im ÖPNV. Ob und wann Letzteres in Deutschland funktioniert, ist allerdings noch nicht klar. Viele Funktionen der Karten-App stehen nach wie vor nur in einigen Ländern oder wenigen Städten zur Verfügung.

Die App Notizen bietet jetzt intelligente Ordner zum Filtern von Listen und kann Notizen mit dem Anmeldepasswort sperren, damit man sich keine zusätzlichen Passwörter merken muss.

Schutzschild bei Cyberangriffen

In macOS Ventura führt Apple den sogenannten Blockierungsmodus ein, mit dem exponierte Nutzer:innen den Mac in einen Abwehrmodus versetzen können, wenn sie sich durch einen schwerwiegenden Cyberangriff bedroht fühlen. Er kombiniert diverse Maßnahmen zum Schutz des Mac und der darauf befindlichen Daten. Dazu gehört die Blockade vieler Anhänge in Nachrichten und bestimmter aktiver Funktionen auf Webseiten. Er sperrt Anrufer, mit denen Sie vorher keinen Kontakt hatten, neue Konfigurationsprofile und vieles mehr. Da dieser Modus die normale Nutzung des Mac stark einschränkt, sollten Sie ihn aber wirklich nur bei einer akuten Bedrohung einschalten.

Die Home-App hat eine neue Oberfläche bekommen, die unter anderem den Zugriff auf Kameras und Räume erleichtert.

Karten erlaubt jetzt bei der Planung von Routen das Einfügen von Zwischenstopps. Das Ergebnis lässt sich auf das iPhone übertragen.

In Erinnerungen können Sie nun Listen anpinnen und Vorlagen für neue Listen anlegen. Außerdem hat Apple die Gruppenfunktionen der App verbessert.

Einstellungen á la iOS

Zu den wenigen Änderungen, die wirklich eine Umstellung von den Anwender:innen erfordern, gehören die Systemeinstellungen. Diese haben in Ventura eine neue Oberfläche erhalten, die sich im Aufbau stark an die Einstellungen von iPhone und iPad anlehnt. Statt einfach alle Module mehr oder weniger unsortiert als Icons in ein Fenster zu werfen, führt Apple jetzt eine klare Struktur ein. Die Seitenleiste der Einstellungen zeigt links die verschiedenen Bereiche. Wählen Sie einen aus, erscheinen rechts die zugehörigen Inhalte. Das können die Einstellungsmöglichkeiten einer einzelnen Funktion sein oder eine ganze Liste weiterer Module. Im Vergleich zum iPhone kommen auf dem Mac natürlich noch einige hinzu, wie die Benutzer-

Home

Die Home-App hat eine neue Oberfläche bekommen. Sie bietet Kategorien und Räume in der Seitenleiste für einen schnelleren Zugriff. Die Startseite zeigt bis zu vier Kameras und bietet zusätzlich zu Szenen und Favoriten auch wichtige Geräte nach Räumen sortiert an. Die App kennt auch mehr Kategorien. Außerdem ist sie auf die Unterstützung des neuen Smarthome-Standards Matter vorbereitet.

verwaltung, Freigaben oder Time Machine. Auch die Belegung des Massenspeichers ist jetzt Teil der Systemeinstellungen. Können Sie etwas nicht auf Anhieb finden, hilft die Suchfunktion. Wir widmen uns der Konfiguration später noch ausführlicher im gleichnamigen Kapitel.

Die mit macOS 12 eingeführte Fokus-Funktion hat Apple noch ein wenig erweitert. Die Listen für Benutzer und Apps können jetzt nicht nur Ausnahmen für erlaubte Mitteilungen definieren, sondern umgekehrt auch die enthaltenen Einträge sperren. Außerdem führt Apple „Fokusfilter" ein. Die aktivieren Inhalte in Apps. So lässt sich zum Beispiel per Fokus ein Postfach in Mail auswählen oder eine Tabgruppe in Safari.

Und vieles mehr

Das waren die wichtigsten neuen Funktionen in macOS 13, doch es gibt noch viele weitere zu entdecken. Das aktuelle System bietet wirklich für jeden etwas. Es steht für eine gelungene Produktpflege, die viele im Alltag nützliche Funktionen ergänzt. In den folgenden Kapiteln gehen wir ausführlich auf die mitgelieferten Programme ein und zeigen, wie Sie Ventura passend konfigurieren und an Ihre individuellen Bedürfnisse anpassen.

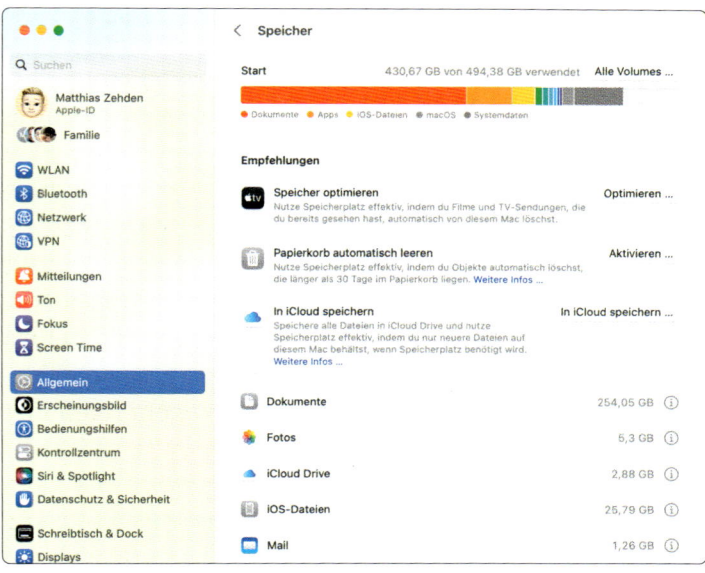

Die Systemeinstellungen von macOS 13 sehen jetzt aus wie auf iPhone und iPad. Das ist zunächst etwas ungewohnt, aber deutlich besser strukturiert. Bei Bedarf hilft die Suchfunktion.

Der nächste große Schritt für den Mac

Kaufberatung – der richtige Mac

Auch dieses Jahr fallen leider wieder einige Macs durchs Rost, die letztes Jahr noch auf Monterey updaten konnten, denen der Sprung auf macOS Ventura aber verwehrt bleibt. Vereinfacht formuliert betrifft das alle Macs, die zwischen 2014 und 2016 vorgestellt wurden, denn für Ventura ist ein Mac ab 2017 Pflicht. Damit fallen viele Rechner weg, die eigentlich noch problemlos genutzt werden können und sich auch keineswegs langsam anfühlen. Man kann auch darüber streiten, ob ein iMac von 2014 oder ein MacBook Pro von 2016 beispielsweise nicht doch genug Dampf für Ventura hätte, aber diese Überlegungen sind müßig.

Vermutlich wäre es Apple auch durchaus recht, wenn man irgendwann keine Intel-Prozessoren mehr unterstützen müsste. Bei Erscheinen dieses Buches gab es mit dem Mac Pro und der größten Version des Mac mini noch genau zwei eher selten verkauften Macs mit Intel-Herz, während der komplette Rest bereits mit M1- oder M2-Prozessor angeboten wird. Und nachdem sich schnell gezeigt hat, dass Apples eigene Prozessoren den Intel-Vorgängern weit überlegen sind und vor allem sehr viel Energie sparen, gibt Apple bei der Umstellung Gas.

Zwei Jahre

Innerhalb von zwei Jahren wollte Apple alle Macs auf ARM-Prozessoren umstellen. Die Zeit ist bald um, und es fehlt nur noch der Mac Pro.

Upgrades ante portas?

Einerseits möchte Apple schnell auf die eigene Prozessor-Plattform umstellen, andererseits machen Lieferkettenprobleme und beschränkte Fertigungskapazitäten dies sehr schwer. Bei Drucklegung waren bereits das MacBook Air und das MacBook Pro mit 13-Zoll-Display auf den neuesten M2-Prozessor umgestellt, während der Mac mini und der iMac noch mit M1, die größeren MacBook-Pro-Modelle mit M1 Pro oder Max und der Mac Studio mit M1 Max und Ultra daherkamen. Es spricht viel dafür, dass Apple in nicht allzu ferner Zukunft, vielleicht schon während Sie das hier lesen, weitere Modelle auf die M2-Generation umstellen wird. Vielleicht wartet Apple wegen der aktuellen Lieferprobleme bei einigen Macs bis zur Fertigstellung des M3-Chips. Es macht keinen Sinn ewig mit dem Kauf zu warten, wenn Sie einen neuen Mac benötigen. Es gilt grundsätzlich, dass es irgendwann schnellere Macs für weniger Geld gibt. Wer so denkt, wird nie zu einem neuen Gerät kommen, das schon jetzt die Arbeit deutlich erleichtern könnte. Außerdem dürfte es sich bei einem neuen Mac mini oder einem großen MacBook Pro mit M2-Prozessor im Wesentlichen um Formneuheiten handeln, bei denen Apple zwar das Innenleben aktualisiert, aber kein völlig neues Gerät vorstellt. Und da der M2 dem M1 bei der Leistung nur wenig überlegen ist, sollte unsere Kaufberatung weitgehend ihre Gültigkeit behalten.

Wie viel Leistung wird gebraucht?

Jahrzehntelang galt, dass man mehr Leistung immer gebrauchen konnte. Doch die M-Prozessoren relativieren dieses Bild, denn schon die Grundversionen bieten für fast alle Aufgaben, die früher einmal die Geduld strapazierten, mehr als genug Leistung. Ob es die Bearbeitung großer Bilder, die Berechnung von 3-D-Objekten oder einfach die parallele Nutzung von allerlei Programmen ist: Selbst ein M1 mit wenig Arbeitsspeicher spannt bei üblichen Aufgaben niemanden auf die Folter.

Als Tätigkeit, die besonders viel Leistung benötigt, wird immer wieder Videoschnitt genannt, und in der Tat merkt man beim Schnitt in 4K oder gar 8K mit Fil-

> **Intel-Emulation in der DNA**
>
> Die Emulation von Intel-Befehlen beherrschen Apples M1/2-Macs und das System so gut, dass sie selbst mit nicht angepasster Software kaum langsamer als das Original sind.

Das MacBook Air wurde gerade erst neu gestaltet und ist der mobilste Mac überhaupt, zudem hat es viel Leistung und Ausdauer.

tern, Übergängen und Effekten den Vorteil einer schnellen CPU genau wie den eines flotten Massenspeichers oder eines größeren Arbeitsspeichers. Ähnlich fordernde Aufgaben fallen uns aber kaum ein. Und ein übliches Urlaubsvideo in Full HD fällt einfach nicht in diese Gewichtsklasse.

Dafür haben die M-Prozessoren einen anderen Vorteil gegenüber ihren Intel-Vorgängern, und das ist ihr deutlich geringerer Energiebedarf. Alle neuen MacBooks halten unter normalen Umständen locker einen Arbeitstag und länger durch. Wer mit Intel-MacBooks beim Betreten eines Raums noch die nächste Steckdose gesucht hat, nutzt ein MacBook mit Apple-Chip ähnlich wie ein iPad meist ohne Kabel und lädt es dann abends.

Portabler Einstieg: MacBook Air

Wenn Mobilität im Vordergrund steht und man dafür aufs letzte Quäntchen Leistung und Ausstattung verzichten kann, ist das

	MacBook Air 13 Zoll, M1	MacBook Air 13 Zoll, M2	MacBook Pro 13 Zoll, M2	MacBook Pro 14/16 Zoll, M1
Prozessor (CPU-/Grafikkerne)	Apple M1 (8/7)	Apple M2 (8/8, 8/10)	Apple M2 (8/10)	Apple M1 Pro (8/14, 10/16), M1 Max (16/32)
Speicher	8, 16 GB	8, 16, 24 GB	8, 16, 24 GB	16, 32, 64 GB
Massenspeicher	256 GB bis 2 TB SSD	256 GB bis 2 TB SSD	256 GB bis 2 TB SSD	512 GB bis 8 TB SSD
Anschlüsse	2x Thunderbolt / USB 4, Kopfhörer	2x Thunderbolt / USB 4, Kopfhörer	2x Thunderbolt / USB 4, Kopfhörer	3x Thunderbolt / USB 4, MagSafe, HDMI, Kopfhörer
Preis	ab 1.199 Euro	ab 1.499 Euro	ab 1.599 Euro	ab 2.249 / 2.749 Euro

gerade erst vorgestellte MacBook Air mit M2-Prozessor die erste Wahl. Die Leistung mag zwar von den größeren MacBook Pros noch getoppt werden, doch bei den allermeisten Anwendungen ist das kaum zu spüren. Dafür ist das MacBook Air klein, leicht und ausdauernd.

Der größte Konkurrent des MacBook Air ist sein weiterhin erhältlicher Vorgänger mit M1-Prozessor und der klassischen Keilform, denn auch dieses Gerät bietet viel Leistung bei hoher Mobilität, dafür aber einen deutlich niedrigeren Preis.

> **Angebote**
>
> Bei einigen beliebten Konfigurationen unterbieten sich die Händler gern im Preis. Dazu gehört meist auch Apples Top-Konfiguration, sodass es günstiger sein kann, den Mac eine Nummer größer zu kaufen als eigentlich geplant.

Mobil arbeiten: MacBook Pro

Dem MacBook Pro kommt traditionell die Rolle des mobilen Arbeitsplatzes zu, und es richtet sich damit an Leute, auf deren Schreibtisch kein „großer" Mac in Reserve steht. Beim MacBook Pro haben Sie die Wahl zwischen 13, 14 und 16 Zoll Bilddiagonale. Obwohl das 13-Zoll-Modell als erstes auf den M2-Prozessor umgestellt wurde, hat es kaum einen Vorteil gegenüber dem MacBook Air, das grundsätzlich die bessere Wahl ist. Die 14- und 16-Zoll-Modelle heben sich vor allem durch die Monitorgröße ab. Das kleine Display ist für manche Tätigkeiten wie Layouts schon recht eng, das große führt zu einem größeren und schwereren Notebook. Qualitativ sind beide Displays hervorragend und bieten eine sichtbar hochwertigere Darstellung als das MacBook Air.

Bei den Prozessoren haben Sie die Wahl zwischen M1 Pro und gegen Aufpreis den M1 Max. Für so gut wie alle Anwendungen reicht die Rechenleistung des M1 Pro vollkommen aus, die Mehrleistung des M1 Max macht sich in der Praxis kaum bemerkbar.

Das große MacBook Pro gibt es mit 14 oder 16 Zoll Bilddiagonale, was bei Preis, Größe und Gewicht einen Unterschied macht. Dafür bietet es mit HDMI, MagSafe und SD-Slot auch zusätzliche Anschlüsse.

Anspruchslos: Mac mini

Die Beliebtheit des Mac mini ist in seiner winzigen Bauform begründet. Die Variante mit M1 ist der älteste Mac mit M-Prozessor und dürfte kurz vor der Ablösung stehen, zudem fehlt eine schnellere, besser ausgestattete Version – der Mac mini mit Intels Core i5 ist da eher ein Platzhalter und nicht mehr empfehlenswert. Die optionale 10-Gbit/s-Ethernet-Schnittstelle und seine Genügsamkeit prädestinieren den Mac mini für Server-Aufgaben in kleineren Arbeitsgruppen. Wer seinen Monitor frei wählen möchte, ist mit dem Mac mini gut bedient, doch Maus und Tastatur benötigt man auch noch, weshalb der Weg zum MacBook Air mit M1-Prozessor preislich gar nicht so weit ist.

Für den Schreibtisch: iMac

Wer seinen Mac ohnehin fest auf einem Schreibtisch aufstellt, ist mit dem iMac meist besser bedient. Die in verschiedenen Farben verfügbare M1-Variante mit 24-Zoll-Bildschirm dürfte eigentlich nur die Einstiegsvariante sein, die zukünftig von einer potente-

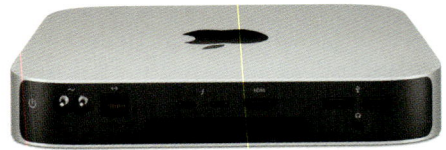

Der Mac mini bietet viel Leistung in einem sehr kompakten Gehäuse, muss aber mit Maus, Tastatur und Monitor ergänzt werden.

	Mac mini, M1	Mac mini, Intel-CPU	iMac 24 Zoll, M1	iMac 24 Zoll, M1
Prozessor (CPU-/Grafikkerne)	Apple M1 (8/8)	Intel Core i5 3 GHz, Core i7 3,2 GHz (6/UHD 630)	Apple M1 (8/7)	Apple M1 (8/8)
Speicher	8, 16 GB	8, 16, 32, 64 GB	8, 16 GB	8, 16 GB
Massenspeicher	256 GB bis 2 TB SSD	512 GB bis 2 TB SSD	256 GB bis 2 TB SSD	256 GB bis 2 TB SSD
Anschlüsse	2x Thunderbolt / USB 4, 2x USB A, Ethernet, HDMI, Kopfhörer	4x Thunderbolt 3, 2x USB A, Ethernet, HDMI, Kopfhörer	2x Thunderbolt / USB 4, Kopfhörer	2x Thunderbolt / USB 4, 2x USB 3, Ethernet, Kopfhörer
Preis	ab 799 Euro	ab 1.259 Euro	ab 1.449 Euro	ab 1669 Euro

Die M1-iMacs sind schon etwas länger auf dem Markt, überzeugen auf dem Schreibtisch aber immer noch mit ihrer Geschwindigkeit.

ren Version ergänzt werden sollte. Es gibt derzeit keinen Desktop-Mac mit M1-Pro-Prozessor und auch die Gerüchte um einen „großen" iMac als Ersatz für das frühere 27-Zoll-Modell wollen nicht verstummen. Doch schon der M1-iMac ist für all jene sehr zu empfehlen, die ein kreuzbraves Arbeitstier für den Schreibtisch suchen. Empfehlenswert ist allerdings der Griff zur besser ausgestatteten Variante mit Ethernet und zwei zusätzlichen USB-3-Anschlüssen, denn die Ausstattung des Basismodells ist doch sehr karg.

Bodybuilder: Mac Studio

Aussehen tut der Mac Studio wie ein Mac mini nach einer Hormonkur, und tatsächlich bietet er schon in der Einstiegsversion mit M1-Max-Prozessor mehr Leistung, als die meisten Anwender:innen brauchen. Die mit 4.600 Euro doppelt so teure Variante mit einem M1 Ultra kann vor Kraft kaum laufen, und wer

	Mac Studio	Mac Pro, Intel-CPU
Prozessor	Apple M1 Max (10/24), M1 Ultra (20/48)	Intel Xeon W (8 bis 32 Kerne/1 bis 4 Radeon Pro)
Speicher	32, 64, 128 GB	32 GB bis 1,5 TB
Massenspeicher	512 GB bis 8 TB SSD	512 GB bis 8 TB SSD
Anschlüsse	4x Thunderbolt 4, 2x USB-C oder 6x Thunderbolt 4, 2x USB A, Ethernet (10 GBit), HDMI, Kopfhörer	4x Thunderbolt 3 / USB C, 2x USB A, 2x Ethernet (10 GBit), 8x PCI Express Slot (teilweise bestückt)
Preis	ab 2.299 Euro	ab 6.499 Euro

Windows

Nur auf Intel-Macs gibt es noch Apples Werksunterstützung für Windows, M1-Macs kommen ohne den nötigen Boot-Camp-Assistenten.

diese dennoch bestellt, der wird sich vermutlich mehr über den Dauerlärm des Lüfters ärgern als über die eher mess- als spürbare Mehrleistung freuen. Und das ist eigentlich die Krux mit dieser Maschine: So klasse auch ein Mac mit einer sehr guten Ausstattung an Schnittstellen ist - darunter viermal Thunderbolt 4 und eine 10-Gbit/s-Ethernet-Schnittstelle -, so abgehoben sind wegen der üppigen Leistung dann auch die Preise. Ein Bildschirm - Apple hätte da das Studio Display für 1.700 Euro im Angebot -, Maus und Tastatur kommen ja schließlich noch dazu.

Eigentlich obsolet: Mac Pro

Die größeren Versionen des Mac Studio ersetzen eigentlich den mindestens 6.500 Euro teuren Mac Pro, den Apple noch mit Intel-Prozessor liefert. Der einzige Vorteil dieser Maschine ist ihre Erweiterbarkeit, denn der Arbeitsspeicher lässt sich auf bis zu 1,5 Terabyte erweitern. Aber machen wir es kurz: Bevor Apple nicht eine Variante mit M-Prozessor präsentiert, lohnt sich der Mac Pro für niemanden, der Mac Studio ist die bessere Wahl.

Die richtige Ausstattung

Bei allen Macs mit M-Prozessoren lassen sich Arbeits- und Massenspeicher nicht mehr nachträglich erweitern. Beim Arbeitsspeicher haben Sie die Wahl zwischen zwei bis drei Varianten, wobei die Aufpreise für mehr Speicher recht hoch ausfallen. Da der Speicher auf dem Prozessor untergebracht ist, entscheidet die Prozessorauswahl über die Speicherausstattung. macOS geht recht ökonomisch mit Speicher um, komprimiert diesen und ist beim Auslagern sehr schnell, sodass auch 8 Gigabyte selbst dann reichen können, wenn etliche Programme gleichzei-

Die Kombination aus Mac Studio und Studio Display macht viel Spaß und ist rasend schnell, kostet aber mindestens 4.000 Euro.

tig geöffnet sind. Ein größerer Arbeitsspeicher lohnt sich eigentlich erst dann, wenn eine einzelne Anwendung diesen benötigt – etwa für den Schnitt großer Videodateien.

Auch der Massenspeicher in Form von SSD-Chips ist fest verbaut. Die einfachsten Ausstattungen kommen hier mit mageren 256 Gigabyte Platz daher, was sich im Grunde nur fürs System und einen Grundstock an eigenen Daten, nicht aber für umfangreiche Musik- oder Foto-Sammlungen und schon gar nicht für viel Rohmaterial zum Filmschnitt eignet. Die kleine Konfiguration kann dennoch reichen, wenn der Großteil der Daten in der Cloud, auf NAS-Systemen im Netzwerk oder auf externen Festplatten lagert. Für den Aufpreis, den Apple für mehr Massenspeicher verlangt, kann man schon ein paar Jahre Platz in der Cloud mieten oder ein kleines NAS-System kaufen, womit man sich gleichzeitig für künftige Macs unabhängiger von deren internem Massenspeicher macht. Wenn Sie mehrere Macs besitzen, beispielsweise einen am Schreibtisch und einen für unterwegs, ist dies der richtige Weg. Wenn Sie aber nur einen Mac haben wollen, ist es praktischer, auf dem Gerät selbst genügend Platz für alles zu haben. Dann darf es gern auch gleich ein Terabyte oder mehr sein, was aber erhebliche Aufpreise bedeutet. Externe Platten sind deutlich günstiger zu haben, aber auch unpraktischer.

Schnell zuschlagen?

Natürlich ist ein schickes, neues System kein ausreichender Grund, sich einen neuen Mac zu kaufen – schon gar nicht, wenn viele Baureihen zur Disposition stehen und sich daher das Warten lohnen könnte. Das gilt allerdings nicht, wenn Sie einen mobilen Mac zum Einstieg suchen, denn das MacBook Air M2 ist zwar nicht billig, wird aber ganz bestimmt nicht so bald ersetzt. Bei den größeren Modellen wird Apple früher oder später die Prozessoren wechseln, was aber in der Praxis keine gravierenden Auswirkungen haben dürfte. Bei den Desktop-Geräten wären wir etwas vorsichtiger, weil zum Beispiel neue Pro- und Max-Prozessoren oder ein größeres iMac-Display kommen könnten. Der Leistungssprung durch einen einfachen (und günstigen) M2 wäre dagegen nicht so groß. Der wäre auch gar nötig, denn alle Macs mit M-Prozessor sind in der Praxis rasend schnell.

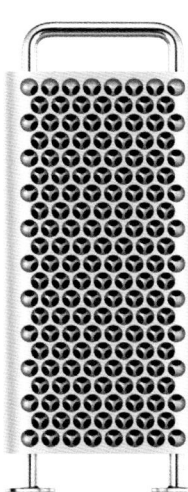

Den Mac Pro gibt es nur mit Intel-Prozessor, wodurch er dem Mac Studio in jeder Hinsicht unterlegen ist.

2

Vorbereitung auf Ventura

Der anstehende Wechsel auf ein neues System ist eine gute Gelegenheit, sich die Daten auf dem Mac genauer anzusehen und aufzuräumen. Zum guten Gefühl danach kommt auch, dass mehr Platz auf dem Startvolume viele Dinge leichter macht oder überhaupt erst ermöglicht.

Tipps zum Aufräumen

Es ist eine alte Weisheit, dass mit der Größe der Festplatte auch die Menge der Daten zunimmt, von denen man sich nicht trennen mag. So füllt sich langsam, aber sicher auch der größte Massenspeicher unaufhaltsam. Immer nur größere Laufwerke zu kaufen, löst das Problem also nur sehr bedingt. Besser ist es, aufzuräumen und den Arbeitsplatz richtig zu organisieren. Das gilt heute umso mehr, denn mit dem Umstieg von klassischen Festplatten auf SSDs sind die internen Laufwerke nicht nur schneller, sondern leider auch kleiner geworden. Eine früher übliche Größe von zwei Terabyte ist als SSD immer noch ein Luxus, den sich viele normale Anwender:innen kaum leisten können oder wollen.

Die aktuellen Macs mit Apple-Prozessoren haben das Problem noch einmal verschärft, da sich ihre internen Speicher nicht mehr einfach austauschen lassen. Da Apples Preise für große SSDs eher hoch sind, greifen die meisten Käufer:innen zu 256 oder 512 Gigabyte. Wer einfach alles sammelt, ohne weiter nachzudenken, kommt damit nicht lange aus. Etwas Disziplin und regelmäßiges Aufräumen helfen. Im Folgenden geben wir zahlreiche Tipps, wie Sie wieder Platz auf dem Startvolume schaffen.

> **Doppelter Effekt**
>
> Wer vor der Installation von Ventura aufräumt, spart zukünftig auch Platz beim wichtigen Back-up.

Freier Platz hilft

Gründe für die Entrümpelung gibt es genug. Sie sorgt zum Beispiel für Komfort, weil sich jederzeit mal schnell eine große Datei speichern lässt – wie ein Spielfilm vom Streamingdienst zur Offlinenutzung, eine große App oder eben ein großes macOS-Update. Außerdem führt zu wenig Platz auf dem Startvolume dazu, dass die virtuelle Speicherverwaltung des Mac nicht mehr weiß, wohin mit den Daten. Es ist ein verbreitetes Missverständnis, dass die Speicherverwaltung nur Festplattenplatz braucht, wenn zu wenig Arbeitsspeicher vorhanden ist. Tatsächlich parkt sie auch ohne Speichernot große Datenmengen auf dem Laufwerk. Sie greift nur nicht so häufig

darauf zu wie beim aktiven Swapping, wenn dem Mac der freie Arbeitsspeicher ausgeht. Ist auf dem Startvolume zu wenig Platz, können auch alltägliche Dinge wie der Systemstart, das Öffnen und Wechseln von Apps oder der Übergang in den oder aus dem Ruhezustand erheblich länger dauern.

Legen System und Apps auf einer sehr vollen Festplatte oft Dateien an und löschen sie wieder, führt das auf Festplatten zu einer Fragmentierung des freien Speicherplatzes und damit – trotz aller Bemühungen des Systems, dem entgegenzuwirken – auch irgendwann zur Fragmentierung von Dateien. Defragmentierungstools bieten in der Regel nur kurzfristig Besserung, da sie die Ursache, den Platzmangel, nicht beheben. Ums Aufräumen kommt man nicht herum. Dann können auch die internen Funktionen zur Pflege des Dateisystems wieder arbeiten. Der freie Platz auf Festplatten sollte im laufenden Betrieb nicht unter 5 GB fallen, 10 bis 20 GB freier Platz wären wünschenswert.

Festplatte vs. SSD

Die meisten Verzögerungen beim Zugriff auf eine volle Festplatte entstehen dadurch, dass sie die Daten an vielen Stellen zusammensuchen muss. Dabei spielt neben der Zahl der Zugriffe auch die Zugriffszeit des Laufwerks eine entscheidende Rolle. Bei Festplatten wächst sie mit dem Weg, den der Lesekopf zurücklegen muss. Da SSDs im Gegensatz zu Festplatten keine beweglichen Teile haben, sind ihre Zugriffszeiten erheblich kürzer und auch nicht davon abhängig, wo Dateien auf dem Volume liegen. Daher gibt es den Leistungsverlust durch Fragmentierung bei ihnen nicht. Tatsächlich verteilt ihr Controller die Daten sogar absichtlich, um alle Speicherzellen gleichmäßig abzunutzen. Defragmentierungstools sind bei SSDs sogar schädlich, sie bringen nichts und beschleunigen die Alterung der Speicherchips.

Arbeitsplatz optimieren

Bei chronischem Platzmangel ist es also eine gute Idee, sich vor dem Update auf Ventura ans Auf-

Back-up

Bevor Sie mit dem Aufräumen loslegen, sollten Sie einen Back-up-Lauf mit Time Machine starten. So sind Sie zumindest geschützt, wenn Sie beim Löschen versehentlich etwas über das Ziel hinausschießen. Noch besser ist es, die interne Festplatte des Mac vor dem Systemupdate auf ein externes USB-Laufwerk zu klonen und das als Archiv in den Schrank zu legen.

Workshop: Mit Bordmitteln einen schnellen Überblick verschaffen und aufräumen

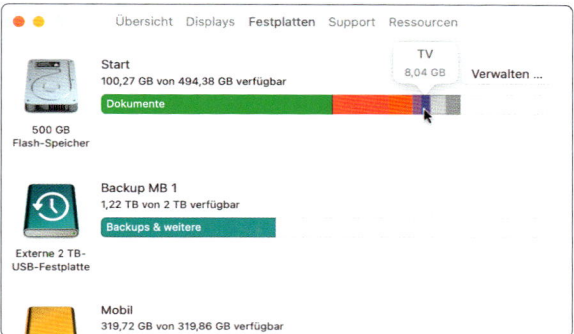

1 Volume-Belegung überprüfen

Für eine Übersicht der Belegung der angeschlossenen Volumes wählen Sie im Apfel-Menü „Über diesen Mac", dann den Reiter „Festplatten". Für weitere Informationen klicken Sie neben dem Startvolume auf „Verwalten".

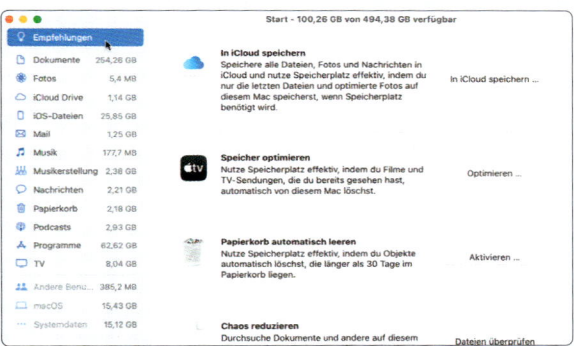

2 Empfehlungen des Systems nutzen

Das Fenster „Speicherverwaltung" zeigt nun vier Empfehlungen: zum Beispiel auf iCloud gespeicherte Daten erst bei Bedarf zu laden und verschiedene Optionen zum automatischen Löschen.

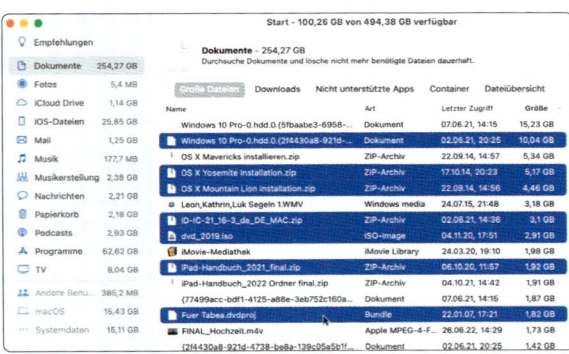

3 Art der Daten selbst auswählen

Um selbst zu prüfen, wählen Sie einen Datentyp wie Dokumente, iOS-Dateien oder Podcasts in der linken Spalte aus. Anschließend können Sie im rechten Fensterteil manuell Daten löschen oder Sparoptionen aktivieren.

räumen zu machen. Und wer den Umstieg auf eine SSD plant, stellt vielleicht fest, dass sie nach dem Ausmisten eine Nummer kleiner ausfallen kann, was bares Geld spart. Zusätzlich lohnt es sich oft auch, die Organisation des Arbeitsplatzes zu überdenken. Nicht alle Daten müssen ständig griffbereit auf dem Startvolume liegen. Als Ergänzung lässt sich zusätzlicher Platz auf Cloud-Diensten buchen, ein alter Mac oder ein NAS als Server einrichten oder einfach mit einer USB-Festplatte ein externes Archiv für selten benötigte Daten schaffen. So sollte es vielen Nutzer:innen möglich sein, nach dem Aufräumen mit einer kleinen internen SSD auszukommen.

Festplatten unter der Lupe

Bei einer genauen Analyse helfen Spezial-Tools wie Daisy Disk (für 9,99 Euro im App Store). Es bietet eine sehr gute grafische Übersicht der Volumes und Ordner und der darin enthaltenen Dateien, in der Sie auch direkt mit der Maus navigieren und Objekte löschen können. Die Belegung stellt die App in Kreissegmenten dar, die an die Spuren auf einer Festplatte erinnern. Farbe und Fläche des Segments zeigen Dateiart und Größe. So spüren Sie schnell die dicken Brocken auf, da Sie alle Ordner auf der Festplatte relativ einfach und intuitiv durchsuchen können. Mit Grand Perspective und Disk Inventory X gibt es kostenlose Alternativen, die aber nicht die Eleganz und Effektivität von Daisy Disk erreichen.

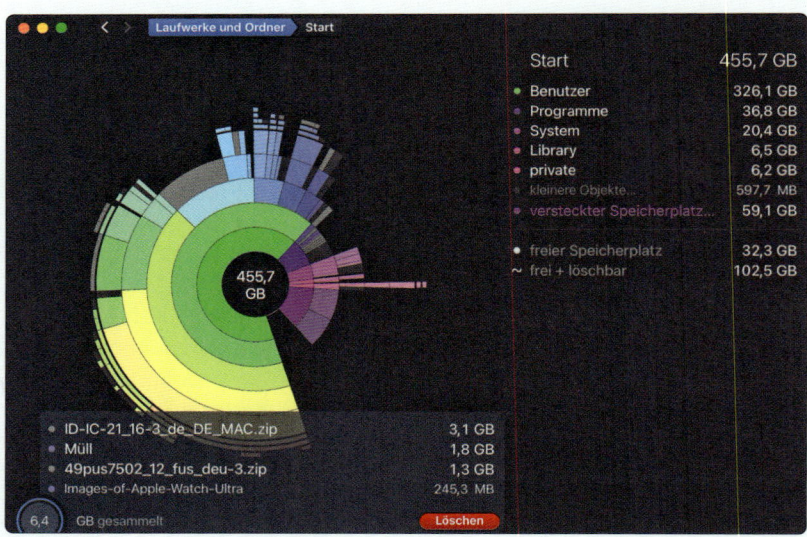

Überblick gewinnen

Beim Aufräumen gilt es, die großen Speicherfresser aufzuspüren. Für einen ersten Eindruck rufen Sie im Finder im Apfelmenü „Über diesen Mac auf". Die Funktion listet unter dem Reiter „Festplatten" die gemounteten Volumes. Für jedes zeigt sie die gesamte Größe, den verfügbaren Platz und einen Balken mit der Belegung. Die wird farblich nach Dateiart kodiert, sodass Sie schnell eine erste Idee bekommen, wo die großen Brocken liegen. Fährt man mit dem Mauszeiger auf einen Teil des Balkens, zeigt der Mac die Datenart und deren Platzbedarf an.

Klicken Sie neben dem Startvolume auf die Taste „Verwalten", um weitere Informationen zu erhalten. Der Mac zeigt dann in der App Systeminformationen verschiedene Funktionen und Empfehlungen zum Sparen von Speicherplatz. In der linken Spalte sehen Sie diverse Bereiche für Fotos, Nachrichten, Programme oder auch den Papierkorb - jeweils mit der belegten Speichermenge. Wählen Sie einen Eintrag aus, um rechts weitere Infos zu sehen. Zum Teil erhält man dort detaillierte Angaben mit der Möglichkeit, einzelne Dateien wie Anhänge von Nachrichten oder Downloads der TV-App zu löschen. Ein genauer Blick lohnt sich in „Dokumente". Dort können Sie nicht nur gezielt große Dateien auf dem Startvolume anzeigen lassen, sondern auch den Inhalt des Ordners Downloads oder alte PowerPC- und 32-Bit-Programme, die mittlerweile nicht mehr lauffähig sind. Dort können Sie auch einfach der Inhalt des Volumes durchblättern. So lassen sich viele Platzfresser schnell finden und löschen.

Aufräumen lassen

Eine besondere Betrachtung verdient der erste Eintrag der linken Spalte, die „Empfehlungen". Hier bietet der Mac an, in diversen Bereichen automatisch Platz zu sparen. Das kann die Notwendigkeit, selbst aufräumen zu müssen, deutlich hinauszögern, wofür Sie aber die Kontrolle ein Stück weit abgeben müssen.

Synchronisieren Sie Ihre Fotosammlung mit iCloud, können Sie auf dem Rechner Fotos und Videos in reduzierter Auflösung behalten. Die Originale liegen dann auf dem iCloud-Server. Oder Sie lassen macOS den Speicherplatz optimieren, indem es gese-

Downloads

Die Medienordner von Musik und TV gehören zu den dicken Einzelposten im Account. iTunes in der Cloud verwaltet Ihre Einkäufe und erlaubt, diese bei Bedarf erneut kostenlos zu laden.

hene Videos oder alte Mailanhänge löscht. Sehr praktisch: Der Mac kann Objekte im Papierkorb nach 30 Tagen automatisch löschen. So hat man immer noch Zeit, versehentlich gelöschte Dateien zu retten, muss aber nicht mehr an das Entleeren denken.

All diese Funktionen sind auch in den jeweiligen Apps und Einstellungen zu finden. Die Übersicht bietet nur alle an einer Stelle. Die automatischen Aktionen sind natürlich ein zweischneidiges Schwert. Wer bereit ist, sich selbst zu kümmern, behält die Übersicht und vermeidet, Daten voreilig zu löschen. Wer sich aber gar nicht erst mit solchen Aufgaben herumschlagen will, fährt mit dem automatischen Kehraus gar nicht schlecht. Vom Entleeren des Papierkorbs abgesehen, lassen sich die Daten bei Bedarf erneut von Apples Servern laden.

Mediatheken ausmisten

Beim manuellen Aufräumen bieten Musik und Videos eine ganze Reihe von Möglichkeiten, um Platz zu sparen. Als Erstes sind da die Einkäufe und Downloads aus dem iTunes Store, die man selten bis gar nicht abspielt. Zum Beispiel Titel, die aus Promoaktionen stammen, oder Fehlkäufe, die einem nicht mehr gefallen.

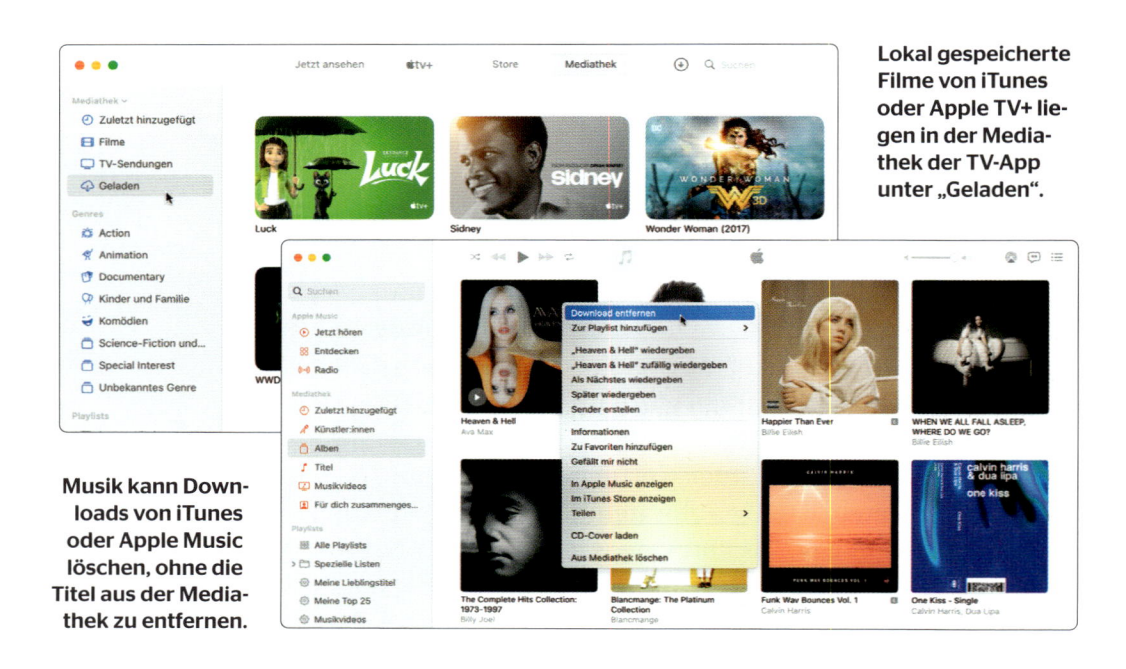

Lokal gespeicherte Filme von iTunes oder Apple TV+ liegen in der Mediathek der TV-App unter „Geladen".

Musik kann Downloads von iTunes oder Apple Music löschen, ohne die Titel aus der Mediathek zu entfernen.

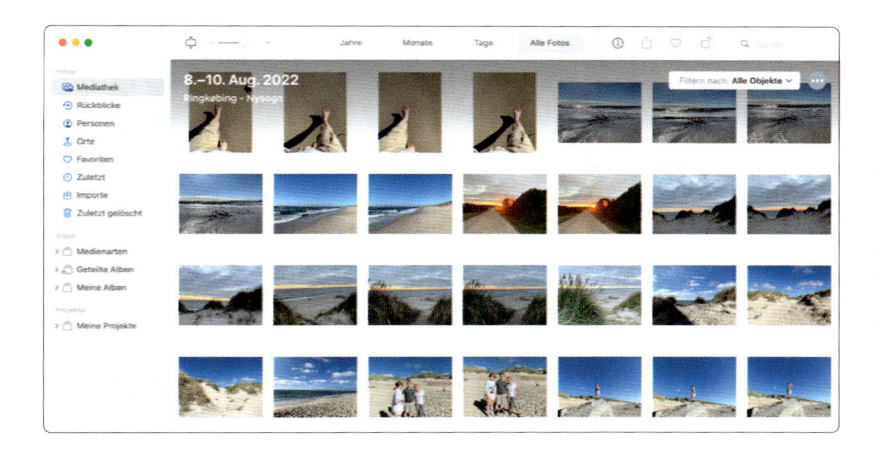

Eine typische Folge der Digitalfotografie: Man nimmt Motive gleich mehrfach auf und vergisst hinterher das Aussortieren.

Und vergessen Sie die Podcasts nicht. Video-Podcasts sind echte Speicherfresser, wenn man automatisch neue Folgen laden lässt.

Anlaufpunkte sind die Apps Musik, TV und Podcasts. Gehen Sie einfach die Medienbereiche durch und löschen Sie, was aus dem iTunes Store stammt und entbehrlich ist. Das Schöne am iTunes Store ist ja, dass er sich die Einkäufe eines Kontos merkt. Dadurch lassen sich gelöschte Medien jederzeit wieder auf den Rechner laden. Es geht sogar noch besser. Sie können auch nur die Downloads entfernen oder gar nicht erst zulassen und Musik, Videos und Podcasts direkt von Apples Servern streamen, ohne sie dauerhaft auf dem Mac zu speichern. In Zeiten von DSL und Datenflatrates lässt sich so eine Menge Platz auf dem Mac sparen.

Immer mehr Fotos

In der Mediathek von Fotos sollte sich das Aufräumen ebenfalls lohnen. Die digitale Fotografie hat dazu geführt, dass viel mehr Bilder gemacht werden als früher. Man drückt einfach ein paar Mal mehr auf den Auslöser, es kostet ja nichts. Mit der Verbreitung von iPhone & Co. hat die Bilderflut noch weiter zugenommen. Abhängig vom Motiv, dem gewählten Format, ob klassisches JPEG oder effektiver komprimiertes HEIF, und Aufnahmeoptionen wie HDR, Serien, Live Photo oder Porträt muss man grob geschätzt mit ein bis vier Megabyte pro Aufnahme rechnen. Da kommen schnell etliche Gigabyte zusammen. Und durch iCloud-Fotos synchronisiert das iPhone misslungene Bilder oft schon, bevor man sie löschen kann. So landen sie auf dem Mac.

Bei Bildern ist es leider am besten, sie durchzublättern und überflüssige Fotos manuell zu löschen. Die meisten Mac-Anwender:innen dürften dafür die App Fotos nutzen. Kleiner Tipp: Vergessen Sie als iPhone-Nutzer nicht, in Fotoserien zu schauen. Oft reicht es, einige wenige Bilder jeder Serie zu behalten.

In den Einstellungen von Fotos lässt sich bei aktivem iCloud-Sync die Option „Mac-Speicher optimieren" einschalten. Dann speichert Fotos bei Platznot nur komprimierte und in der Auflösung reduzierte Versionen der Bilder auf dem Mac. Die Originale liegen weiterhin auf dem iCloud-Server. Mit macOS Ventura wird das Aufräumen übrigens etwas leichter. Mit dem Update erhält Fotos eine eigene Funktion zum Erkennen von Duplikaten.

Und dazu noch Videos

Da die meisten Digitalkameras auch Videos aufzeichnen können, natürlich in Full-HD- oder 4K-Auflösung, nimmt deren Anzahl ebenfalls zu. Das treibt den Speicherhunger weiter in die Höhe. Die aufgenommenen Filme landen beim Synchronisieren ebenfalls in Fotos unter „Alben > Medienarten > Videos".

iPhone-Back-ups und -Updates verwalten

Machen Sie Back-ups von iPhone & Co. im Finder, haben Sie vielleicht noch Daten alter Geräte oder Zwischenstände auf dem Startvolume. Zum Löschen wählen Sie ein Gerät in der Seitenleiste im Finder aus. Dann klicken Sie unter „Allgemein" auf „Backups verwalten". Markieren Sie nicht mehr benötigte Back-ups in der Liste und klicken Sie auf „Backup löschen", dann auf „OK". Außerdem können Sie Back-ups und gespeicherte iOS-Updates auch mit dem Dienstprogramm Systeminformationen in „Fenster > Speicherverwaltung > iOS-Geräte" löschen. Es lassen sich oft zweistellige GB-Werte einsparen.

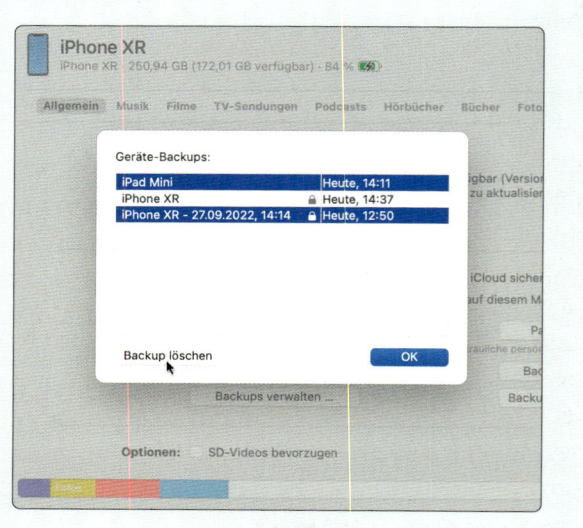

Wer Filme mit iMovie bearbeitet, sollte nicht vergessen, die zugehörigen Projektdateien später zu archivieren und vom Mac zu löschen. Diese können eine beachtliche Größe erreichen.

Daten extern speichern

Das Auslagern von Daten auf iCloud ist nicht nur ein geeigneter Weg für Musik und Fotos, sondern auch für andere Dokumente. Neben dem reinen Aufräumen der internen Massenspeicher gewinnt die Vermeidung von lokalen Daten immer mehr an Bedeutung. Das liegt daran, dass seit Jahren immer mehr neue Macs eine SSD haben. Bei den Macs mit eigenen Prozessoren hat Apple inzwischen komplett auf die schnellen internen Massenspeicher umgestellt. Aus Preisgründen sind sie viel kleiner. Große interne Festplatten sterben allmählich aus.

Als Ausweg lagern Sie Daten auf externe Speichermedien wie eben Cloud-Speicher aus. Der wohl einfachste Weg dafür ist iCloud, da der Dienst perfekt in alle Apple-Systeme integriert ist und die meisten Nutzer:innen ohnehin ein Konto haben dürften. Ein Klick in den iCloud-Drive-Optionen in den Systemeinstellungen reicht, um die privaten Ordner für Dokumente und Schreibtisch auf dein iCloud Drive zu schieben. Vom Mac aus kann man dann immer noch schnell über die Seitenleiste auf sie zugreifen. Der Mac zeigt den Inhalt der Ordner wie gewohnt an. Er spiegelt automatisch den Inhalt des iCloud-Servers.

Der Spareffekt auf dem internen Massenspeicher kommt dadurch zustande, dass Sie in den iCloud-Einstellungen zusätzlich die Option „Mac-Speicher optimieren" einschalten. Dann zeigt der Mac zwar den Inhalt der iCloud-Ordner an, entfernt aber die lokalen Kopien der Dateien, wenn der Speicherplatz auf dem Mac knapp wird. Versucht man, auf eine Datei zuzugreifen, lädt der Mac sie vom Server, falls sie nicht lokal vorliegt. Das passiert völlig transparent und gilt übrigens auch für die Ordner der Programme auf iCloud Drive. Sie können die lokalen Downloads auch per Kontextmenü manuell auslösen oder, wenn nötig, entfernen. Ein ausreichend großes Konto vorausgesetzt, schaffen Sie so zusätzlichen Speicherplatz und entlasten das interne Volume.

> **Mediatheken auslagern**
>
> Müssen Sie den Platzbedarf im Mac drastisch senken, um etwa auf eine SSD umzusteigen, können Sie die Sammlungen von Musik und Fotos auf eine externe Platte auslagern. Den Speicherpfad ändern Sie in den Einstellungen der jeweiligen App.

Tipps zum Aufräumen

Downloads und Mail-Anhänge überprüfen

Ein weiterer Ordner, bei dem sich ein prüfender Blick eigentlich immer lohnt, ist „Downloads" im Privatverzeichnis. Dort legen Safari und andere Apps standardmäßig aus dem Netz heruntergeladene Dateien ab. Hier findet man üblicherweise Installationsdateien von längst veralteter Software oder jede Menge PDFs, die man im Laufe der Zeit zum Lesen geladen hat. Öffnen Sie den Ordner im Finder und lassen Sie ihn in Listendarstellung anzeigen. Dann sortieren Sie die Dateien einfach nach Größe. So stehen die größten Übeltäter gleich ganz oben im Fenster.

Der Inhalt von Downloads lässt sich auch über die Speicherverwaltung der App Systeminformationen aufrufe. Der Zugriff im Finder hat allerdings den Vorteil, dass sich Objekte aus Downloads in andere Ordner oder auf ein anderes Volume ziehen lassen. Außerdem steht im Finder die Suchfunktion zur Verfügung.

Das Programm Mail hat die unangenehme Eigenschaft, nach und nach immer mehr Speicherplatz zu belegen. Nicht nur für E-Mails selbst, die man in der Regel ja auch behalten will, sondern für Anhänge. Genauer gesagt für geöffnete Anhänge. Jedes

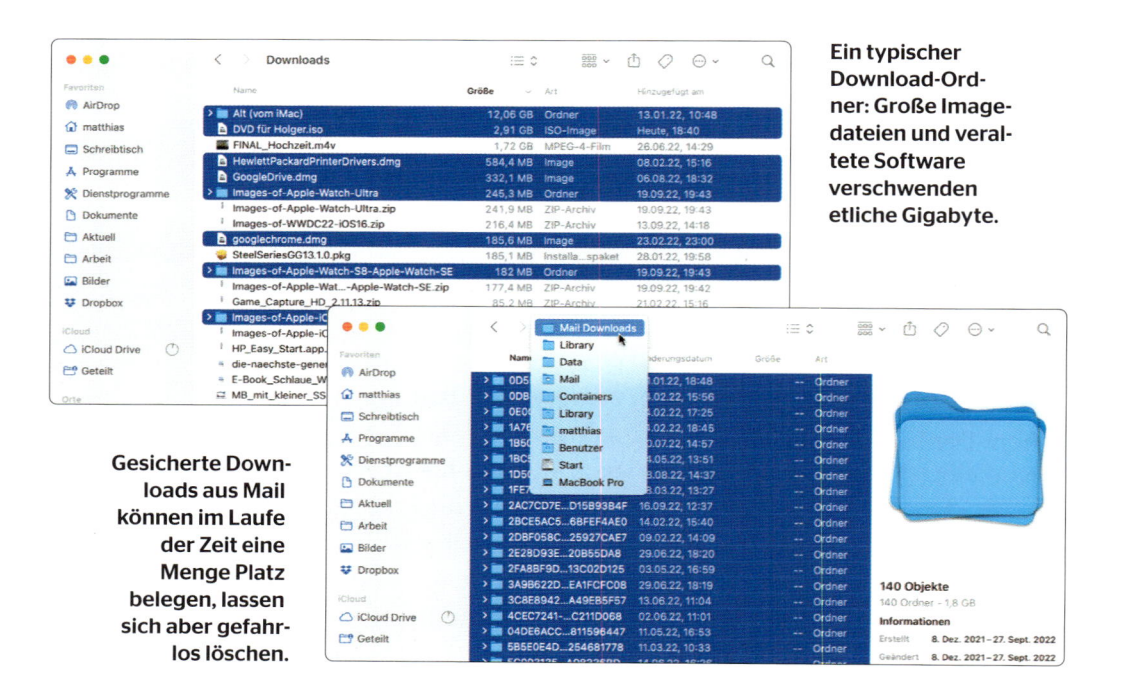

Ein typischer Download-Ordner: Große Imagedateien und veraltete Software verschwenden etliche Gigabyte.

Gesicherte Downloads aus Mail können im Laufe der Zeit eine Menge Platz belegen, lassen sich aber gefahrlos löschen.

Mal, wenn Sie eine angehängte Datei direkt aus Mail öffnen, dafür reicht schon der Aufruf der Vorschau mit der Leertaste, legt Mail eine Kopie des Dokuments an. Die Dateien liegen hinterher in einem Ordner namens „Mail Downloads", der als Cache dient und sich etwas versteckt im persönlichen Library-Ordner befindet. Um ihn zu finden, öffnen Sie Ihren Privatordner und benutzen den Befehl „Gehe zum Ordner". Geben Sie als Ziel „Library/Containers/Mail/Data/Library/Mail Downloads" ein und klicken Sie auf „Öffnen". Dabei kann der Finder die Ordnernamen vervollständigen: Geben Sie jeweils die ersten paar Zeichen ein und drücken Sie die Tabtaste. Der Mac setzt den ersten übereinstimmenden Namen ein oder bietet passende in einem Menü an. Das klingt etwas umständlich, geht aber ziemlich flott. In „Mail Downloads" finden Sie diverse Ordner mit seltsamen Zeichenfolgen als Namen mit den gesicherten Anhängen. Beim Löschen bleiben die Originale in Mail oder auf dem Server erhalten.

Komprimieren statt löschen

Eine Alternative zum Löschen oder Auslagern von Dateien ist das Komprimieren. Die gleichnamige Funktion des Finder (unter „Ablage" oder im Kontextmenü) erzeugt ZIP-Dateien. Sie arbeitet verlustfrei. Das heißt, man erhält nach dem Auspacken wieder eine exakte Kopie des Originals. Deshalb lassen sich mit ZIP auch alle Datenarten packen, von Office-Dokumenten über Bilder bis hin zu Apps. Die Ersparnis liegt im Schnitt bei knapp 50 Prozent, hängt aber stark von der Art der Dateien ab. Texte lassen sich zum Beispiel sehr gut, JPEGs dagegen fast gar nicht zippen.

Einen anderen Ansatz verfolgt die verlustbehaftete Kompression, die für einen bestimmten Zweck optimiert ist, zum Beispiel MP3 und AAC für Audio, H.264 und H.265 (HEVC) für Video oder JPEG und HEIF für Bilder. Der Kompressionsgrad lässt sich vorgeben. Der Nachteil ist, dass mit der Stärke der Kompression die Verluste wachsen. Dekodiert man die Datei wieder, stimmt sie nicht mehr mit dem Original überein. Importiert man Musik-CDs als AAC mit 256 KBit/s („iTunes Plus"), sinkt der Platzbedarf unter 20 Prozent – ein prima Kompromiss für gängige Boxen, Computer und Mobilgeräte. Für sehr hochwertige Boxen und Kopfhörer nimmt man besser Apple Lossless, doch das spart viel weniger.

> **Weg ist weg**
>
> Bei verlustbehafteter Kompression muss man sich vorab Gedanken über die spätere Nutzung machen, da die Verluste nicht reversibel sind.

3
Der Schreibtisch

Bevor wir uns ausführlich mit der Konfiguration des Systems und den neuen Funktionen der mitgelieferten Apps beschäftigen, geben wir zum Einstieg einen einfachen Überblick über die Oberfläche von macOS Ventura und die Arbeit mit dem Finder.

Ein schneller Blick auf Ihren Arbeitsplatz

Sind Sie noch neu auf dem Mac? Damit Sie sich an Ihrem neuen Arbeitsplatz und in diesem Buch besser zurechtfinden, stellen wir Ihnen hier erst einmal die wichtigsten Bereiche des Systems und der Oberfläche des Mac vor. Wir erklären grundlegende Begriffe und Elemente von macOS Ventura, bevor wir in den anschließenden Kapiteln tiefer in die Konfiguration und die Funktionen der mitgelieferten Programme einsteigen.

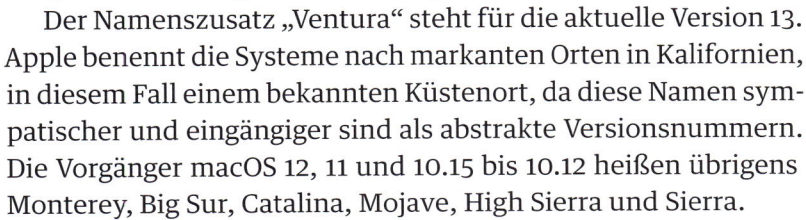

Der Namenszusatz „Ventura" steht für die aktuelle Version 13. Apple benennt die Systeme nach markanten Orten in Kalifornien, in diesem Fall einem bekannten Küstenort, da diese Namen sympatischer und eingängiger sind als abstrakte Versionsnummern. Die Vorgänger macOS 12, 11 und 10.15 bis 10.12 heißen übrigens Monterey, Big Sur, Catalina, Mojave, High Sierra und Sierra.

Das zentrale Programm, das Ihr Mac nach der Anmeldung automatisch startet und das Ihnen die Oberfläche von macOS anzeigt, ist der Finder. Am oberen Rand des Bildschirms befindet sich die Menüleiste. Sie ist für die Steuerung von System und

Programmen gedacht. Ihr Inhalt ändert sich, in Abhängigkeit vom Programm, das Sie gerade benutzen. Klicken Sie auf einen Eintrag, um das zugehörige Menü mit Befehlen zu öffnen. Dabei können Sie die Maustaste (oder Trackpad-Taste) gedrückt halten, um Menüs zu öffnen und einen Befehl auszuwählen. Letzterer wird vom System farblich hervorgehoben und erst ausgeführt, wenn Sie die Taste wieder loslassen. Wollen Sie das nicht, fahren Sie einfach den Zeiger zurück auf die Menüleiste und lassen los. Dann passiert nichts. Alternativ können Sie ein Menü zum Öffnen auch kurz anklicken. Es bleibt offen, so dass Sie einen Befehl auswählen können. Klicken Sie dann auf einen Befehl, damit der Mac ihn ausführt. Klicken Sie oben auf die Leiste oder neben das offene Menü, um es ohne Aktion zu schließen.

Die Elemente der Menüleiste

Die Menüleiste hat eine einfache Struktur. Sie zeigt einige vom System bereitgestellte Elemente ständig an, andere gehören zum gerade benutzen Programm und ändern sich dementsprechend. Die Menüleiste zeigt von links nach rechts folgende Elemente:

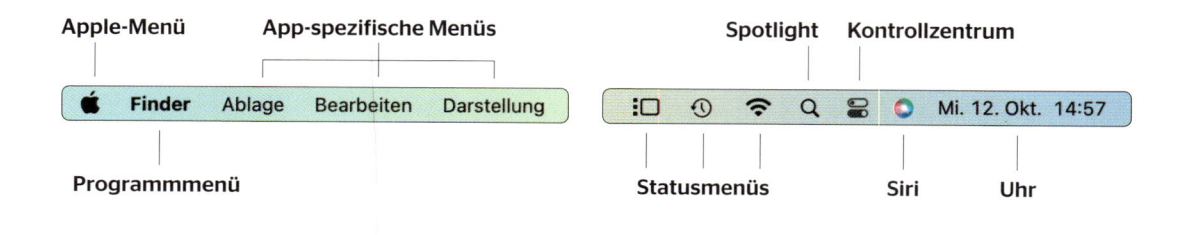

```
Apple-Menü        App-spezifische Menüs                    Spotlight   Kontrollzentrum
    Finder    Ablage    Bearbeiten    Darstellung                                   Mi. 12. Okt. 14:57
  Programmmenü                                      Statusmenüs         Siri       Uhr
```

› Apple-Menü: Hier finden Sie wichtige Funktionen zum Mac und zum System. Dazu gehören die nützliche Funktion „Über diesen Mac", die Daten zur vorhandenen Hard- und Software liefert, der Aufruf der Systemeinstellungen, Ruhezustand und Neustart oder das Abmelden.
› Programmmenü: Es trägt immer den Namen des gerade aktiven Programms und enthält üblicherweise den Aufruf von dessen Einstellungen, Befehle zum Ein- und Ausblenden von Fenstern sowie den Befehl zum Beenden dieser Applikation.

- › App-Menüs: Es folgen die Menüs des aktiven Programms.
- › Statusmenüs: Am rechten Rand blendet macOS verschiedene Statusmenüs von System und Programmen ein. Sie zeigen oft bereits am Icon den Zustand von Funktionen, zum Beispiel das Bestehen einer WLAN-Verbindung. Die meisten besitzen zusätzlich ein Menü, über das Sie wichtige Befehle im schnellen Zugriff haben, ohne erst die zugehörige Systemeinstellung oder App öffnen zu müssen.
- › Lupe: Klicken Sie auf die Lupe, um das Eingabefeld der Suchfunktion Spotlight zu öffnen.
- › Siri: Ein Klick auf das Siri-Icon öffnet ein Fenster zur Nutzung des Sprachassistenten.
- › Kontrollzentrum: Im zugehörigen Menü sammelt macOS die Funktionen diverser Statusmenüs. Dadurch lässt sich deren Anzahl in der Menüleiste reduzieren.
- › Uhr: Die Systemuhr zeigt optional auch Datum und Tag. Ein Klick darauf, blendet die Mitteilungszentrale ein. Sie enthält Mitteilungen von System und Apps sowie „Heute-Widgets". Das sind Mini-Apps, die aktuelle Informationen wie das Wetter, anstehende Termine und vieles mehr anzeigen.

Die große Fläche in der Mitte des Bildschirms ist Ihr Schreibtisch. Hier öffnen System und Apps ihre Fenster. Über die Systemeinstellungen, die wir Ihnen im nächsten Kapitel vorstellen, können Sie dem Schreibtisch ein Bild oder eine Hintergrundfarbe zuordnen. Das ist nicht nur eine Frage des Geschmacks. Sie können nämlich auch mehrere Schreibtische anlegen, um zusätzliche Bildschirme zu simulieren. Das erlaubt Ihnen eine flexible Organisation des Arbeitsplatzes. Individuelle Hintergrundbilder für jeden virtuellen Bildschirm erleichtern dann die Orientierung. Die Verwaltung der Bildschirme und Fenster übernimmt die App Mission Control.

Der Schreibtisch ist aus der Sicht des Systems eigentlich auch ein Ordner. Alle Dateien, die Sie hier ablegen, landen in diesem Ordner. Da man bei zu vielen Icons auf der Oberfläche schnell den Überblick verliert, hat Apple mit Mojave die Stapel eingeführt, die Objekte gleicher Art unter einem Icon zusammenfassen. Dadurch wird der Schreibtisch leerer, Sie müssen allerdings immer erst den jeweiligen Stapel öffnen, um ein Dokument zu benutzen.

Mehr als nur Deko: Das Apple-Menü bietet nützliche Befehle.

Ein schneller Blick auf Ihren Arbeitsplatz

„Über diesen Mac" liefert einen kurzen Steckbrief des Mac. Mit „Weitere Infos" öffnen sie von dort eine Übersicht in den Systemeinstellungen (ganz rechts).

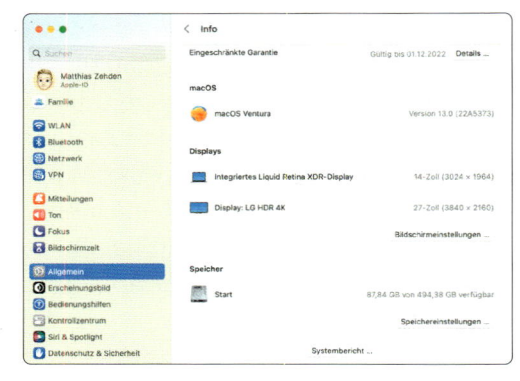

Das Apple-Menü

Das sogenannte Apple-Menü befindet sich links in der Menüleiste und wird von Einsteiger:innen leicht für eine einfache Verzierung gehalten. Dabei finden Sie unter dem Apfel viele wichtige Funktionen, zum Beispiel das unscheinbare „Über diesen Mac", das nützliche Informationen über die Hardware und das installierte System liefert. Rufen Sie die Funktion auf, öffnet sich ein kleines Fenster. Darin sehen Sie die offizielle Modellbezeichnung des Rechners, Prozessortyp und Arbeitsspeicher, das aktive Startvolume, die Seriennummer des Geräts und die installierte macOS-Version. Weitere Details finden Sie in diversen Systemeinstellungen. Um nicht suchen zu müssen, klicken Sie auf „Weitere Infos". Der Mac öffnet dann den Einstellungsbereich „Info", der als zentrale Anlaufstelle dient. Er umfasst vier Abschnitte:

› Übersicht: Hier finden Sie im Wesentlichen noch einmal die Daten des Infofensters „Über diesen Mac". Als Ergänzung finden Sie Daten zu einer eventuell noch laufenden Garantie.
› macOS: Hier zeigt der Mac noch einmal Name und Versionsnummer des installierten Systems.
› Displays: Es folgen Sie die angeschlossenen Monitore, deren Größe und reale Auflösung sowie eine Taste zum Aufruf der Bildschirmeinstellungen, um die Darstellung zu ändern.
› Speicher: Dieser Bereich zeigt die Belegung des Startvolumes, von dem der Mac gestartet wurde. Klicken Sie auf „Speichereinstellungen", um mehr über die Belegung zu erfahren. Ein farbiger Balken zeigt dort grob, womit das Speichermedien belegt ist. Mit der Taste „Alle Volumes"

blenden Sie weitere verfügbare Speichermedie ein. In dem Fenster finden Sie auch Empfehlungen zum Sparen von Speicherplatz, aber darauf gehen wir später noch ein.
› Mit der Taste „Systembericht" können Sie das Utility Systeminformationen öffnen, das ein ausführliches Profil der Hard- und Software Ihres Mac anzeigt.

Weitere Einträge im Apple-Menü liefern die zuletzt geöffneten Programme, Dokumente und Server, so dass Sie diese schnell wieder aufrufen können. Die Anzahl der Objekte wird in der Systemeinstellung „Schreibtisch & Dock" bestimmt. Mit dem Befehl „Einträge löschen" setzen Sie den Menüinhalt zurück.

Besonders nützlich ist der Befehl „Sofort beenden". Er zeigt eine Liste der geöffneten Apps. Reagiert eine nicht mehr auf Eingaben, können Sie sie darin auswählen und mit einem Klick auf „Sofort beenden" zwangsweise stoppen. Im Fall des Finder ändert sich die Taste in „Neu starten", da der Finder nach dem erzwungenen Ende sofort wieder gestartet wird. Das Fenster lässt sich auch mit der Tastenkombination [cmd] + [alt] + [esc] aufrufen.

Außerdem finden Sie unter dem Apfel die Befehle für Ruhezustand, Neustart und Ausschalten des Mac sowie die Möglichkeit, den Bildschirm zu sperren oder sich als Benutzer:in abzumelden.

> **Volumes**
>
> Als „Volumes" oder „Partitionen" bezeichnet man die auf den SSDs und Festplatten angelegten logischen Laufwerke, die zum Verwalten und Teilen des Speicherplatzes dienen. Jedes erscheint in Finder mit einem eigenen Symbol.

Das Dock

Am unteren Rand des Bildschirms finden Sie das Dock. Das ist der Schnellstarter für wichtige Programme, der aber auch Dateien und Ordner bereithalten kann. Das Dock teilt sich in drei Bereiche, die jeweils von dünnen Linien getrennt werden. Links fin-

Das Dock zeigt links die Programme, rechts davon die zuletzt benutzten Apps und ganz rechts Ordner, Dokumente und schließlich den Papierkorb.

den Sie die Symbole der wichtigsten Programme. Apple hat hierfür ein Vorauswahl getroffen, doch Sie können die Bestückung jederzeit anpassen. Ein Klick auf eine App im Dock reicht, um sie zu starten. Laufende Apps werden durch einen Punkt unter dem Icon markiert. Öffnen Sie ein Programm, das nicht im Dock liegt, erscheint sein Icon an der rechten Seite, bis Sie es wieder beenden. Ganz rechts liegen Dateien und Ordner sowie der Papierkorb für gelöschte Objekte. Optional können Sie in der Systemeinstellung „Schreibtsich & Dock" wählen, dass das Dock die drei zuletzt benutzten Apps zeigt, auch wenn sie nicht mehr laufen.

Objekte zum Dock hinzufügen

Das freundlich lächelnde Symbol am linken Rand öffnet den Finder, der die macOS-Oberfläche zeigt und mit dem Sie Ihre Dateien verwalten. Am entgegengesetzten Ende befindet sich der Papierkorb. Alles dazwischen können Sie nach eigenem Gusto neu anordnen, löschen oder durch weitere Icons ergämnzen.

Der schnellste Weg, dem Dock etwas hinzuzufügen, ist mit der Maus. Markieren Sie ein Objekt im Finder und ziehen Sie es auf das Dock – Apps links und andere Objekte rechts. Die anderen Docksymbole rutschen automatisch zu Seite. So fahren Sie mit gehaltener Maustaste über das Dock und lassen los, wenn das neue Objekt am gewünschten Platz ist. Sie können auch die im Dock befindlichen Icons mit der Maus verschieben.

Die Objekte im Dock sind nur Verweise auf die Originale. Letztere liegen also weiterhin in den jeweiligen Ordnern – Apps üblicherweise im Ordner „Programme". Das bedeutet auch, dass Sie, wenn Sie einen Eintrag wieder aus dem Dock entfernen, damit nicht das zugehörige Programm oder den Ordner von der Festplatte entfernen.

Eine bereits laufende Anwendung lässt sich ganz einfach fest ins Dock übernehmen. Dazu öffnen Sie das Kontextmenü, indem Sie lange auf das Symbol im Dock klicken (schneller geht es mit einem Rechtsklick oder Klick mit gehaltener [ctrl]-Taste). Im Kontextmenü wählen Sie dann unter „Opti-

„Im Dock behalten" sorgt dafür, dass das Icon einer laufenden App dauerhaft im Dock bleibt.

Der Programme-Ordner des Mac im Dock: links in der Darstellung als aufspringender „Fächer" und rechts als übersichtliches „Gitter".

onen" den Befehl „Im Dock behalten". Schon bleibt das Icon auch nach Beenden des Programms immer griffbereit im Dock liegen.

Ordneransichten im Dock

Im Dock liegen nicht nur Programme, sondern auch Ordner. So kann es ganz praktisch sein, den Ordner eines Projekts, an dem Sie gerade arbeiten, in das Dock zu ziehen. Klicken Sie auf einen Ordner im Dock, sehen Sie dessen Inhalt und können ein Objekt darin auswählen, um es zu öffnen. Außerdem gibt es einen Eintrag, um den Ordner als Fenster im Finder zu öffnen.

Für die Anzeige bietet das Kontextmenü des Docksymbols drei Optionen. „Fächer" erinnert an einen Springteufel: es zeigt die Icons der enthaltenen Objekte, die quasi aus dem Ordner herausspringen. Dabei finden Sie die zuletzt hinzugefügten Objekte ganz unten. Die Sortierung lässt sich im Dockmenü ändern. Zwei andere Darstellungen, sind das „Gitter", das die Icons in einem Raster anordnet, und die „Liste", die der Ansicht eines Menüs ähnelt. Die letzten beiden eignen sich prima für volle Ordner – die Liste besonders für verschaltete Inhalte, da Ordner im Ordner als Untermenü erscheinen und sich so schnell öffnen lassen.

Zum Entfernen ziehen Sie das Icon aus dem Dock oder benutzen das Kontextmenü.

Objekte aus dem Dock entfernen

Wollen Sie einen Eintrag aus dem Dock entfernen, können Sie das auf zwei Arten machen. Entweder wählen Sie im Menü des Docksymbols „Optionen" und darin „Aus dem Dock entfernen". Oder Sie ziehen das Objekt mit der Maus aus dem Dock heraus. Ab einem gewissen Abstand erscheint am Icon der Hinweis „Entfernen". Lassen Sie dann los, verschwindet das Symbol mit einem dezenten „Puff" aus dem Dock. Lassen Sie die Taste los, während Sie noch nah am Dock sind, bliebt das Icon an Ort und Stelle liegen. Und keine Sorge: Sie löschen hierbei nur den Eintrag aus dem Dock, nicht das Objekt von der Festplatte.

Das Dock konfigurieren

In den Systemeinstellungen ist ein Bereich für das Verhalten von Schreibtisch und Dock zuständig. Hier konfigurieren Sie unter anderem auch Menüleiste, Stage Manager und Mission Control.

Sie können die Größe der Icons im Dock vorgeben. Wird es später zu breit, weil es zu viele Icons enthält, reduziert macOS deren Größe automatisch. Die Option „Vergrößerung" bewirkt, dass die Icons um das gerade ausgewählte Symbol automatisch vergrößert werden. So entsteht beim Fahren mit dem Mauszeiger über das Dock eine Welle. Ein netter Effekt, der nach einem ersten „Wow" jedoch eher stört, wenn man eine zu starke Vergrößerung wählt. Probieren Sie es einfach aus.

Außerdem können Sie das Dock statt am unteren Bildschirmrand hochkant an der linken oder rechten Seite einblenden. Ist der Platz auf dem Bildschirm knapp, können Sie das Dock auch ausblenden. Es erscheint dann erst, wenn Sie mit dem Zeiger an den zugehörigen Rand fahren.

Es gibt noch weitere Optionen, wie die Anzeige der zuletzt benutzten Apps. Besonders erwähnenswert ist noch „Fenster hinter dem Programmsymbol im Dock ablegen". Verkleinern Sie ein Fenster mit einem Klick auf den gelben Button oben

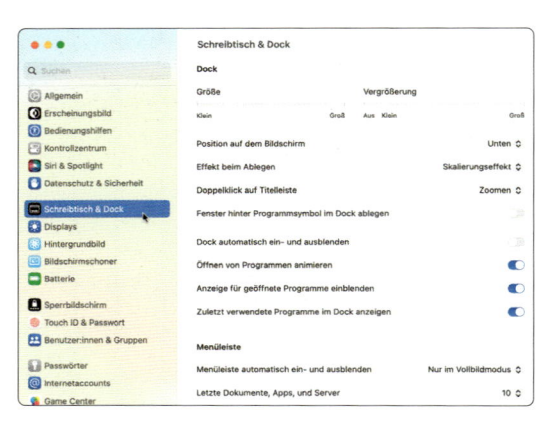

Das Verhalten des Dock lässt sich in den Systemeinstellungen anpassen.

links in dessen Titelleiste, wandert es als Icon auf die rechte Seite des Docks, wo Dokumente und Ordner liegen. Benutzen Sie das häufig, kostet es viel Platz im Dock. Ist die besagte Option aktiv, verschwindet das Fenster stattdessen hinter dem Icon der zugehörigen App. Um es wieder zu vergrößern, öffnen Sie es über das Kontextmenü des Docksymbols. Benutzer von Magic Mouse oder Trackpad können alle Fenster einer App übrigens einfach mit der Fensterverwaltung Mission Control anzeigen, indem Sie den Mauszeiger auf dem Docksymbol der App platzieren und zweimal schnell hintereinander mit zwei Fingern auf die Maus oder das Trackpad tippen (nicht klicken!).

Wir sind hier so ausführlich auf das Dock eingegangen, da es ein zentrales Element der Oberfläche ist. Es lohnt sich etwas Zeit in dessen Einrichtung zu stecken.

Die Mitteilungszentrale

Wenn eine App etwas mitzuteilen hat, erscheint in den meisten Fällen ein Hinweis auf der Arbeitsfläche. Typische Beispiele sind verfügbare Updates, Erinnerungen der Kalender-App an Termine oder die Information, dass Mail eine neue Nachricht für Sie empfangen hat. Wenn Sie nicht auf eine Mitteilung reagieren, sammelt macOS sie praktischerweise in der Mitteilungszentrale. Die können Sie einblenden, indem Sie in der Menüleiste auf die Uhrzeit ganz rechts klicken. Benutzen Sie ein Trackpad, können Sie auch im Finder mit zwei Fingern vom rechten Rand nach links wischen. Solche Gesten lassen sich übrigens in der Systemeinstellung „Trackpad" auch deaktivieren.

Gesammelte Mitteilungen

Im oberen Bereich der Zentrale finden Sie die aufgelaufenen Mitteilungen. Um Platz zu sparen, kann das System sie nach Apps zusammenfassen. In der Systemeinstellung „Mitteilungen" können Sie die Sor-

Die Mitteilungszentrale: Oben sehen Sie die gespeicherte Mitteilungen, darunter folgen die Heute-Widgets.

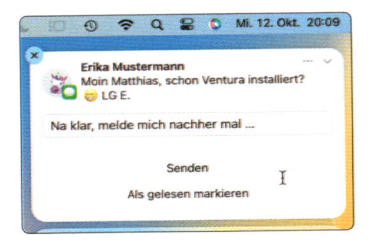

Auf viele Mitteilungen können Sie auch reagieren, zum Beispiel eine Nachricht beantworten.

tierung anpassen. Außerdem können Sie dort festlegen, welche Apps Ihnen überhaupt Mitteilungen schicken dürfen und welcher Form. Es gibt nämlich Mitteilungen die automatisch wieder verschwinden („Banner") und solche, die auf dem Bildschirm bleiben, bis Sie sie bestätigen („Hinweise"). Dazu gibt es kleine Zähler für eingegangene Mitteilungen am App-Symbol und Signaltöne, um zusätzliche Aufmerksamkeit zu erregen.

Mithilfe der Fokus-Funktion können Sie dafür sorgen, das zeitweise nur Mitteilungen von bestimmten Peronen oder Apps erlaubt beziehungsweise gesperrt werden. Nicht zugestellte Mitteilungen landen direkt in der Zentrale.

Heute – Informationen des Tages

Der untere Teil der Mitteilungszentrale enthält Informationen zu den Ereignissen des Tages, vom nächsten Termin bis zum aktuellen Wetter. Zuständig sind dafür kleine Erweiterungen, „Widgets" genannt. Klicken Sie unten in der Heute-Ansicht auf „Widgets bearbeiten", um eine Übersicht aller verfügbaren Widgets zu sehen und sie an- und auszuschalten oder in der Reihenfolge zu ändern. Es gibt auch unterschiedliche Größen für mehr oder weniger Informationen. Widgets gibt es übrigens nicht nur von Apple, sondern auch von anderen Entwicklern.

Klicken Sie unten in der Mitteilungszenrale auf „Widgets bearbeiten", um in die Übersicht der Widgets zu kommen, in der Sie alle verfügbaren Widgets sehen und die Auswahl der aktiven Module anpassen können.

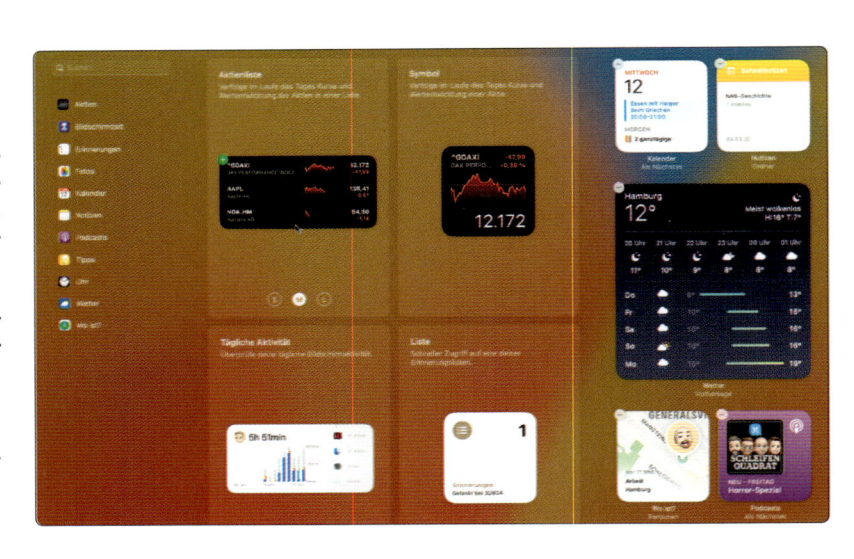

Der Finder

Das zentrale Werkzeug zum Anzeigen von Fenstern und Verwalten von Dateien auf dem Mac ist der Finder. Falls Sie gerade von Windows umgestiegen sind: Der Finder ist sozusagen das Gegenstück zum Explorer von Windows. Er ist eher schlank gehalten, kann aber doch mehr als man auf den ersten Blick vermutet. Wir stellen Ihnen nun die vielleicht wichtigste App für die Arbeit mit dem Mac genauer vor.

Das Fenster zum Mac

Der Finder startet automatisch, wenn Sie den Mac hochfahren. Arbeiten Sie in einem anderen Programm, können jederzeit ganz einfach wieder zum Finder zurückkehren. Sein Icon ist immer ganz links im Dock zu finden. Oder Sie klicken einfach auf den Schreibtischhintergrund – auch das aktiviert den Finder. Der Schreibtisch ist aus Sicht des Systems nämlich nichts anderes als ein Ordner. Man ist zwar den mehr oder weniger freien Blick auf den Schreibtisch gewohnt, aber der Finder kann dessen Inhalt auch in einem Fenster anzeigen, wie andere Ordner auch. Das ist sogar ganz praktisch, wenn Sie die Darstellung oder Sortierung wechseln wollen. Fenster bieten nämlich mehr Möglichkeiten als der Schreibtisch. Aber darauf kommen wir gleich noch zurück.

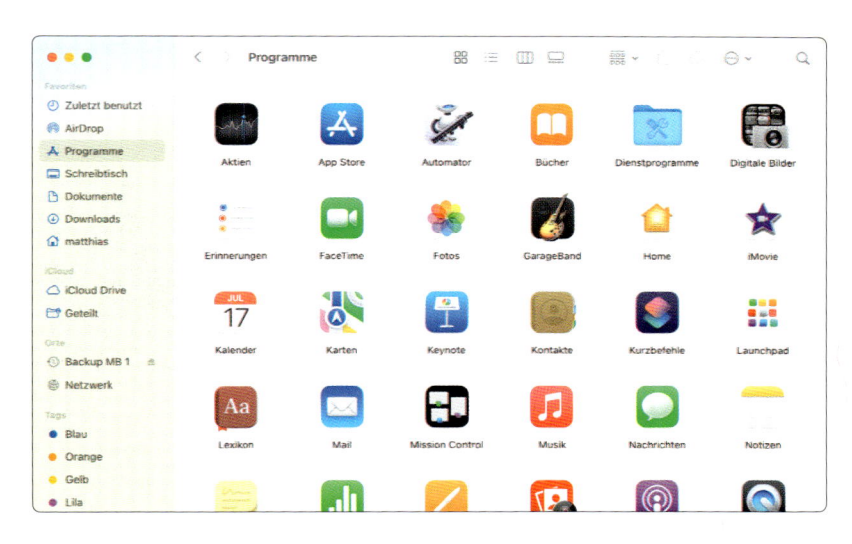

Der Ordner „Programme" in einem Fenster im Finder. Oben sehen Sie die Symbolleiste mit dem Ordnernamen und diversen Funktionen, links die Seitenleiste und im großen weißen Bereich den Inhalt des Ordners (hier als Symbole).

Der Finder nutzt Fenster, um den Inhalt von Ordnern auf der Festplatte anzuzeigen. Welchen er in einem neuen Fenster zeigt, können Sie wählen. Auch die Bedienelemente der Fenster und die Darstellung des Inhalts lassen sich relativ flexibel anpassen. Dabei gliedert sich ein Fenster im Wesentlichen in drei Bereiche. Oben finden Sie die Symbolleiste, in der auch der Name des Ordners steht, mit diversen Befehlen zur Navigation und zum Bearbeiten der Dateien und Ordner. Auf der linken Seiten befindet sich die Seitenleiste, die unter anderem wichtige Orte auf der Festplatte immer in Griffweite hält. Den größten Bereich nimmt rechts davon der Inhalt des geöffneten Ordners ein.

Die Symbolleiste

Klicken Sie mit der rechten Maustaste (oder mit gehaltener [ctrl]-Taste) auf die Symbolleiste, um ein kleines Kontextmenü zu öffnen. Darin können Sie wählen, ob der Finder die Befehle in der Leiste mit Icon, Namen oder beidem anzeigt. Wählen Sie „Symbolleiste anpassen", um deren Inhalt zu bearbeiten. In der Standardform, die Sie über das Anpassen auch jederzeit wieder herstellen können, besitzt die Symbolleiste folgende Elemente:

› Navigation: Hier springen Sie wie in einem Browser im Verlauf der bereits im Fenster anzeigten Ordner vor und zurück.
› Titel: Hier steht der Name des angezeigten Ordners. Klicken Sie mit gedrückter [cmd]-Taste darauf, sehen Sie den Pfad.

Wählen Sie im Darstellungsmenü oder per Kontextmenü den Befehl „Symbolleiste anpassen", um die Leiste zu bearbeiten. Es erscheint eine Auswahl, aus der Sie Symbole in die Leiste ziehen können. Sie können auch die Reihenfolge in der Symbolleiste ändern oder Einträge daraus entfernen. Mit „Fertig" schließen Sie die Auswahlpalette wieder.

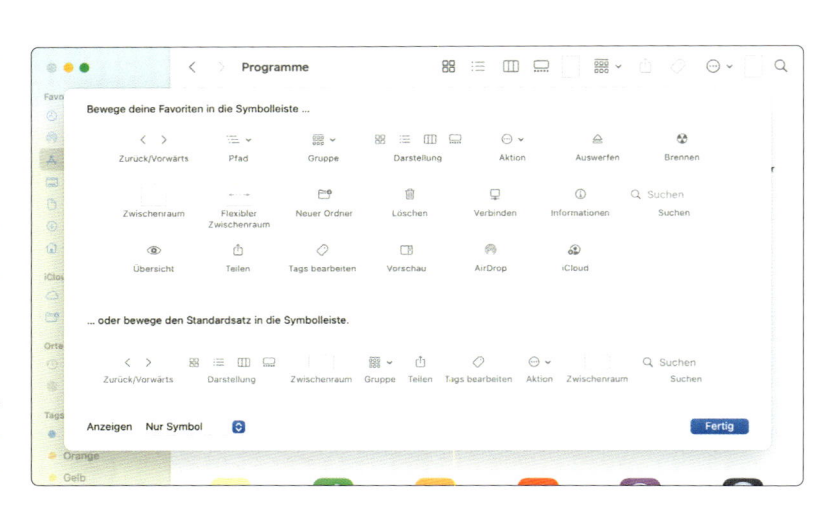

- › Darstellung: Hier wählen Sie mit einem Wechselschalter eine der vier Fensteransichten, die wir gleich noch vorstellen. Ist das Fenster zu schmal, zeigt der Finder nur ein Symbol für die Darstellung, hinter dem sich ein Menü verbirgt.
- › Weitere Funktionen: Es folgen „Gruppe" mit zusätzlichen Sortieroptionen und „Teilen" zum Weiterleiten an andere Apps und Dienste. In „Aktion" finden Sie Funktionen, zum Bearbeiten von Objekten. Teilen- und Aktionsmenü können Sie in der Systemeinstellung „Erweiterungen" anpassen.
- › Über das „Tags"-Menü können Sie Farbetiketten und Schlagwörter vergeben oder neue Tags anlegen. Diese Auszeichnungen sind in vielen Apps und Funktionen nutzbar und werden über iCloud auf all Ihren Geräten synchronisiert.
- › Suchen: Den Abschluss bildet die Eingabe der Dateisuche.

Die Seitenleiste

Die Seitenleiste hilft vor allem beim Zugriff auf häufig benötigte Ordner, lokale Laufwerke und Server. Sie können den Inhalt der Leiste direkt bearbeiten, indem Sie geeignete Objekte hierher ziehen (Programme und Dateien gehören in die Symbolleiste):

- › Favoriten: Ganz oben erlauben die Favoriten einen schnellen Zugriff auf wichtige Ordner. Diesen Bereich sollten Sie anpassen, wenn Sie sich etwas eingearbeitet und Ihren Arbeitsplatz organisiert haben. Ziehen Sie die Ordner im Finder hierher oder entfernen Sie welche, indem Sie sie aus der Leiste herausziehen. Warten Sie dabei kurz bis ein kleines Schließsymbol erscheint bevor Sie die Taste loslassen.
- › iCloud: Hier erscheinen iCloud Drive, das Online-Volume von Apples Cloud-Dienst, und über iCloud geteilte Ordner.
- › Orte: Hier finden Sie alle möglichen Speichermedien, wie interne Volumes, USB-Laufwerke, aber auch Freigaben von Servern oder iOS-Geräte. Klicken Sie auf Netzwerk, um automatisch alle Freigaben im lokalen Netzwerk zu sehen. Dazu gehört neben Dateiservern zum Beispiel auch ein entferntes CD/DVD-Laufwerk oder ein Mac mit aktiver Bildschirmfreigabe (zu dessen Kontrolle oder Fernsteuerung).
- › Tags: Benutzen Sie Tags, können Sie hier ein Etikett auswählen, um alle damit ausgezeichneten Objekte anzuzeigen.

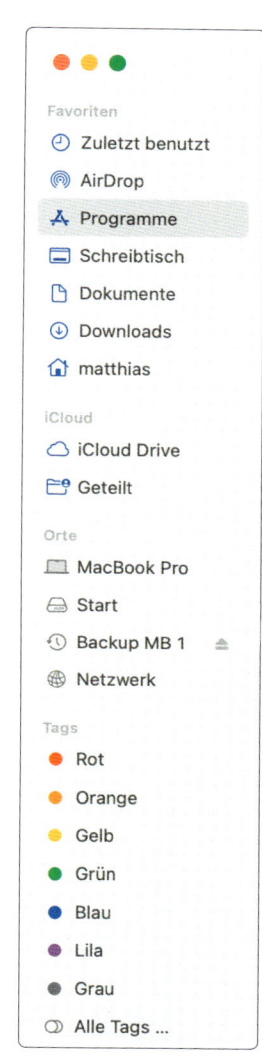

Die Seitenleiste in voller Größe mit Favoriten, iCloud Drive, Orten und Tags. Klicken Sie auf einen Eintrag, um die zugehörigen Inhalte im Fenster anzuzeigen.

Feintuning für den Finder

Wie praktisch jedes Programm auf dem Mac besitzt auch der Finder Funktionen, die Sie Ihren Wünschen anpassen können. Die Einstellungen des Finder rufen Sie über den gleichnamigen Befehl im Programmmenü auf, also dem Menü „Finder". Der Kurzbefehl für den Aufruf der Einstellungen ist [cmd] + [,]. Er gilt übrigens wie [cmd] + [Q] zum Beenden einer App oder [cmd] + [C] und [V] für „Copy & Paste" bei allen Programmen – zumindest bei denen, die Apples allgemeinen Richtlinien folgen. Die Finder-Einstellungen sind in vier Bereiche gegliedert:

› Allgemein: Hier wählen Sie, welche Speichermedien der Finder als Laufwerk auf dem Schreibtisch anzeigt. Wollen Sie Ihr Startvolume oder angeschlossene externe Speicher sofort sehen, müssen Sie das hier aktivieren. In einem Aufklappmenü können Sie außerdem wählen, welchen Inhalt ein neues Fenster anzeigt. Zum Schluss bestimmen Sie noch, ob per [cmd]-Doppelklick geöffnete Ordner in einem neuen Fenster oder als Tab im aktuellen aufgehen sollen.

› Tags: Hier finden Sie die Tags-Verwaltung. Wenn Sie Ihre Tags bearbeiten oder neue definieren wollen, sind Sie hier richtig. Sie können auch auswählen, welche der Finder in der Seitenleiste der Fenster anzeigt. Das müssen nämlich

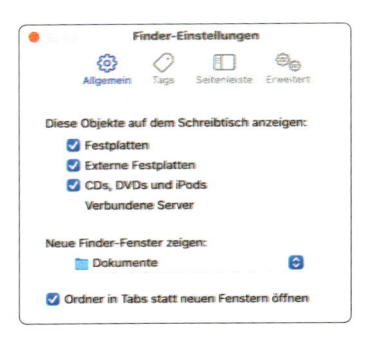

In den Finder-Einstellungen gibt es viele nützliche Optionen. Außerdem finden Sie hier die Verwaltung der Tags (mittleres Bild) und die Standardeinträge der Seitenleiste (ganz rechts).

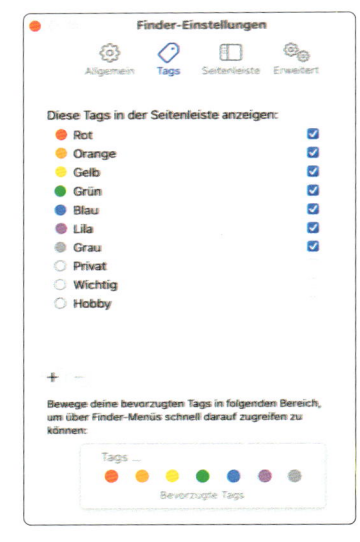

nicht unbedingt alle sein. Legen Sie zusätzliche Tags ohne Farbe an, können Sie Dateien über Schlagwörter einem Projekt zuordnen, ohne dass es im Finder zu bunt wird.
› Seitenleiste: Wählen Sie, welche vordefinierten Favoriten und Orte in der Seitenleiste erscheinen sollen. Nutzen Sie AirDrop oder iCloud Drive nicht, blenden Sie es einfach aus.
› Erweitert: Die Reste-Rubrik der Einstellungen enthält unter anderem Optionen für Sicherheitsabfragen vor dem Löschen vom iCloud Drive oder dem Entleeren des Papierkorbs. Praktisch ist, Sie können Objekte nach 30 Tagen im Papierkorb automatisch löschen lassen oder Ordner beim Sortieren gesammelt oben im Fenster anzeigen lassen.

Fensteransichten im Finder

Der Finder kann Ordnerinhalte in vier verschiedenen Fensterdarstellungen anzeigen. Mit welcher davon Sie bevorzugt arbeiten, ist nicht nur eine Frage des persönlichen Geschmacks, sondern hängt auch vom Inhalt ab. Große Icons eignen sich gut für wenige Dateien und die Nutzung der Symbolvorschau, während sich Listen eher für die gute Übersicht in vollen Ordnern oder eine schnelle Sortierung eignen. Mit der Spaltenansicht blättern Sie sehr schnell in einer verzweigten Ordnerhierarchie hin und her. Die Galerie ist dagegen perfekt zum Sichten von Fotos. Zwischen den verschiedenen Ansichten des Finder wechseln Sie ganz einfach und schnell über den Wahlschalter in der Symolleiste, das Darstellungsmenü oder die Kurzbefehle [cmd] + [1] bis [4].
› Symbole: Ordner und Dateien werden durch Icons dargestellt. Bei Dateiarten, die die Vorschaufunktion von macOS unterstützen, kann diese eine Ansicht des Inhalts erzeugen und als Dateisymbol zeigen. Dabei lässt sich nicht nur eine gute Qualität erreichen, ab einer Icongröße von 64 Pixeln können Sie sogar in geeigneten mehrseitigen Dokumenten blättern oder Videos im Icon abspielen. Die Symbolvorschau wird in den Darstellungsoptionen eines Ordners aktiviert.
› Liste: Die Listenansicht ist ideal, um Dateien zu sortieren und zu verwalten. Sie sehen nicht nur viele Dateien auf einmal, sondern auch in den Spalten zusätzliche Informationen

wie Datum, Tags, Dateiart oder Größe. Klicken Sie auf einen Spaltentitel, um die Liste nach diesem Kriterium zu sortieren. Klicken mit der rechten Taste auf den Titel, um die angezeigten Spalten auszuwählen. Ordner lassen sich aufklappen, um einen schnellen Blick hineinzuwerfen. Breite und Reihenfolge der Spalten können Sie anpassen.

› Spalten: Das Fenster zeigt ähnlich der Liste den Inhalt eines Ordners als Spalte. Klicken Sie auf einen Ordner, erscheint dessen Inhalt in der nächsten Spalte und so weiter. So sehen Sie mehrere Ordner eines Pfads nebeneinander und können schnell wieder mehrere Stufen zurückspringen, wenn Sie beim Durchklicken der Ordner falsch abgebogen sind. Wählen Sie eine Datei aus, erscheint eine Vorschau und darunter die „Schnellaktionen" zur Bearbeitung direkt im Fenster.

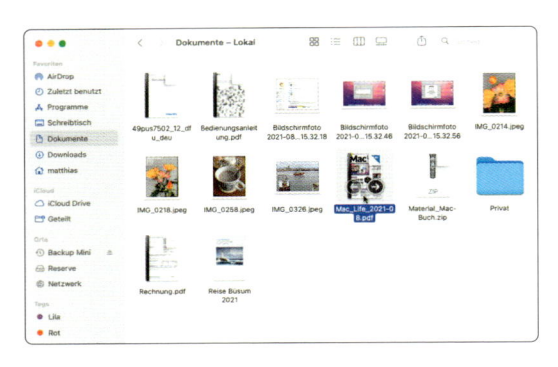

Ein Fenster in Symboldarstellung bietet einen schnellen Überblick.

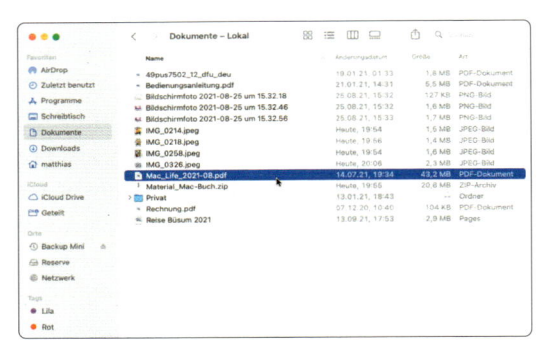

Die Listendarstellung liefert zusätzliche Infos und einfache Sortiermöglichkeiten.

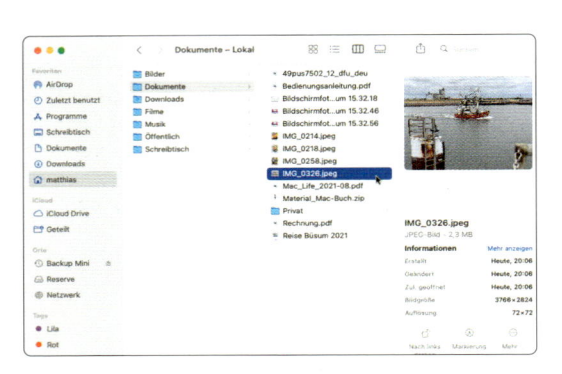

Die Spaltendarstellung erlaubt schnelles Blättern in Ordnerhierarchien.

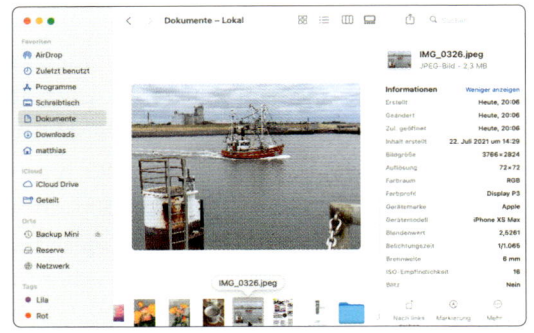

Die Galerie eignet sich mit Vorschau und Metadaten perfekt zum Sichten von Fotos.

› Galerie: Diese Ansicht zeigt unten einen Streifen der Icons, der sich seitlich durchblättern lässt, und darüber eine große Vorschau. Auf der rechten Seite erscheinen Metadaten und Schnellaktionen. Die Galerie eignet sich prima zum Sichten von Fotos oder anderen Ordnern mit Dokumenten, die von der Vorschaufunktion von macOS direkt unterstützt werden.

Arbeiten mit Tabs

Wer intensiv mit dem System arbeitet, zum Beispiel beim Aufräumen oder Suchen, hat meist sehr schnell eine ganze Menge Fenster im Finder geöffnet, die sich gegenseitig überdecken. Tabs sorgen für mehr Übersicht. Statt für jeden Ordner ein neues Fenster zu öffnen, macht der Finder mehrere Tabs in einem Fenster auf. Zwischen diesen wechseln Sie durch Anklicken der Reiter in einer zusätzlichen Leiste direkt unter der Titel- oder Symbolleiste.

Einen neuen Tab legen Sie über das Ablagemenü oder den Kurzbefehl [cmd] + [T] an. Wollen Sie einen bestimmten Ordner als neuen Tab öffnen, markieren Sie ihn und wählen im Kontextmenü „In neuem Tab" öffnen. Sie können Tabs am Reiter in der Reihenfolge verschieben oder auf die Tableiste eines anderen Fensters ziehen. Ist die noch nicht aktiv, blenden Sie sie mit [cmd] + [shift] + [T] ein. Ziehen Sie Objekte auf den Reiter eines Tabs, um sie dorthin zu bewegen. Ziehen Sie einen Tab aus dem Fenster auf den Schreibtisch, verwandelt er sich in ein eigenes Fenster. Klicken Sie ein Fenster im Finder an und wählen dann

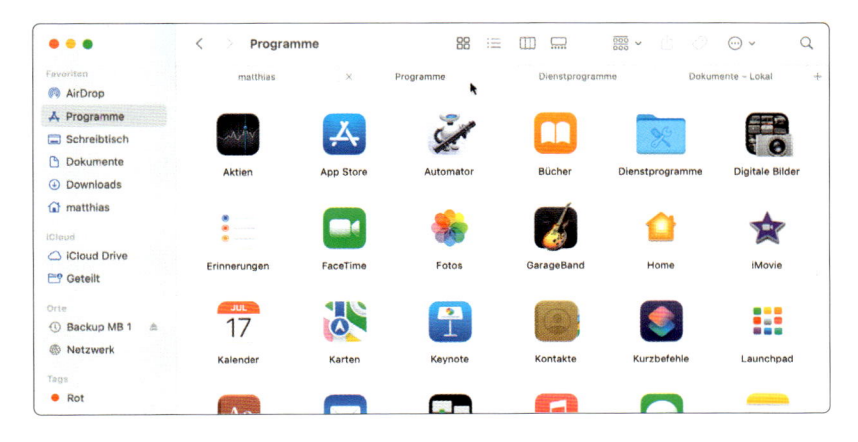

Tabs erlauben mehrere Ordner in einem Fenster zu öffnen. Um zu wechseln, klicken Sie einfach auf einen Reiter in der Tableiste.

Fensteransichten im Finder

Im Darstellungsmenü finden Sie alle Ansichten und Leisten für Finder-Fenster.

den Menübefehl „Fenster > Alle Fenster zusammenführen", sammelt der Finder alle offenen Fenster vom aktuellen Schreibtisch als Tabs in dem ausgewählten Fenster.

Weitere Fensterleisten

Um die Darstellung nicht zu überladen, zeigt der Finder alle Fenster zunächst mit den beschriebenen Elementen. Es gibt aber noch einige weitere nützliche Leisten, die sich bei Bedarf aktivieren lassen. Sie erreichen sie über das Menü „Darstellung", wobei jedoch nicht in allen Ansichten alle Leisten verfügbar sind:

› Tableiste: Auch wenn Sie nur ein Fenster geöffnet haben, blendet Ihnen dieser Befehl die Leiste mit den Tabs ein. Das geschieht automatisch, wenn Sie einen neuen Tab öffnen.
› Pfadleiste: Die Pfadleiste zeigt Ihnen in einem Streifen am unteren Fensterrand den genauen Pfad zum aktuellen Ordner an. Mit der Pfadleiste können Sie auch navigieren. Wenn Sie doppelt auf ein Element im Pfad klicken, wechseln Sie in den entsprechenden Ordner.
› Statusleiste: Diese Leiste am unteren Fensterrand zeigt, wie viele Objekte sich im angezeigten Verzeichnis befinden beziehungsweise wie viele davon Sie gerade ausgewählt haben. Zum anderen sehen Sie auch, wie viel Speicherplatz auf dem gerade benutzten Volume noch verfügbar ist. In der Symbolansicht ist zusätzlich rechts ein Schieber zur Einstellung der Icongröße im Fenster verfügbar.
› Vorschau: In allen Ansichten außer der als Symbole können Sie eine Objektvorschau am rechten Rand aktivieren.

Ein Fenster mit aktiver Pfad- und Statusleiste am unteren Rand. Letztere erlaubt unter anderem den freien Speicherplatz auf dem Volume im Blick zu behalten.

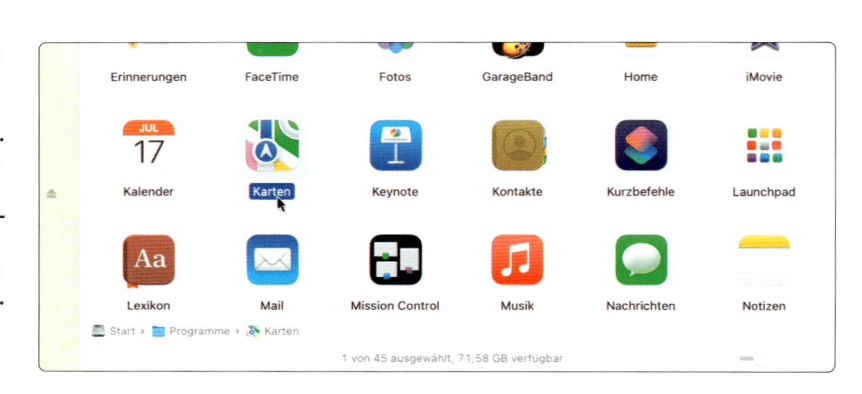

62

Arbeiten mit Dateien

Zu den Basics, die jeder Computernutzer im Alltag beherrschen muss, gehört die Arbeit mit Dateien und Ordnern. Sie legen Ordner an, bewegen oder kopieren Objekte im Finder. Dabei lassen sich viele Mausaktionen durch das Halten von Tasten verändern oder gleich Tastenkombinationen als Abkürzung verwenden. Viele dieser Hilfen gehen einem schnell in Fleisch und Blut über. Wir gehen nun die wichtigsten Aufgaben durch.

Ordner anlegen

Ordner, auch Verzeichnisse genannt, dienen dem Sammeln von Objekten aller Art auf dem Volume Ihres Mac. Mit Ordnern können Sie die Inhalte auf der Festplatte sortieren und zusammenfassen, um so für Ordnung und Übersicht zu sorgen. Um im gerade geöffneten Fenster einen neuen Ordner anzulegen, gibt es gleich mehrere Wege. Am schnellsten geht es mit dem Kurzbefehl [cmd] + [shift] + [N]. Nicht zu verwechseln mit [cmd] + [N] ohne die Umschalttaste (englisch „Shift"). Das ist im Finder der Befehl zum Öffnen eines neuen Fensters. Sie können auch den Menübefehl „Ablage > Neuer Ordner" benutzen oder „Neuer Ordner" im Kontextmenü oder im Aktionsmenü der Symbolleiste. Diese Auswahl ist für die Arbeit mit Dateien und Ordnern typisch. Für welche Methode Sie sich entscheiden, ist Geschmackssache. Wichtig ist, dass der benötigte Befehl nie weit weg ist, auch wenn Ihnen der richtige Kurzbefehl gerade nicht einfällt.

Auf den Befehl hin legt der Finder ein Verzeichnis mit dem Namen „Neuer Ordner" an. Gibt es dieses bereits, wird einfach durchnummeriert „Neuer Ordner 2", „Neuer Ordner 3" und so weiter. Da man diesen Namen gewöhnlich nicht behalten will, ist er bereits markiert, so dass Sie einfach lostippen und einen eigenen Namen eingeben können. Eine praktische Variante des Befehls erlaubt es, dem neuen Ordner auch gleich ausgewählte Objekte hinzuzufügen. Hierfür markieren Sie erst die gewünschten Dateien und Ordner und wählen dann „Neuer Ordner mit Auswahl". Diesen Befehl finden Sie ebenfalls in den bereits erwähnten Menüs. Der Kurzbefehl ist [cmd] + [ctrl] + [N]. Sie drücken also die Controltaste anstelle der Umschalttaste.

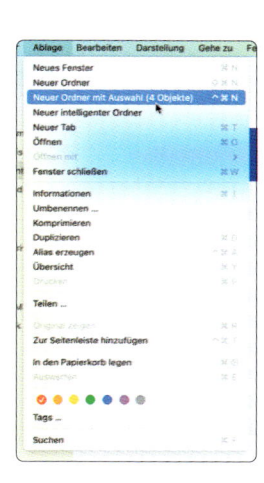

Die meisten Befehle zur Arbeit mit Dateien und Ordnern finden Sie im Ablagemenü.

Objekte markieren

Eine einzelne Datei oder einen Ordner klicken Sie einfach an. Um mehrere Objekte in einem Fenster zu markieren, ziehen Sie mit der Maus einen Rahmen auf. Liegen die Objekte nicht nebeneinander, klicken Sie nacheinander mit gedrückter Befehlstaste auf die Objekte. Klicken Sie ein zweites Mal auf ein Objekt, um die Markierung wieder zu entfernen. Sie können auch die Umschalttaste verwenden: Die wirkt in der Symboldarstellung wie die Befehlstaste. In der Listenansicht markieren Sie damit auch alle Objekte zwischen den bereits angeklickten.

Dateien und Ordner umbenennen

Um den Namen eines Ordners oder einer Datei zu ändern, markieren Sie das Objekt im Finder. Dann klicken Sie auf den Namen, drücken die Eingabetaste oder Zeilenschaltung (für die auch gern die englischen Namen „Enter" und „Return" benutzt werden). Der Finder markiert den Namen mit der Auswahlfarbe, sie können ihn bearbeiten. Zum Abschluss betätigen Sie erneut die Eingabetaste.

Dateien bewegen

Im einfachsten Fall haben Sie zwei Fenster geöffnet, die ja zwei Ordner repräsentieren, und ziehen eine Auswahl von Dateien und Ordnern von einem Fenster in das andere. Liegen beide auf dem gleichen Volume, verschiebt der Finder die Auswahl, sobald Sie die Maustaste loslassen. Liegt das Ziel auf einem anderen Volume, zum Beispiel einem USB-Stick, kopiert der Finder die Objekte.

Sind Start- und Zielordner als Tabs in einem Fenster geöffnet, gehen Sie zum Startordner und ziehen die Auswahl auf den Tab des Zielordners. Denken Sie daran, dass auch der Schreibtisch einen Ordner repräsentiert, und zwar auf dem Startvolume. Sie können also auch Dateien vom oder auf den Schreibtisch bewegen (oder kopieren).

Sie können auch Objekte bewegen, ohne vorher den Zielordner zu öffnen. Ist das Ziel ein Ordner, der im gleichen Fenster wie die ausgewählten Objekte liegt, müssen Sie ihn nicht erst öffnen, sondern können die Auswahl gleich auf das Ordnersymbol ziehen. Liegt das Ziel innerhalb eines sichtbaren Ordners oder Volumes, ziehen Sie die Auswahl auf dessen Icon, halten aber die Maustaste weiter gedrückt. Nach einer kurzen Pause öffnet sich der Ordner unter dem Mauszeiger wie von Geisterhand. So können Sie einen Ordner nach dem anderen öffnen. Diese Funktion nennt sich „Aufspringende Ordner". Die Verzögerung für das Aufspringen lässt sich in der Systemeinstellung „Bedienungshilfen" unter „Zeigersteuerung" anpassen. Am Ziel lassen Sie die Maustaste los, um die Auswahl zu bewegen. Der Finder schließt alle aufgesprungenen Ordner zwischen Start und Ziel.

Kopieren statt bewegen

Das Finder-Verhalten lässt sich umkehren. Damit der Finder am Zielort auf dem geichen Volume Kopien der Objekte erzeugt, statt sie zu verschieben, halten Sie dabei die Wahltaste „[alt]" gedrückt. Um Objekte zwischen zwei Volumes zu verschieben, statt sie zu kopieren, halten die Befehlstaste „[cmd]" gedrückt. Das ist anfangs vielleicht etwas verwirrend, aber der Finder zeigt Ihnen, was tut. Der normale Mauszeiger steht für das Verschieben. Wird die Auswahl kopiert, erscheint am Zeiger ein grünes Symbol mit einem Pluszeichen. Da der Finder die Aktion erst ausführt, wenn Sie die Taste loslassen, können Sie ohne Hektik Wahl- und Befehlstaste ausprobieren, bis der Mauszeiger das gewünschte Bild zeigt. Haben Sie es sich anders überlegt, ziehen Sie die Auswahl auf die Menüleiste bevor Sie die Taste loslassen. Dann beendet der Finder den Vorgang ohne Aktion. Als Alternative drücken Sie zum Abbruch die Escape-Taste „[esc]".

Der Mauszeiger macht deutlich, was beim Loslassen der Taste passiert: Datei bewegen, kopieren oder ein Alias erzeugen (von links).

Dateien duplizieren

Ein Spezialfall des Kopierens ist das Duplizieren. Benötigen Sie von ausgewählten Dateien oder Ordnern eine identische Kopie am gleichen Ort, können Sie sie mit gedrückter Wahltaste bewegen, um Kopien zu erstellen. Etwas einfacher und schneller ist es allerdings, den Befehl „Duplizieren" zu benutzen. Das gilt vor allem, wenn Sie sich den Kurzbefehl [cmd] + [D] merken. Da jeder Dateiname nur einmal an einem Ort vorkommen kann, benennt der Finder die Duplikate um. Beim Kopieren hängt er eine Zahl an und beim Duplizieren den Hinweis „Kopie" und zusätzlich eine Zahl, falls Sie ein Objekt mehrfach duplizieren.

Arbeiten mit Dateien

Kopieren im Windows-Stil

Das „Kopieren und Einsetzen", für das oft die englische Bezeichnung „Copy-and-paste" benutzt wird, gehört zu den bekanntesten und selbstverständlichsten Mac-Funktionen. Apple hat es schon bei den ersten Macs für den Austausch von Inhalten zwischen Programmen über die systemweite Zwischenablage eingeführt. Man kopiert etwas mit [cmd] + [C] und setzt es anderswo mit [cmd] + [V] wieder ein. Das Konzept ist so einfach und praktisch, dass es von ziemlich jedem relevanten Betriebssystem übernommen wurde. Dabei war Microsoft besonders gründlich, denn unter Windows klappte es auch mit Dateien. Apple hat sich etwas geziert, doch schließlich ist diese Erweiterung der Funktion dann auch in macOS zurückgeflossen. So können Sie nun Dank Microsoft auch mit den Kurzbefehlen oder den Befehlen im Menü „Bearbeiten" Dateien und Ordner von einem Ort zum anderen kopieren. Dabei spielt es im Gegensatz zum Bewegen mit der Maus, keine Rolle, ob sich Start und Ziel auf dem gleichen Volume befinden, der Mac erzeugt immer eine Kopie. Während Umsteiger:innen von Windows das völlig selbstverständlich finden, vergessen gerade alteingessenene Mac-Nutzer:innen das Kopieren und Einsetzen von Dateien gern. Der dritte Befehl „Ausschneiden" (kurz [cmd] + [X]) des Copy-and-paste-Mechanismus, der das Orignal entfernt, funktioniert mit Dateien übrigens nicht. Das ist wohl auch ganz gut so.

Verweise auf Dateien anlegen

Damit Sie eine Datei oder einen Ordner an mehreren Stellen im Zugriff haben, müssen Sie nicht unbedingt Kopien anlegen. Der Finder bietet mit Alias-Dateien eine platzsparende Alternative. Ein Alias ist lediglich ein Verweis auf die Originaldatei. Der Alias enthält den Pfad zur ursprünglichen Datei, ist daher nur einige Bytes groß – völlig unabhängig von der Größe des Originals. Ein Alias ist eine praktische Sache, wenn Sie aus verschiedenen Projekten auf die gleiche Datei zugreifen und verhindern wollen, dass mehrere Ver-

Das Infos-Fenster eines Alias: Sie sehen, wo das Original liegt, und können es neu zuweisen.

sionen davon entstehen. So können Sie zum Beispiel Bilder oder Texte in einem zentralen Ordner sammeln und über Alias-Dateien in mehreren Projekten nutzen. Sie müssen aber bedenken, dass Änderungen über ein Alias auf das Original wirken, sich also in allen Projekten bemerkbar machen, die dieses nutzen – auch nachdem Sie diese vielleicht schon abgeschlossen haben.

Um einen Alias anzulegen, markieren Sie eine Datei und wählen den Befehl „Alias erzeugen" in den üblichen Menüs oder drücken [cmd] + [ctrl] + [A]. Oder halten Sie beim Bewegen [alt] und [cmd] gedrückt. Es entsteht ein Alias im Fenster des Originals mit dem Namenszusatz „Alias". Den Namen können Sie anschließend ändern. Sie können ihm sogar ein eigenes Icon zuweisen.

Wenn Sie das Original verschieben oder umbenennen, passt macOS den Pfad im Alias an. Im seinem Infos-Fenster, das Sie über den Befehl „Informationen" oder [cmd] + [I] aufrufen, können Sie sehen, wohin der Alias zeigt. Sollte die Verbindung reißen, können Sie Alias und Original mit der Taste „Original neu zuweisen" erneut verknüpfen. Die Kopie oder ein Alias eines Alias ergibt übrigens wieder ein Alias auf die ursprüngliche Datei.

Dateien löschen

Um Dateien und Ordner zu löschen, markieren Sie sie im Finder und wählen „In den Papierkorb legen", Kurzbefehl [cmd] + [Rückschritt]. Dadurch befördert der Finder die ausgewählten Objekte in den Papierkorb. Oder Sie bewegen die Auswahl mit der Maus auf den Papierkorb im Dock. Darin bleiben die Objekte liegen, bis Sie den Papierkorb entleeren. Das machen Sie über den gleichnamigen Befehl im Programmmenü des Finder oder im Kontextmenü des Papierkorbsymbols im Dock. So lange Sie das nicht machen, können Sie auf den Papierkorb im Dock klicken, um dessen Inhalt in einem Fenster zu öffnen und Dateien wieder herauszuholen. Über den Befehl „Zurücklegen" (im Kontext- oder Aktionsmenü) befördert der Finder die markierten Objekte sogar wieder an den Ort, von dem Sie sie gelöscht haben. Liegt ein Objekt bereits im Papierkorb, so bewirkt [cmd] + [Rück-

Der Inhalt des Papierkorbs wird erst gelöscht, wenn Sie es sagen.

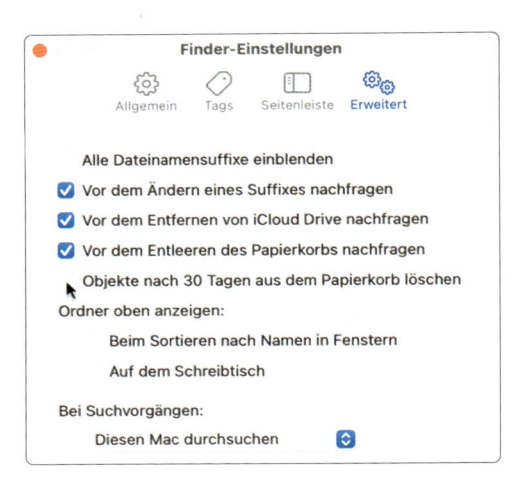

In den Finder-Einstellungen können Sie festlegen, dass der Mac im Papierkorb liegende Objekte nach 30 Tagen löscht. Das spart Platz, unterläuft aber ein wenig die Schutzfunktion des Papierkorbs.

schritt] übrigens das Zurücklegen – nicht etwa das endgültige Löschen, wie man vermuten könnte. Das Fenster des Papierkorbs enthält oben rechts ebenfalls eine Taste zum Entleeren.

In den Finder-Einstellungen können Sie in „Erweitert" festlegen, dass der Mac Objekte nach 30 Tagen im Papierkorb automatisch löschen soll. So haben Sie Zeit, noch benötigte Dateien zu retten, ohne dass sich über lange Zeit allzu viel ansammelt. Wollen Sie Objekte direkt löschen, ohne sie in den Papierkorb zu legen, halten Sie beim Löschen zusätzlich die Wahltaste gedrückt.

Dateien organisieren mit Tags

Tags verbinden auf elegante Weise Schlagwörter und Etiketten. Sie bieten eine einfache Möglichkeit, eine zusätzliche Ebene beim Organisieren Ihrer Dateien einzurichten, die auf Wunsch fast unsichtbar bleibt. Statt Objekte zu sortieren, können Sie sie mit Tags versehen. Über die Seitenleiste können Sie dann schnell alle mit einem Tag markierten Objekte anzeigen lassen, egal wo sie liegen. So besteht nicht mehr die Notwendigkeit, alle Dateien zu einem Thema an in einem Ordner zu sammeln. Damit sind Tags in gewisser Weise auch eine Alternative zu Alias-Dateien, wenn man sich erst einmal an die Arbeit mit Ihnen gewöhnt hat.

Wie Sie sich vermutlich schon denken können, gibt es auch für das Zuweisen von Tags im Finder mehrere Wege. Als erstes markieren Sie die gewünschten Dateien und Ordner, die Sie mit Tags auszeichnen wollen. Am schnellsten ist der Zugriff auf die sechs Standard-Tags. Die können sie direkt über das Tags-Menü der Symbolleiste zuweisen. Alternativ finden Sie Tags auch unten im Ablagemenü, im Aktionsmenü der Symbolleiste oder im Kontextmenü, wenn Sie mit der rechten Taste (oder [ctrl]-Klick) auf die Objekte klicken. Wählen Sie einen der farbigen Punkte, zum Beispiel den blauen, fertig. Bei Bedarf können Sie auch noch weitere Tags zuweisen. Klicken Sie nun in der Seitenleiste auf „Blau", sehen Sie rechts davon im Fenster alle mit diesem Tag markierten Objekte. Das war jetzt der einfachste Fall. Am besten spielen Sie etwas mit der Funktion, um sie kennenzulernen. In den Fensteransichten sind Tags als Punkte neben dem Dateinamen zu sehen. Die Listenansicht erlaubt optional eine Tags-Spalte.

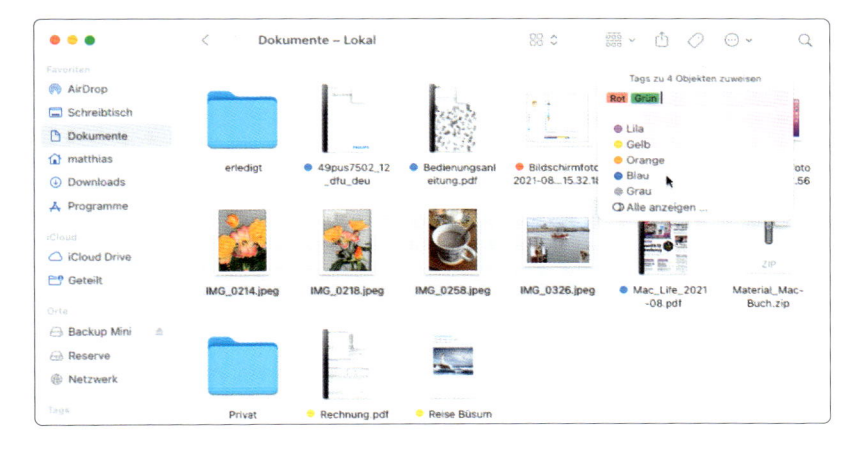

Es gibt ein Menü in der Symbolleiste zum Zuweisen von Tags. Wer sie nicht so intensiv nutzt, kann es ausblenden und Ablage- oder Kontextmenü nutzen.

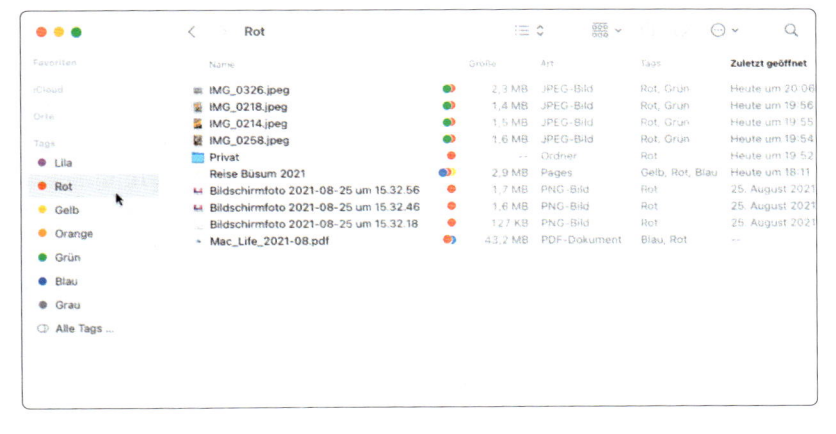

Über die Seitenleiste rufen Sie alle Objekte mit einem Tag auf. Farbige Punkte symbolisieren die Markierungen. Die Listenansicht bietet eine eigene Spalte für Tags.

Dateien organisieren mit Tags

Vorhandene Tags bearbeiten

Die Farbnamen der Tags haben eher historische Gründe. Ihre Vorläufer waren einfache Etiketten, die im Ursprung tatsächlich zur farblichen Markierung gedacht waren. Das Tag-Konzept von macOS greift jedoch wesentlich weiter. Haben Sie sich etwas an deren Nutzung gewöhnt, beginnen Sie sich ein auf Ihre Arbeit abgestimmtes Schema für Farben und Bezeichnungen zu überlegen. Die sechs „bevorzugten" Tags in den Menüs sollten dabei die Hauptrolle spielen, da sie sich einfacher zuordnen lassen.

Betrachten Sie die bevorzugten Tags als eine Art Favoriten. Sie können Farbe und Bezeichnung ändern. Am einfachsten, wenn Sie zu einem Tag in der Seitenleiste das Kontextmenü aufrufen. Dort finden Sie den Befehl „Umbenennen", um den Namen in etwas sinnvolleres zu ändern. Außerdem können Sie eine andere Farbe wählen. Es stehen zusätzlich grau und farblos zur Verfügung.

Eigene Tags anlegen

Die eigentliche Tag-Verwaltung finden Sie im Bereich „Tags" in den Finder-Einstellungen. Hier können Sie vorhandene Tags bearbeiten, aber auch neue anlegen. Klicken Sie auf die Plustaste unter der Liste, um Tags zu hinzuzufügen. Alle erscheinen in der Liste, wo sich ebenfalls per Kontextmenü Name und Farbe ändern lassen. Außerdem können Sie neben jedem Eintrag in der Liste ankreuzen, ob er in der Seitenleiste im Finder erscheinen soll. Verschieben Sie die Tags mit der Maus in der Reihenfolge, wirkt sich das ebenfalls auf die Seitenleiste aus. Markieren Sie einen und klicken unten auf die Minustaste, löscht macOS den Tag. Das lässt sich das System zur Sicherheit noch einmal bestätigen. Wird der zu löschende Tag bereits

Planen Sie mehr als eine kleine Änderung, benutzen Sie am besten die Finder-Einstellungen zum Bearbeiten der Tags. Hier können Sie auch die Palette der bevorzugten Tags anpassen.

benutzt, weist macOS Sie auch darauf noch einmal hin.

Unten im Einstellungsfenster finden Sie die Palette der bevorzugten Tags. Diese lassen sich mit der Maus in der Reihenfolge verschieben. Außerdem können Sie andere Tags aus der Liste auf einen der sieben Plätze ziehen, um die Auswahl zu ändern. Der alte Tag wird dabei nicht gelöscht, sondern nur aus der Palette entfernt.

Im Info-Fenster einer Datei sehen Sie, welche Tags zugeordnet sind und können diese ergänzen oder löschen. Sie können sogar neue erstellen, indem Sie ein Schlagwort eingeben und die Eingabetaste drücken.

Beliebige Tags zuweisen

Um einer Datei beliebige Tags zuzuordnen, gehen wie bei den Favoriten vor, wählen dann aber unter der Palette der bevorzugten Marker den Befehl „Tags". Es erscheint ein Auswahlmenü mit allen Tags. Ganz oben finden Sie dort ein Eingabefeld. Geben Sie hier einen Namen ein, um den Tag zu finden. Es reichen die ersten Buchstaben, da der Finder die Eingabe automatisch vervollständigt. Wer viel mit Tags arbeitet, sollte das gleichnamige Menü in der Symbolleiste nutzen. Dort steht das Eingabefeld sofort bereit, was einen Schritt spart. Als weitere Alternative können Sie Tags auch über das Informationsfenster einer Datei zuweisen und löschen. Sie finden die zugeordneten Tags in einem Feld ganz oben unter dem Dateinamen. Klicken Sie darauf, erscheint das Tag-Menü. Sie können auch zugewiesene Tags markieren und mit der Lösch- oder Rückschritttaste entfernen.

Tipps für den Alltag

In der Praxis werden Tags schnell unübersichtlich und unpraktisch, wenn Sie zu viele anlegen. Die Möglichkeit freie Namen als Schlagwort festzulegen, fordert etwas Disziplin. Verwenden Sie eine einfache und vor allem einheitliche Schreibweise für die Namen. Überlegen Sie, welche Tags Sie wirklich brauchen. Verwenden Sie eher Oberbegriffe als Details, damit Sie nicht irgendwann in einer Flut von Tags die Übersicht verlieren.

Wichtige Ordner, die Sie kennen sollten

Viele Mac-Anwender:innen sind sich nicht darüber im Klaren, dass unter der schicken macOS-Oberfläche ein waschechter Unix-Abkömmling schlummert. Das liegt daran, dass sie mit dem Unterbau des Systems kaum in Berührung kommen. Programme installieren alle benötigten Komponenten selbst – oft liegen sie sogar direkt innerhalb der App (die in Wirklichkeit ein spezieller Ordner ist, „Paket" genannt, und nur nach außen wie eine einfache Datei aussieht). Die Anwender:innen finden für systemnahe Aufgaben, wie etwa die Installation von Zeichensätzen, Dienstprogramme vor. Erst dann, wenn etwas nicht richtig läuft, muss man sich mit dem Aufbau des Systems auseinandersetzen. Aber keine Bange, das ist ausgesprochen selten und bis in die tiefsten Unix-Abgründe muss man sich auch dann nicht trauen.

Wir starten mit einer kurzen Erklärung der Ordner, die jeder bei der täglichen Arbeit zu sehen bekommt. Wir verwenden für Pfadangaben die Unix-üblichen Zeichen: den Schrägstrich zum Trennen von Ordnern, den Schrägstrich am Anfang eines Pfads für die oberste Laufwerksebene und die Tilde „~" für das Privatverzeichnis eines Benutzers. Was das ist, erklären wir gleich.

Die vier Ordner auf der obersten Ebene des Startlaufwerks bilden die Basis von macOS Ventura.

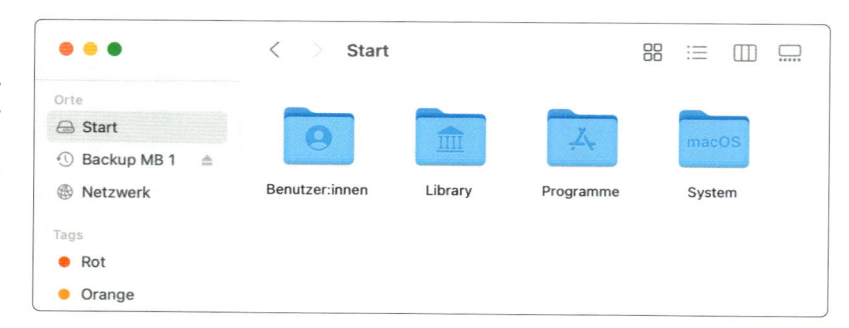

Die vier Basisordner

Auf der obersten Ebene des Startlaufwerks Ihres Mac finden Sie nach der Installation vier Ordner vor: Benutzer:innen, Library, Programme und System. macOS ist ein mehrbenutzerfähiges System. Im Verzeichnis Benutzer:innen – jede:r eingerichtete Benut-

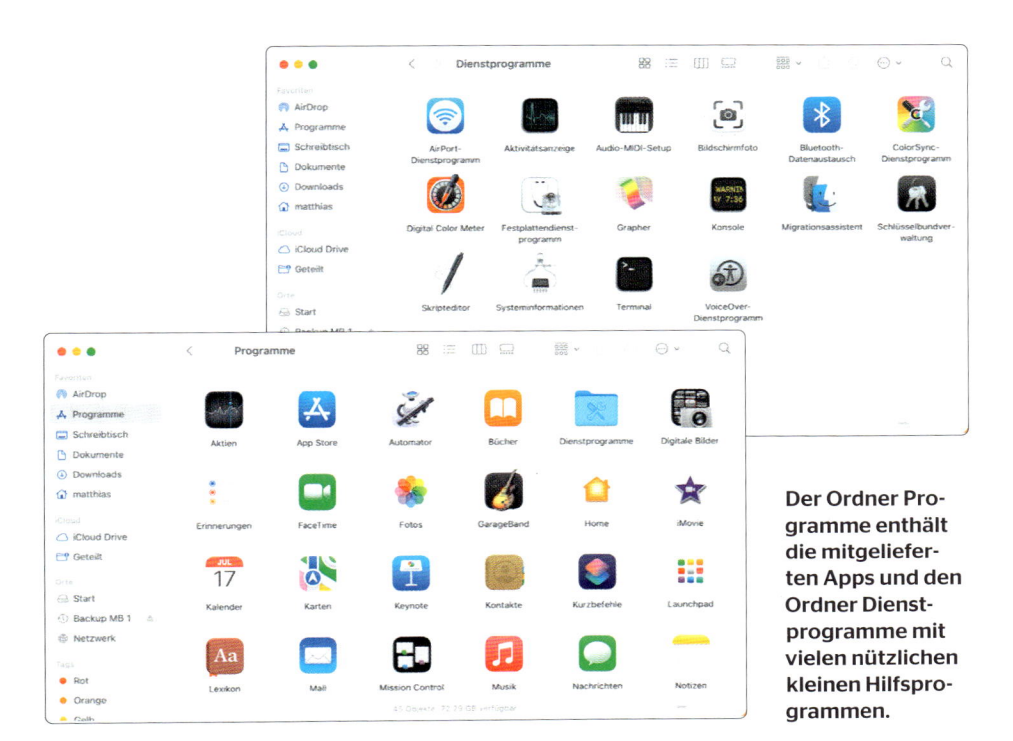

Der Ordner Programme enthält die mitgelieferten Apps und den Ordner Dienstprogramme mit vielen nützlichen kleinen Hilfsprogrammen.

zer:in des Mac bekommt hier einen eigenen Ordner – liegen alle persönlichen Dateien. In Programme liegen normalerweise alle mit dem System gelieferten oder nachträglich installierten Apps. In System befinden sich wichtige und unverzichtbare Systembestandteile von macOS, von denen man als Anwender:in die Finger lassen sollte. Die veränderlichen Bestandteile liegen dagegen in Library: Dazu gehören Dinge wie Plug-ins, Fonts, Bibliotheken und andere Dateien, die systemweit zur Verfügung stehen. Doch schon hier zeigt sich, dass es nicht so einfach ist. Es gibt nämlich (mindestens) drei Library-Ordner: Neben dem erwähnten gibt es auch /System/Library und einen in jedem Benutzerordner.

Ihr ganz privater Ort

Jede:r erhält in macOS einen eigenen privaten Ordner in /Benutzer:innen, der Privat- (englisch „Home") oder Benutzerverzeichnis genannt wird. Er trägt den Accountnamen, den Sie bei der Einrichtung des Kontos angegeben haben. Haben Sie zum Bei-

Wichtige Ordner, die Sie kennen sollten

Im Privatverzeichnis findet jede:r Benutzer:in zunächst sieben Standardordner für eigene Dateien vor. Dazu lässt sich dort der Ordner Library einblenden.

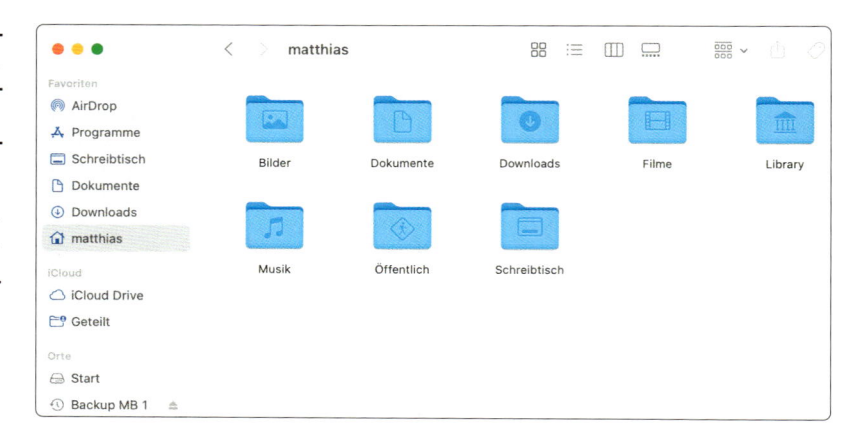

spiel bei der Ersteinrichtung des Sytems mit dem Installationsassistenten eine Benutzerin „Erika Mustermann" mit dem Accountnamen „erika" angelegt, finden Sie auf dem Mac hinterher den zugehörigen Privatordner /Benutzer:innen/erika. Darin legt macOS bereits die Standardordner für Dokumente, Bilder, Musik, Filme und andere Daten an. Die müssen Sie nicht benutzen, aber es ist ganz praktisch. Sie sorgen nicht nur für eine einheitliche Ordnung auf jedem Mac, sondern sind in vielen Apps schon als Ziel voreingestellt. So will Musik (früher iTunes) zum Beispiel die Mediathek in Musik anlegen, Fotos seine Sammlung in Bilder und Pages & Co. bevorzugen Dokumente. Das lässt sich alles ändern, ist für den Einstieg aber eine gute Wahl. Hier liegt übrigens auch der Ordner Schreibtisch, in dem sich alles wieder findet, was Sie im Finder auf den Hintergrund legen.

Auf die für Sie als Anwender:in wichtigsten Ordner haben Sie über das Finder-Menü „Gehe zu" schnellen Zugriff. Wählen Sie hier einen Ordner aus, um ihn in einem Fenster zu öffnen. Hinter den Ordnernamen finden Sie die jeweils zugehörigen Kurzbefehle, zum Beispiel [cmd] + [shift] + [O] für Ihren Dokumenteordner oder [cmd] + [shift] + [H] für das Home-Verzeichnis.

Zugang zum Unterbau

Mehr als die erwähnten Ordner sehen normale macOS-Anwender:innnen nicht, doch es gibt noch mehr – viel mehr. Denn der Finder versteckt diejenigen Ordner, in denen die Nutzer:innen normalerweise nichts zu suchen haben. Wer mit dem Terminal umzugehen weiß, sieht die Unix-Ordner wie /etc, /bin oder /var, in denen aber nichts liegt, was Anwender aktiv benötigen könnten oder verändern sollten. Über den Befehl „Gehe zum Ordner" im „Gehe zu"-Menü darf man per Hand den passenden Pfad eintippen. Dabei werden unvollständige, aber eindeutige Verzeichnisnamen ergänzt, sobald man die Tab-Taste drückt.

Ein Sonderfall ist der Library-Ordner innerhalb des Benutzerverzeichnisses, der früher noch sichtbar war, den man aber bei neueren macOS-Versionen erst zu sehen bekommt, wenn man beim Öffnen des „Gehe zu"-Menüs die Wahltaste drückt.

Dass es wie erwähnt mehrere Library-Ordnern gibt, hat einen Grund: In /System und damit auch in /System/Library liegen Dateien, die macOS (oder einem speziellen Adminstrator „root" mit Vollzugriff) zugänglich sind und die für normale Anwender:innen schreibgeschützt sind. Im allgemeinen Ordner /Library auf der obersten Laufwerksebene liegen Dinge, die für alle Benutzer und Programme zugänglich sein sollen. Im Library-Ordner innerhalb des Benutzerordners (~/Library) liegen hingegen die Dinge, die nur für den oder die Besitzer:in erreichbar und gültig sind. Diese Hierarchie schützt System und Benutzer:innen.

Um den privaten Library-Ordner dauerhaft zu sehen, öffnen Sie Ihr Privatverzeichnis und aktivieren in den Darstellungsoptionen „Ordner Library anzeigen".

Im Menü „Gehe zu" finden Sie die wichtigsten Ordner für die Arbeit mit dem Mac versammelt, inklusive der Kurzbefehle zum Öffnen.

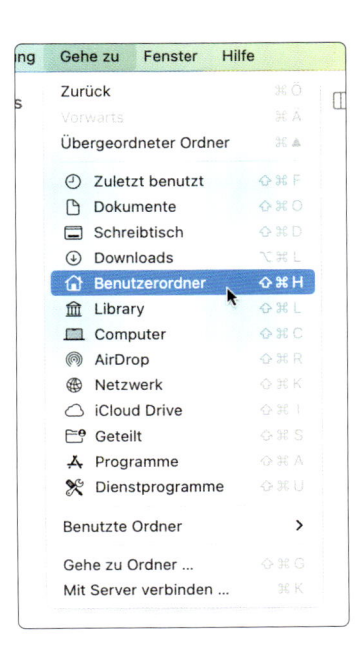

Wichtige Ordner, die Sie kennen sollten

Ordner für Zeichensätze

Ein gutes Beispiel sind die Zeichensätze. In jedem Library-Ordner kann nämlich ein Ordner „Fonts" für installierte Schriften liegen: In /System/Library/Fonts liegen die Zeichensätze, die das System beispielsweise für Menüs, Dialogfenster und andere Dinge braucht. In /Library/Fonts liegen Zeichensätze, die allen Anwender:innen zugänglich sind. Hier können Sie auch selbst weitere Schriften installieren. Und in ~/Library/Fonts, also innerhalb der Benutzerordner, sind Zeichensätze nur für den oder die Anwender:in verfügbar. Übrigens gibt es auch Fonts, die innerhalb von Programmpaketen oder anderswo so installiert sind, dass sie nur dem jeweiligen Programm zugänglich sind.

Die Fonts-Ordner unterliegen einer Hierarchie: Die Fonts im Benutzerordner – also in ~/Library/Fonts – haben Vorrang vor denen im allgemeinen Library-Ordner. Das kann zu etwas verwirrenden Effekten führen. Liegen im allgemeinen und persönlichen Fonts-Ordner unterschiedliche Versionen eines Fonts, arbeiten verschiedene Benutzer:innen nicht mehr mit der gleichen Version. Ist zum Beispiel der Font im persönlichen Ordner defekt, hat nur der zugehörige Benutzer Probleme. Meldet er sich als ein anderer am Mac an, ist die defekte Schrift scheinbar wieder heil, weil der Mac tatsächlich auf die Version im allgemeinen Ordner zugreift. Klingt zu kompliziert? Das ist es eigentlich nicht oder zumindest müssen Sie als einzige:r Nutzerin eines Mac kaum darauf achten. Wir wollten nur zeigen, dass die Mehrbenutzerzfähigkeit von macOS zu mehr als nur mehreren Benutzerkonten und Anmeldedaten führt. Manchmal führen die Regeln, die Benutzer:innen voreinander schützten sollen, auch zu unerwarteten Effekten.

Zeichensätze sind auch ein gutes Beispiel dafür, dass weniger erfahrene Anwender:innen besser nicht an Systemverzeichnissen arbeiten sollten, denn

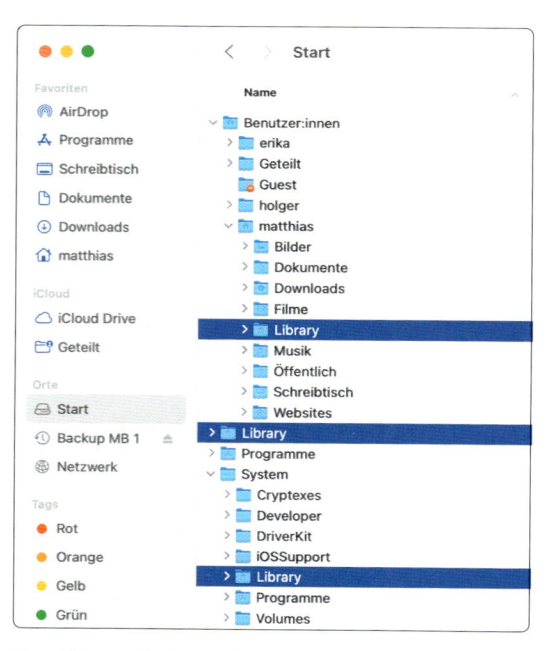

Den Library-Ordner gibt es in macOS mindestens dreimal, plus je einen für weitere Benutzer:innen.

manchmal bestehen Schriften aus mehreren Dateien mit nicht ganz eindeutigen Namen. Apple bietet eine einfache Lösung: Das Programm Schriftsammlung öffnet sich, sobald man eine Schriftdatei im Finder doppelklickt, alternativ startet man es per Hand im Ordner Programme und importiert die Schriften gleich ordnerweise. Die App fragt auch, ob sie Zeichensätze für alle oder nur eine:n Benutzer:in installieren soll, und sucht nach Konflikten wie mehrfach oder unvollständig installierten Fonts.

Sollte man im System aufräumen?

Die unübersichtlichen Library-Ordner haben zu vermeintlich nützlichen Tools geführt, die automatisch für Sie aufräumen und die Performance verbessern wollen. Lassen Sie lieber die Finger davon. Eine ganze Reihe von Ordnern enthalten Cache-Dateien, die teilweise sehr groß werden können, und diverse Programme bieten an, hier einmal tüchtig aufzuräumen. Doch nur sehr selten sind diese Cache-Dateien wirklich korrupt, und löschen Sie sie, werden sie beim nächsten System- beziehungsweise Programmstart wieder angelegt, was wieder Zeit kostet. Regelmäßiges Löschen lohnt also nicht, höchstens gezieltes Löschen bei Problemen. Doch das ist nichts für Anfänger:innen.

Ähnlich verhält es sich mit den Hinterlassenschaften von Programmen in „Application Support"- oder „Preferences"-Ordnern. Auch hier ist bei löschfreudigen Tools Vorsicht geboten: Gerade die Dateien in Application Support werden nicht selten von mehreren Programmen eines Herstellers genutzt, zum Beispiel teilen sich Apples iWork-Apps einige Helferlein. Und nicht immer ist am Namen ganz klar zu erkennen, welche App eine Voreinstellung angelegt hat. So nervig es sein mag, dass sich Datenmüll angesammelt hat, so passiv verhalten sich diese Dateien auch, wenn eh keine App mehr da ist, die sie anspricht.

Programme im Launchpad

Die einen finden es toll, andere völlig überflüssig: das Launchpad. Die App ist eine weitere Möglichkeit, in macOS auf einfache Art Programme zu starten, nicht dass damit jemand ein Pro-

Das Launchpad ist eine weitere Möglichkeit auf Ihre Apps zuzugreifen. Es erinnert schon auf den ersten Blick an den Startbildschirm von iPhone und iPad.

blem hätte. Es gibt auf der einen Seite mit dem Dock einen ausgezeichneten Programmstarter für Ihre wichtigsten Apps. Wer alle Programme sehen möchte, öffnet den gleichnamigen Ordner, der per Seitenleiste oder Kurzbefehl [cmd] + [shift] + [A] („A" für „Applications") schnell erreichbar ist. Außerdem lassen sich laufende Apps hervorragend mit dem Programmumschalter wechseln, den Sie über [cmd] + [Tab] öffnen. Darin können Sie mit den Pfeiltasten navigieren und eine der Apps mit der Eingabetaste aufrufen. Wozu also auch noch das Launchpad?

Das Launchpad stammt aus der Zeit als Apple anfing macOS und iOS ähnlicher zu machen. Tatsächlich hat es große Ähnlichkeit mit dem Home-Bildschirm von iOS. Es zeigt die Programm-Icons einfach pur in einem ziemlich großzügigen Raster auf dem Bildschirm. Selbst auf einen 27-Zoll-iMac passen gerade einmal 35 Apps. Dafür genügt simples Anklicken, um eine App zu öffnen. Reicht der Platz nicht aus, kann man weitere Bildschirme hinzufügen und sie seitlich durchblättern. Sie können die Apps mit der Maus neu anordnen. Ziehen Sie ein Icon auf ein anderes entsteht ein Ordner. Klicken Sie auf eine App und halten die Maustaste gedrückt, blendet der Mac kleine Schließfelder an den Apps ein, die aus dem App Store stammen. Damit lassen sie sich schnell und einfach deinstallieren. Das alles macht den Einstieg in macOS vor allem für iPhone- und iPad-Nutzer:innen einfach.

Auf älteren Tastaturen gibt sogar eine Taste für Launchpad. Die App liegt dort als Sonderbelegung auf der Funktionstaste F4.

Als Alternative starten Sie Launchpad über das Docksymbol der App oder Sie belegen in der Systemeinstellung „Schreibtisch & Dock" eine „Aktive Ecke" damit. Auf Macs mit Trackpad können Sie für den Aufruf von Launchpad auch vier Finger zusammenziehen. Am Mac vielleicht ungewohnt, aber iPad-Nutzer kennen ähnliches von den Multitasking-Gesten.

Der Desktop-Manager: Mission Control

Wer mit mehreren Programmen parallel arbeitet, hat im Handumdrehen selbst den Bildschirm eines großen iMac mit Fenstern zugepflastert. Mail, Safari, Nachrichten und Kalender laufen als Grundausstattung quasi immer, dazu noch Pages und Numbers zum Arbeiten und ein paar Finder-Fenster mit den benötigten Dokumenten. So ähnlich sieht der Arbeitsplatz vieler Anwender aus. Um für mehr Platz und mehr Ordnung zu sorgen, hat Apple virtuelle Schreibtische, „Spaces" genannt, eingeführt. Diese reihen sich seitlich an den vorhandenen Schreibtisch und erweitern ihn. So können Sie sich zum Beispiel Arbeitsplätze für bestimmte Zwecke einrichten: Legen Sie alle Apps für Ihre aktuelle Arbeit auf einen Space und die Standard-Apps Mail, Kalender und Nachrichten auf einen anderen. Auch Apps im Vollbildmodus belegen automatisch einen eigenen Desktop. Die Arbeitsflächen blättern Sie flott mit den Kurzbefehlen [ctrl] + [Pfeil rechts] und [Pfeil

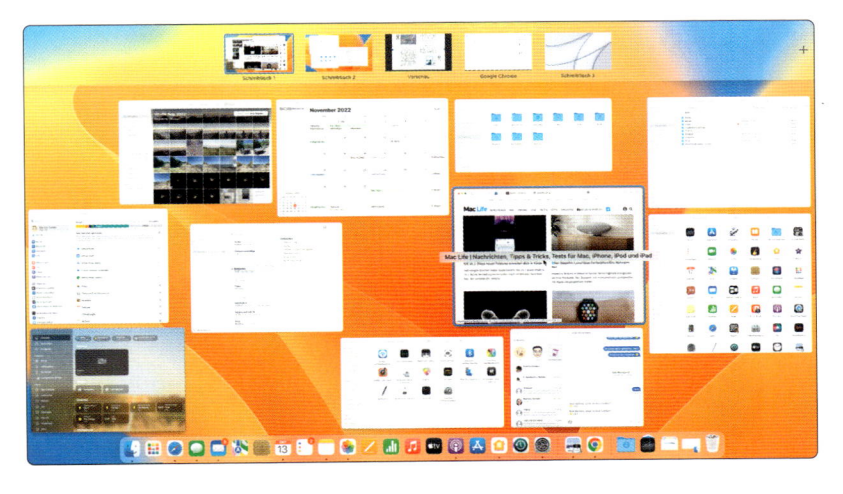

Die Übersicht von Mission Control: oben die Leiste der virtuellen Schreibtische, darunter die offenen Fenster der Apps, die sich direkt in der Übersicht auf einen anderen Desktop ziehen oder durch Anklicken aktivieren lassen.

links] durch. Sind Ihnen Wischgesten lieber, streichen Sie mit zwei Fingern seitlich über die Magic Mouse oder mit drei Fingern über das Trackpad.

Das Problem der fehlenden Arbeitsfläche ist damit praktisch gelöst. Was bleibt sind Fenster, die übereinander liegen und sich gegenseitig verdecken. Hier kommt nun Apples Desktopmanager Mission Control ins Spiel. Die App zeigt Ihnen alle geöffneten Fenster und aktiven Schreibtische als Miniaturen in einer Übersicht. Dafür hat Apple ebenfalls eine eigene Taste spendiert: Mission Control starten Sie als Sonderfunktion von F3. Alternativ rufen Sie mit dem Kurzbefehl [ctrl] + [Pfeil hoch] die Übersicht der Fenster und Spaces auf, mit [ctrl] + [Pfeil runter] eine Übersicht der aktiven App. Die Gesten zum Aufruf von Mission Control sind doppeltes Tippen mit zwei Fingern auf der Magic Mouse und aufwärts streichen mit drei Fingern auf einem Trackpad.

Die Übersicht von Mission Control zeigt oben eine Leiste mit den virtuellen Schreibtischen und darunter in verkleinerter Form die offenen Fenster auf dem aktiven Desktop. Sie können in der Übersicht Fenster vom aktiven Schreibtisch auf einen in der oberen Leiste verschieben. Ziehen Sie das Fenster in den freien Bereich der Leiste, wird ein neuer Space mit ihm im Vollbildmodus geöffnet. Um das Fenster in normaler Größe auf einen eigenen Space zu schieben, erzeugen Sie erst mit der Plustaste am rechten Rand der Leiste einen neuen Schreibtisch. Danach bewegen Sie das Fenster auf dessen Miniatur. Klicken Sie in der Übersicht auf einen Schreibtisch, um ihn zu aktivieren.

Mission Control ordnet die Spaces automatisch nach der letzten Verwendung an. Das heißt, die lange nicht benutzen virtuellen Schreibtische wandern in der Leiste allmählich nach rechts. Bevorzugen Sie eine feste Reihenfolge, schalten Sie der Systemeinstellung „Schreibtisch & Dock" die automatische Ausrichtung für Mission Control ab. Hier können Sie auch Fenster nach Programm gruppieren lassen. Sie liegen dann wie ein Fotostapel übereinander, was etwas Platz spart. Fahren Sie mit der Maus auf so einen Stapel und drücken Sie die Pfeiltast nach oben, um die Fenster etwas auseinander zu schieben. Pfeil runter fährt sie wieder zusammen.

> **Hintergründe**
>
> Um die Schreibtische in Mission Control besser unterscheiden zu können, können Sie für jedem Space einen eigenen Hintergrund wählen. Aktivieren Sie einen Space und öffnen Sie darauf die Systemeinstellung „Hintergrundbild". Die Änderung des Hintergrunds wirkt nur auf den gerade aktiven Desktop.

Bühne frei für Stage Manager

Als weitere Möglichkeit zur Fensterverwaltung hat Apple in Ventura die Funktion „Stage Manager" integriert. Die Funktion blendet einfach alles aus, was Sie gerade nicht benutzen. So passt sie auch gut zum Fokus-Konzept, da sie es ebenfalls leichter macht, sich auf das Wesentliche zu konzentrieren. Stage Manager schafft in der Mitte des Bildschirms sozusagen eine Bühne für die gerade benutzten Apps. Nicht aktive Fenster landen als Miniaturen am linken Bildschirmrand. Sie sind in Gruppen zusammengefasst. Klicken Sie eine der Miniaturen an, holt Stage Manager die Fenster in den Arbeitsbreich in der Mitte und parkt die bisher genutzten Fenster am linken Rand. So können Sie ganz schnell zwischen Apps oder Fenstergruppen wechseln. Optional blendet Stage Manager Objekte auf dem Schreibtisch aus, was ebenfalls bei der Fokussierung hilft.

Der Aufruf von Stage Manager erfolgt über das Kontrollzentrum, sein Statusmenü oder die Systemeinstellung „Schreibtisch & Dock", über die Sie Stage Manager auch konfigurieren können. Wer Mission Control zu unübersichtlich findet und sich mit den zusätzlichen Spaces eh noch nie anfreunden konnte, ist hier genau richtig. Stage Manager lässt sich als Alternative oder als Ergänzung zu Vollbildmodus und Spaces nutzen.

Stage Manager sorgt für Ordnung, in dem es nur die aktiven Apps auf der Bühne in der Mitte zeigt. Der Rest bleibt am linken Rand griffbereit und zu Gruppen zusammengefasst.

4

Konfiguration

In den Systemeinstellungen legen Sie das Verhalten von macOS fest, vom Schreibtischhintergrund über die Schnittstellen bis zur Datensicherung. Wir erklären zunächst, wo Sie welche Funktion finden. Danach zeigen wir, wie Sie die wichtigsten Eigenschaften Ihres Mac optimal konfigurieren.

Die Steuerzentrale von macOS

Apple hat die Oberfläche der Systemeinstellungen in macOS Ventura überarbeitet und die vielen Module neu sortiert. Ein Grund mehr, nach dem Update zuerst einen Abstecher dorthin zu machen, um die wichtige App kennenzulernen.

Die Systemeinstellungen sind die Schaltzentrale des Mac. In der App passen Sie Aussehen und Verhalten der Oberfläche an, konfigurieren alle Verbindungen nach außen, Sicherheitseinstellungen, iCloud und noch vieles mehr. In den Einstellungen legt man die Basis für eine reibungslose Arbeit mit dem Mac. Wer bestimmte Einstellungen bei der Installation von Ventura übersprungen hat oder sie korrigieren möchte, ist hier ebenfalls richtig. Die Systemeinstellungen spielen aber auch später bei der Fehlersuche ein wichtige Rolle, wenn sich der Mac nicht so verhält, wie Sie es erwarten, oder wenn er vielleicht ein neu angeschlossenes Gerät nicht sofort erkennt.

Mit den Systemeinstellungen sollte sich daher jeder vertraut machen. Nicht nur für Einsteiger:innen ist es eine gute Idee, alle Module der Einstellungen einmal durchzublättern und sich einen Überblick zu verschaffen, welche Möglichkeiten das aktuelle

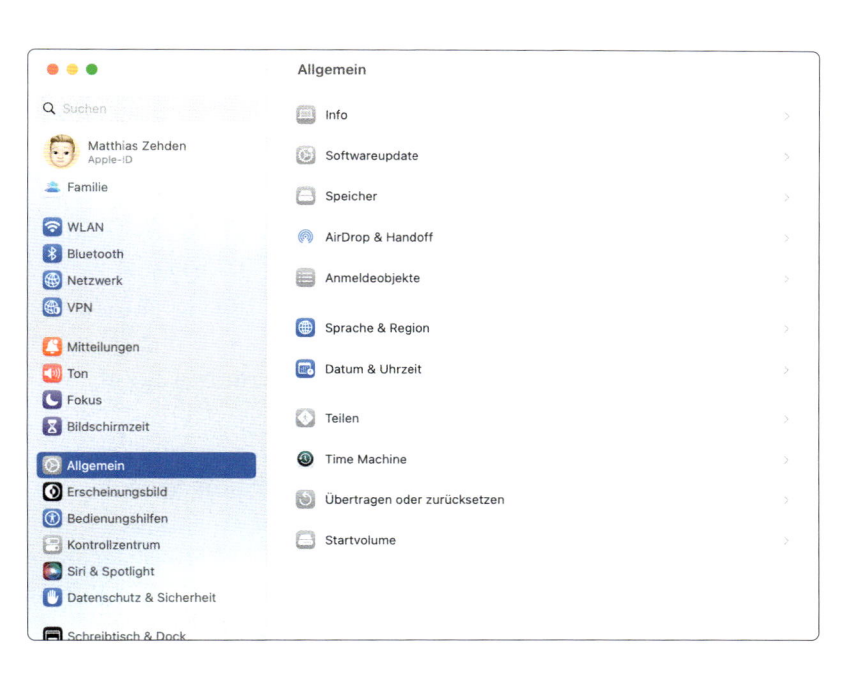

Die Einstellungen haben in Ventura eine neue Oberfläche bekommen. Die linke Spalte zeigt diverse Bereiche, rechts sehen Sie weitere Unterpunkte oder die Einstellungen zum ausgewählten Modul.

macOS bietet. Das Fenster der App bietet praktisch alle wichtigen Konfigurationsmöglichkeiten an einem zentralen Ort.

Die neue Oberfläche

Der bisherige Aufbau der Systemeinstellungen war deutlich in die Jahre gekommen. Seit der Vorstellung von Mac OS X vor über 20 Jahren hatte Apple die Oberfläche immer mal wieder etwas in der Optik angepasst, aber das Grundgerüst blieb und wurde durch das allmähliche Abschaffen der Kategorien mit der Zeit sogar eher unübersichtlicher.

In macOS Ventura hat Apple die Systemeinstellungen komplett überarbeitet, wobei das Konzept der neuen App eigentlich gar nicht so neu war. Wer bereits ein iPhone oder iPad nutzt, wird sich schnell zu Hause fühlen. Apple hat nämlich mehr oder weniger das Prinzip der iOS-Einstellungen auf den Mac gebracht. So gesehen, sind die neuen Einstellungen eher ein – vielleicht längst überfälliger – Teil der seit Jahren laufenden Angleichung der Apple-Systeme und der mitgelieferten Programme.

Das Fenster der Systemeinstellungen zeigt links eine Liste der verschiedenen Bereiche. Wählen Sie einen aus, sehen Sie im rechten Fensterteil die dazugehörige Module beziehungsweise deren Einstellungsmöglichkeiten. Die Einträge der Seitenleiste sind in acht Gruppen unterteilt.

Kurze Tour durch die Einstellungen

Den Anfang machen die Vorgaben zur Apple-ID und zur Familie. Hier befinden sich die persönlichen Daten, Verwaltung der eigenen Abos, iCloud-Einstellungen und mit der ID verknüpfte Geräte. Für Benutzer:innen der Familienfreigabe kommen noch die zugehörigen Einstellungen zur gemeinsamen Nutzung von Einkäufen und Daten hinzu.

Die zweite Gruppe bilden die Verbindungen zur Außenwelt, also Netzwerk, WLAN und Bluetooth. Hier macht Apple neuerdings auch konfigurierte VPNs direkt erreichbar, was sehr praktisch ist, da immer mehr Nutzer:innen diese aus Sicherheitsgründen verwenden. Für die Verbindung von Homeoffice und Büro ist zum Beispiel ein VPN-Zugang üblich.

Es folgen Einstellungen zur internen Kommunikation mit System und Apps. Dazu gehören Mitteilungen, Signaltöne und Fokuskonfiguration. Außerdem sind die Einstellungen zur Erfassung der eigenen Nutzungsgewohnheiten durch die Funktion Bildschirmzeit dorthin gewandert.

Grundlegende Eigenschaften

Im vierten Block hat Apple sehr viel mehr Einstellungsmodule zusammengefasst als man auf den ersten Blick vermutet. Allein hinter dem ersten Eintrag „Allgemein" stecken nämlich schon elf Bereiche, die zum Teil in Monterey noch ein eigenes Kontrollfeld hatten. Die Auswahl umfasst nicht nur Einstellungen zu Sprache und Uhrzeit, sondern auch Softwareupdates, Freigabeeinstellungen und Time Machine. Auch die erweiterten Informationen über den Mac und dessen Speichermedien, die früher das Dienstprogramm Systeminformation zur Verfügung gestellt hat, sind hier in „Allgemein > Info" zu finden. Der Punkt lässt sich aber auch weiterhin mit „Über diesen Mac" im Apfelmenü aufrufen, wenn man im zugehörigen Fenster auf „Weitere Infos" klickt. Weitere

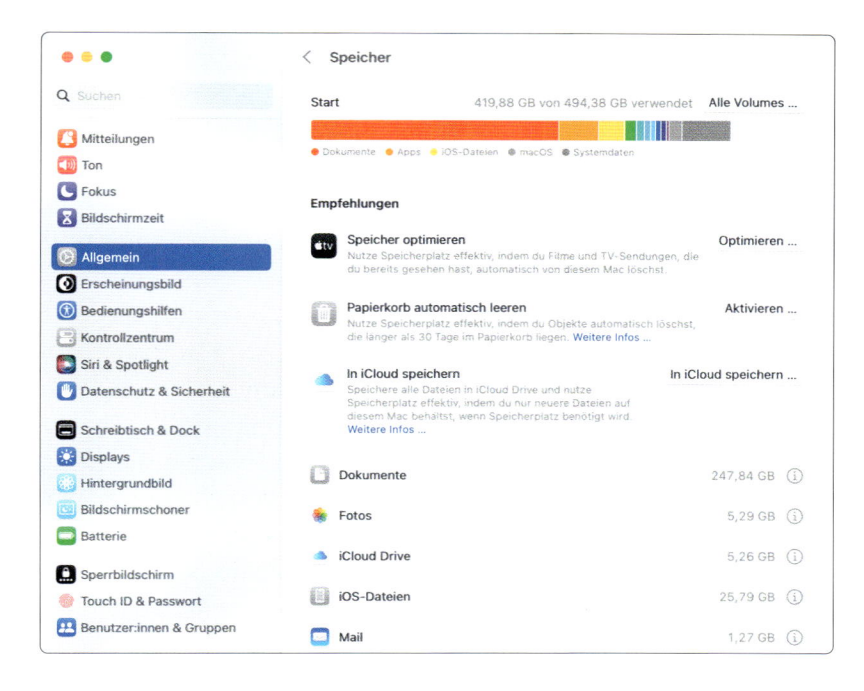

Bei der Neuorganisation der Einstellungen sind die Speicherbelegung und die Empfehlungen zum Sparen von Platz aus dem Dienstprogramm Systeminformationen hierher gewandert.

Einträge im umfangreichen vierten Bereich sind Erscheinungsbild, Bedienungshilfen, Kontrollzentrum, Siri & Spotlight und Datenschutz & Sicherheit.

Es folgt ein Abschnitt mit Einstellungen zur Oberfläche. In „Schreibtisch & Dock" fasst Apple die Konfiguration von Dock, Fenstern, Mission Control und dem neuen Stage Manager zusammen. Es geht weiter mit der neu gestalteten Monitorverwaltung in „Diplays", Hintergrundbild und Bildschirmschoner, wobei sich hier nur das Modul für Letzteren wählen lässt. Die Konfiguration des Aufrufs ist weiter unten in der Liste zu finden. Die hat Apple mit dem Sperrbildschirm zusammengefasst. Das passt inhaltlich eigentlich ganz gut, aber man fragt sich trotzdem, warum Apple Anzeige und Aufruf des Bildschirmschoners auf zwei Module verteilt hat. Den Abschluss bilden die Batterie-Einstellungen, die hier irgendwie deplatziert wirken. Unserer Meinung nach könnte Apple sie gut mit dem Modul Erscheinungsbild aus dem vorherigen Block tauschen. So wären beide besser im jeweiligen Kontext aufgehoben.

Mehr Sicherheit für den Mac

In den Bereichen sechs und sieben geht es um die Sicherheit. Den Anfang macht die innere Sicherheit, die den Zugriffsschutz durch Sperrbildschirm, Touch ID & Passwort sowie die Verwaltung der Benutzer:innen umfasst. Die Anmeldeobjekte sind jetzt übrigens als eigener Bereich in „Allgemein" zu finden.

Im siebten Abschnitt geht es dann um den Schutz nach außen. Hier hat Apple Passwörter, Internetaccounts, Game Center und Wallet & Apple Pay untergebracht.

Ein- und Ausgabe konfigurieren

Den Schluss bilden die Module zur Anmeldung und Konfiguration von Peripheriegeräten zur Ein- und Ausgabe wie Tastatur, Maus und Trackpad, aber auch Einstellungen für Drucker und Scanner sind hier zu finden.

Zu vielen der genannten Einstellungsbereiche finden Sie im Verlauf dieses Kapitels noch eigene Abschnitte, in denen wir die Nutzung und Konfiguration ausführlich erklären.

Workshop: So finden Sie schnell die benötigte Systemeinstellung

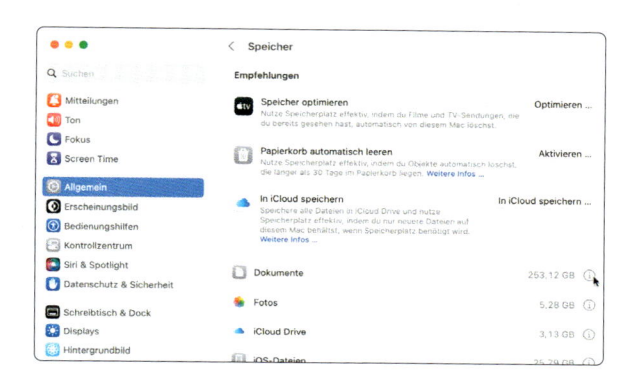

1 Bereich der Einstellungen aufrufen

Für den normalen Zugriff wählen Sie in der Seitenleiste den Einstellungsbereich und dann rechts die zugehörigen Optionen. Bei einigen Funktionen müssen Sie zur Konfiguration auf den Kreis mit dem „i" am rechten Rand klicken.

2 Suchfunktion der App benutzen

Durch die vielen Einstellungsbereiche ist oft nicht klar, wo sich eine Option genau befindet. Im dem Fall führt die Suche oft schneller zum Ziel. Geben Sie einen Begriff in das Suchfeld ein und wählen Sie die Einstellung in den Fundstellen aus.

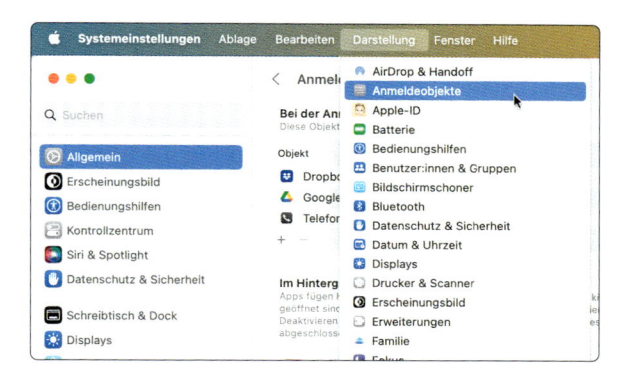

3 Einstellungsmodule sortiert anzeigen

Im Menü „Darstellung" zeigt die App Systemeinstellungen alle Module, auch die Unterpunkte in den verschiedenen Bereichen, in alphabetischer Reihenfolge. Der Aufruf eines Moduls über das Menü spart den Weg durch die Hierarchie der Einstellungs-App.

Die Steuerzentrale von macOS

Neben vielen Einstellungen befindet sich am rechten Rand ein „i" in einem Kreis. Über das relativ unauffällige Symbol ruft man in den Einstellungen nicht nur weitere Infos auf, sondern erreicht die Konfiguration der zugehörigen Funktionen. Daran müssen sich Umsteiger:innen von einem alten System erst gewöhnen, da man nicht mehr wie früher gleich nach Aufruf eines Moduls die wichtigsten Einstellungen sieht.

Einstellungen aufrufen

Die Systemeinstellungen lassen sich am schnellsten über das Symbol im Dock öffnen. Sie finden sie aber auch gleich als zweiten Eintrag im Apfel-Menü. Ein kleiner Tipp für den schnellen Start per Tastatur: Nutzen Sie Spotlight. Drücken Sie dazu die Tastenkombination [cmd] + [Leertaste]. Wenn sich das Eingabefenster für die Suche mit Spotlight öffnet, geben Sie dort einfach „Sys" ein. Dabei wird Ihnen gleich als erstes Ergebnis „Systemeinstellungen" vorgeschlagen, sodass Sie zum Öffnen bloß noch die Eingabetaste drücken müssen.

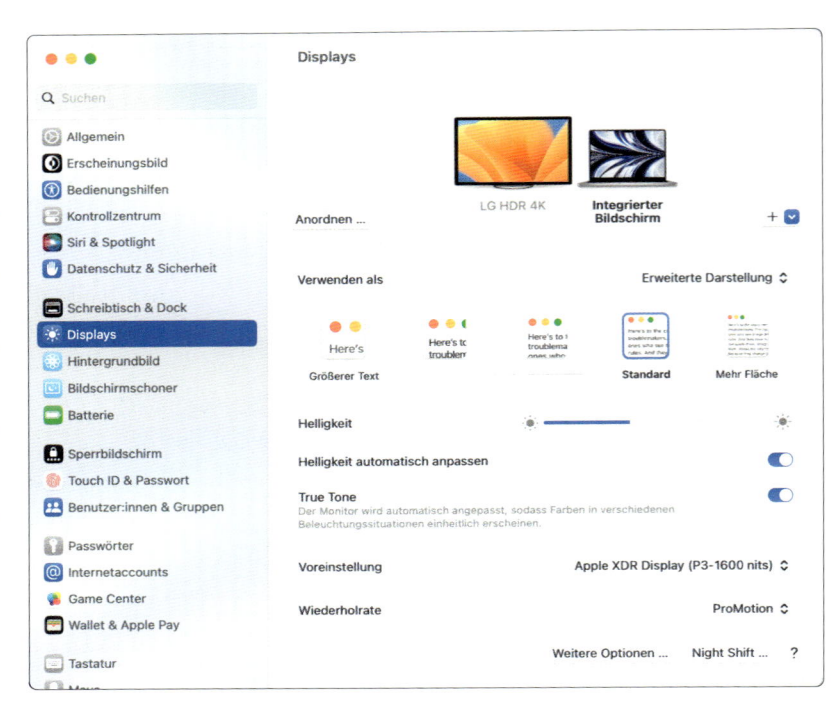

Apple hat die Einstellungen nicht nur neu sortiert, sondern auch inhaltlich überarbeitet. In „Displays" können Sie jetzt alle angeschlossenen Monitore in einem Fenster konfigurieren.

Da das Fenster der Einstellungen in Ventura keine alternative Sortierung anstelle der vorgegebenen Hierarchie mehr erlaubt, kommt dem Zugriff über das Menü „Darstellung" wieder mehr Bedeutung zu. Es präsentiert nämlich alle Einstellungsmodule in alphabetischer Reihenfolge, wobei es nicht nur die Oberbegriffe der Seitenleiste, sondern auch die in den Unterbereichen versteckten Module zeigt.

Sind Sie nicht sicher, in welchem Modul sich eine bestimmte Einstellung befindet, kann die Suchfunktion helfen. Geben Sie den Suchbegriff in das Eingabefeld oben links in der Seitenleiste der Systemeinstellungen ein. Gibt man zum Beispiel „WLAN" ein, listet der Mac sofort alle zum Thema passenden Module auf. Dabei zeigt er auch gleich das passende Untermenü, zum Beispiel bei den verzweigten allgemeinen Einstellungen. Die Fundstellen lassen sich anklicken oder mit den Pfeiltasten durchblättern, um sie zu öffnen.

Noch ein Tipp: Die meisten Änderungen sind sofort aktiv, sodass Sie die Einstellungen nicht erst verlassen müssen und auch sofort wieder den Ausgangszustand herstellen können. Das spart Zeit und erlaubt auch unerfahrenen Nutzer:innen, ein wenig zu experimentieren, um sich ohne große Risiken mit den jeweiligen Optionen vertraut zu machen.

Benutzer:innen verwalten

Die Benutzerverwaltung des Mac ist tief im System verankert. Sie ist Teil des Sicherheitskonzepts, denn sie teilt allen Benutzer:innen ihren eigenen Bereich zu und verhindert, dass andere unberechtigt darauf zugreifen. Für jede Datei und jeden Ordner ist genau geregelt, wer sie nutzen darf. So können sich mehrere Personen einen Mac teilen, ohne sich ins Gehege zu kommen. Die Verwaltung finden Sie in im Einstellungsbereich „Benutzer:innen & Gruppen", wo Sie neue Konten anlegen und konfigurieren.

Privater Ordner

Jedes angelegte Konto erhält seinen privaten Ordner, das Home- oder Privatverzeichnis. Darin befinden sich Ordner für spezielle

Daten, wie Dokumente, Bilder, Musik und Filme, aber auch für den Inhalt des Schreibtischs oder Downloads. Da Fremde hier keinen Zugriff haben, gibt es für den Datenaustausch mit anderen den Ordner „Öffentlich". Nur diesen können alle Benutze:innen des Mac öffnen, und in den darin enthaltenen Ordner „Briefkasten" können sie auch etwas hineinlegen. Das funktioniert tatsächlich wie bei einem echten Briefkasten: Man kann etwas einwerfen, es dann aber weder herausholen noch sehen, was sonst noch drin ist.

Außerdem besteht die Möglichkeit, die Ordner Dokumente und Schreibtisch per iCloud zu synchronisieren. Dabei verschiebt das System die beiden Verzeichnisse aus dem privaten Ordner auf das iCloud-Drive. Leider kann man sich nicht für nur einen von beiden entscheiden.

Unterschiedliche Konten

macOS kennt verschiedene Arten von Accounts. Der erste, der bei der Installation angelegt wird, ist immer vom Typ „Administrator". Er hat sehr weitreichende Rechte, vor allem in Bezug auf die Konfiguration des Systems. Als Adminstrator:in lassen sich geschützte Einstellungen ändern, zum Beispiel in der Benutzerverwaltung oder im Sicherheitsbereich. Einfach im Finder in fremde Homeverzeichnisse reinschauen und fremde Dateien öffnen geht aber nicht. Diese Hürde kann nur „root" überwinden, eine Art Superadministrator:in. Der root-Zugang ist vorhanden, aber zunächst nicht aktiv. Das sollte man auch nur im Notfall und mit gewissen Vorkenntnissen ändern. Die entsprechenden Funktionen dafür finden Sie im Hilfsprogramm Verzeichnisdienste.

Der Typ „Standard" dient zum normalen Arbeiten mit dem Mac. Da einfache Schadsoftware gewöhnlich mit den Rechten des aktiven Kontos arbeitet, sollten Sie nicht ständig als Administrator angemeldet sein, sondern für tägliche Arbeiten ein Standardkonto anlegen. Ist später Zugriff auf geschützte Einstellungen und Funktionen erforderlich, fragt macOS ohnehin nach einer Administrator-Berechtigung, ohne dass man sich neu anmelden muss.

> **Benutzer:in löschen**
>
> Um ein Konto zu löschen, öffnen Sie die Einstellungen und klicken in der Liste neben dem Namen des Kontos auf das „i". Dann wählen Sie unten im Fenster „Account löschen". Man kann den Privatordner an Ort und Stelle liegen lassen, als Image in „Benutzer > Gelöschte Benutzer" sichern oder löschen.

Workshop: Zusätzliche Konten anlegen und in Gruppen organisieren

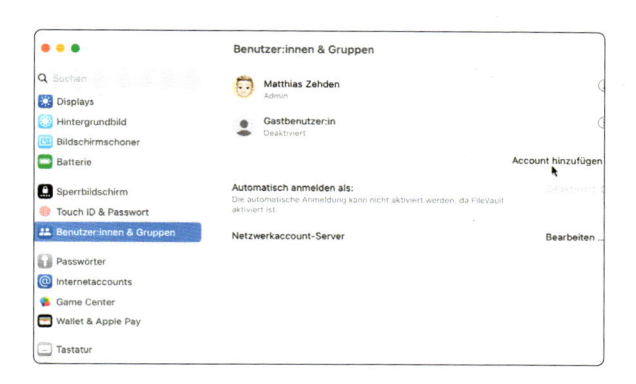

1 Benutzereinstellungen öffnen

Für den Zugriff auf die Kontoverwaltung öffnen Sie den Einstellungsbereich „Benutzer:innen & Gruppen". Sie sehen die Liste der Konten mit Name und Typ. Diese enthält zunächst das Admin-Konto. Klicken Sie nun auf „Account hinzufügen".

2 Neues Konto hinzufügen

Wählen Sie für das neue Konto im Menü „Neuer Account" den Typ der oder des Benutzer:in und tragen Sie Name und Passwort ein. Der Accountname wird auch der Name des Privatordners. Klicken Sie anschließend auf „Benutzer:in erstellen".

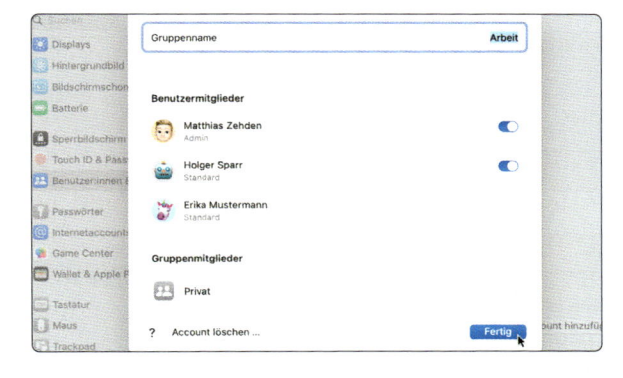

3 Benutzergruppe einrichten

Für eine Gruppe wählen Sie beim Hinzufügen den gleichnamigen Typ. Gruppen folgen in der Liste unter den Benutzer:innen. Klicken Sie rechts vom Namen auf das „i" und ordnen Sie ihr Benutzer:innen und andere Gruppen durch Aktivieren der Schalter zu.

Mit der Funktion „Bildschirmzeit" lässt sich ein Standardkonto einschränken. Dafür melden Sie sich daran an. Dann öffnen Sie die Systemeinstellung „Bildschirmzeit", um Arbeitszeiten oder die Nutzung einzelner Apps zu begrenzen.

Über die normalen Accounts hinaus kennt macOS noch zwei weitere: Ist der Typ „Gastbenutzer:in" aktiv, kann sich jemand ohne Passwort anmelden. Die Person erhält einen Privatordner und kann Apps nutzen. Optional erhält sie auch Zugriff auf geteilte Ordner. Nach dem Abmelden wird das Privatverzeichnis wieder gelöscht. Bei aktiver Filevault-Verschlüsselung, erhält ein Gast nur Zugriff auf Safari, nicht auf lokale Daten.

Der andere Typ ist „Nur teilen". Dieser kann sich nur über das Netzwerk an aktiven Freigaben, aber nicht direkt am Mac anmelden. Er erhält auch kein Homeverzeichnis.

Rufen Sie den Befehl Informationen im Finder auf, können Sie im untersten Punkt „Teilen & Zugriffsrechte" festlegen, wer was mit einem Objekt anstellen darf. Mit „+" fügen Sie Rechte für Benutzer:innen oder Gruppen hinzu.

Gruppen und Rechte

Zum Schluss lassen sich Konten noch in Gruppen einteilen. Das ist vor allem bei der Vergabe von Zugriffsrechten praktisch. Gibt man den Zugriff für eine Gruppe frei, muss man nicht jede Person einzeln eintragen. Die Rechte für Dateien und Ordner finden Sie unten in deren Infos-Fenster im Finder, Kurzbefehl [cmd] + [I]. Für Freigaben im Netzwerk legen Sie die Rechte der Einstellung „Allgemein > Teilen" unter „Freigaben" fest. Sie können Ordner hinzufügen und Rechte vergeben.

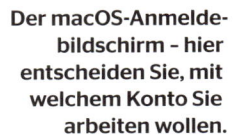

Der macOS-Anmeldebildschirm – hier entscheiden Sie, mit welchem Konto Sie arbeiten wollen.

Workshop: Anmeldeoptionen ändern und Gastbenutzer:in erlauben

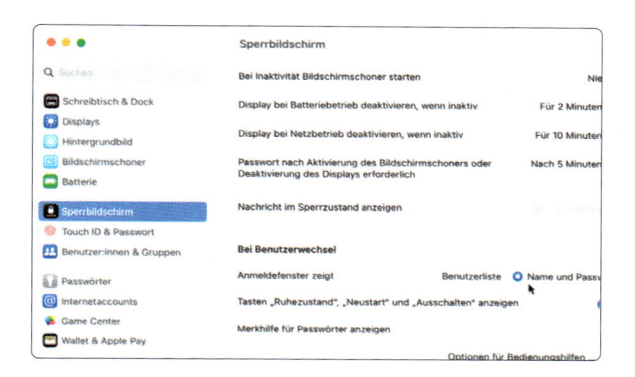

1 Anmeldeoptionen anpassen

Damit der Mac zur Anmeldung die Eingabefelder für Name und Passwort statt der Benutzerbilder zeigt, aktivieren Sie die zugehörige Option in der Einstellung „Sperrbildschirm" unter „Bei Benutzerwechsel".

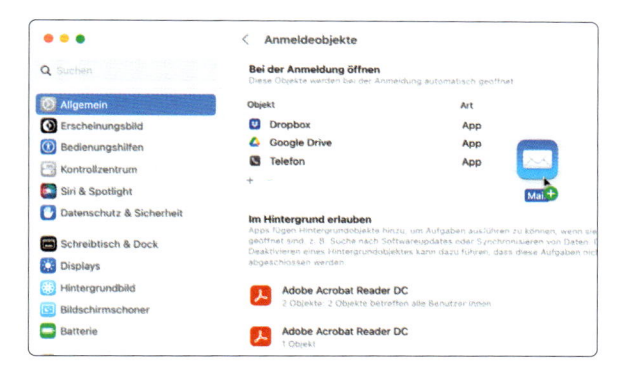

2 Programme automatisch öffnen

Programme und Dokumente, die der Mac bei der Anmeldung öffnen soll, wählen Sie in Ventura in „Allgemein > Anmeldeobjekte" aus. Der schnelle Wechsel des Kontos über das Statusmenü lässt sich über das Kontrollzentrum einrichten.

3 Gastbenutzer:in aktivieren

Um den Gastzugang zu aktivieren, klicken Sie neben dessen Eintrag in der Kontenliste auf das „i". Dabei lässt sich optional der Zugriff auf nicht jugendfreie Inhalte und auf geteilte Ordner anderer Konten erlauben.

Netzwerk einrichten

Ein Mac ohne Netzwerk ist nur ein halber Mac. Zu klassischen Internet-Anwendungen wie Safari und Mail haben sich längst Streamingdienste, Videokonferenzen, Nachrichten und viele andere Social-Media-Apps gesellt. Hinzu kommen noch die ganzen Programme und Dienste, die Daten über iCloud synchronisieren. Kein Wunder, dass bereits der Installationsassistent von macOS die Konfiguration der Internetverbindung durchführen will. Wir zeigen nun, wie Sie DSL, WLAN und Ethernet manuell in Gang bringen. Die Hauptanlaufstellen dafür sind die Bereiche „WLAN" und „Netzwerk" in den Systemeinstellungen. Dort finden Sie eine Liste der Schnittstellen und dazu jeweils die möglichen Einstellungen. Das Konfigurationsprinzip ist ganz einfach. Zuerst wählen Sie in der Spalte links einen Eintrag aus, dann erscheinen im rechten Teil die zugehörigen Optionen. Sie können auch mehrere Verbindungen konfigurieren und wechseln, bei Bedarf sogar automatisch.

Router und Alternativen

Erfolgt der Internetzugang über einen Router, kümmert sich dieser automatisch um den Verbindungsaufbau. Die Daten, die er dafür benötigt, teilt Ihnen Ihr Internetprovider mit. Bei DSL-Varianten kommt gewöhnlich das PPPoE-Protokoll für den Verbindungsaufbau zum Einsatz, während Kabelanbieter meist einen TCP/IP-Zugang verwenden. Für die Geräte hinter dem Router ist das Netzwerk scheinbar immer aktiv. Der Mac kann sich auch direkt per PPPoE am DSL-Anschluss anmelden, doch in Zeiten von Smartphones, Tablets, Streamingboxen und anderen Geräten, die ebenfalls ins Netz wollen, ist das kaum mehr zeitgemäß. Der Rechner muss ständig laufen, damit andere Geräte online gehen können. Nur dafür verbraucht ein Mac zu viel Strom. Außerdem bieten aktuelle Router deutlich bessere Firewalls und Sicherheitsfunktionen, die eine saubere Trennung von Internet und Heimnetz erleichtern, und schnelles WLAN. Das Geld für einen Router ist also gut angelegt. Gehen Sie unterwegs über

---

IP-Adressen

Jedes Gerät braucht eine eindeutige IP-Adresse, um mit anderen zu kommunizieren. Ihr Router kann im lokalen Netz per DHCP selbst erzeugte Nummern verteilen. Die Kommunikation nach außen erfolgt dann über die „echte" IP-Nummer des Routers. Das nennt sich NAT (Network Address Translation). Der Router kennt die internen Nummern und leitet angeforderte Daten an sie weiter.

Workshop: Internetverbindung über ein Netzwerkkabel herstellen

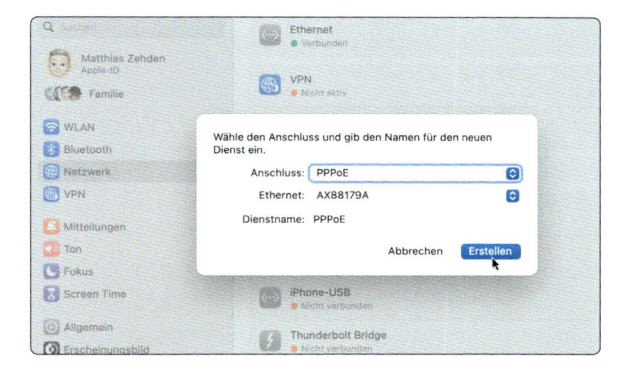

1 Ethernet automatisch konfigurieren
Öffnen Sie in den Systemeinstellungen „Netzwerk" und wählen Sie „Ethernet". Das ist standardmäßig aktiv. Liefert der Router die TCP/IP-Konfiguration per DHCP, reicht Kabel einstecken, und der Mac ist online. Die Geräte finden sich automatisch.

2 TCP/IP-Daten selbst eintragen
Ohne DHCP klicken Sie auf „Weitere Optionen". Dann klicken Sie links auf „TCP/IP" und wählen „Manuell". Geben Sie nun IP-Adresse, Teilnetzmaske und Router ein. Für die DNS-Angabe wählen Sie in der linken Spalte den gleichnamigen Eintrag.

3 Weitere Schnittstellen aktivieren
Für Zugänge über DSL (PPPoE) oder VPN klicken Sie in den Netzwerkeinstellungen unten rechts auf die drei Punkte. Wählen Sie im Menü „Dienst hinzufügen", dann für „Anschluss" die jeweilige Funktion und darunter die zu nutzende Schnittstelle.

> **Prioritäten**
>
> Wenn Sie mehrere aktive Schnittstellen konfigurieren, entspricht deren Reihenfolge in den Netzwerkeinstellungen der Priorität, mit der macOS sie verwendet. Über das Aktionsmenü der Einstellungen lässt sich die Reihenfolge anpassen. So lässt sich Ethernet bevorzugen, wenn es verfügbar ist, und sonst WLAN nutzen.

den Hotspot Ihres Smartphones online, übernimmt das die Rolle des Routers. In dem Fall ist es eine gute Idee, die Firewall von macOS zu aktivieren.

Kabel oder drahtlos?

Für die Verbindung zum Router kommen fast nur Ethernet-Kabel oder WLAN zum Einsatz. Zu den wenigen Ausnahmen gehören Verbindungen zum Handy über USB oder Bluetooth, die macOS auch unterstützt. Bei Ethernet und WLAN müssen Sie TCP/IP als Internet-Protokoll konfigurieren. Dabei braucht der Mac eine IP-Adresse, die Adresse des Routers und optional noch die Adresse eines DNS-Servers. Der übersetzt Namen wie www.maclife.de in die jeweils zugehörige IP-Adresse, damit man sich als Anwender nur die Namen anstelle der abstrakten IP-Zahlenkolonne merken muss. Gewöhnlich liefert der Router die Konfiguration über das „DHCP"-Protokoll automatisch zum Mac.

Nutzen Sie WLAN, wird TCP/IP noch das Protokoll für die drahtlose Verbindung übergestülpt. Es ergänzt eine Verschlüsselung und fügt Prüfdaten ein, um Übertragungsfehler zu korrigieren. Das reduziert Empfangsprobleme, die nutzbare Datenrate aber ebenfalls. Als Anwender:in benötigt man den WLAN-Namen und das Passwort der Verschlüsselung, um sich anzumelden.

Die Netzwerkeinstellungen zeigen die Schnittstellen. Klicken Sie unten auf die Taste mit den drei Punkten, um mehr Dienste zu aktivieren oder die Reihenfolge zu ändern.

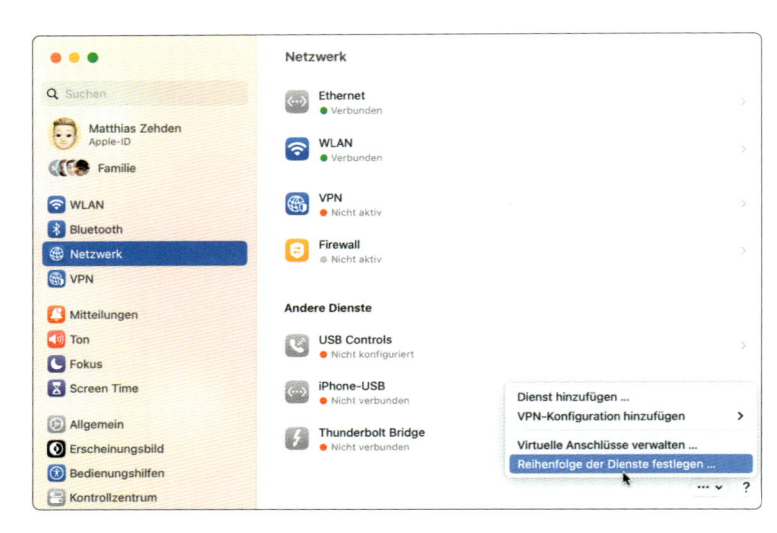

Workshop: So melden Sie sich mit dem Mac an einem WLAN an

1 WLAN im Statusmenü auswählen
Öffnen Sie das Kontrollzentrum oder das WLAN-Statusmenü. Falls nötig, können Sie WLAN hier auch aktivieren. Im Menü sehen Sie unter „Andere Netzwerke" alle sichtbaren Netze in Reichweite. Wählen Sie das gewünschte WLAN.

2 Am drahtlosen Netz anmelden
macOS erkennt automatisch die Verschlüsselungsart des ausgewählten WLANs und fordert zur Eingabe des Passworts auf. Letzteres können Sie sich optional bei der Eingabe anzeigen lassen, um Tippfehler zu erkennen.

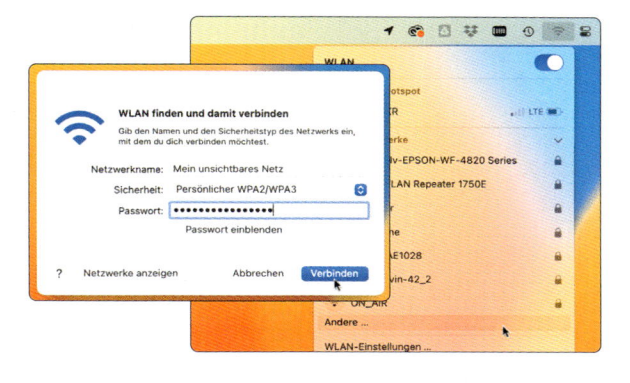

3 Mit unsichtbarem WLAN verbinden
Für ein unsichtbares WLAN wählen Sie „Andere Netze > Andere". Sie können dann den Namen des drahtlosen Netzes und die Verschlüsselung selbst eintragen. Viel Sicherheit bringt eine versteckte Netz-ID übrigens nicht.

Netzwerk einrichten

Workshop: So melden Sie sich mit dem Mac an einem WLAN an (Fortsetzung)

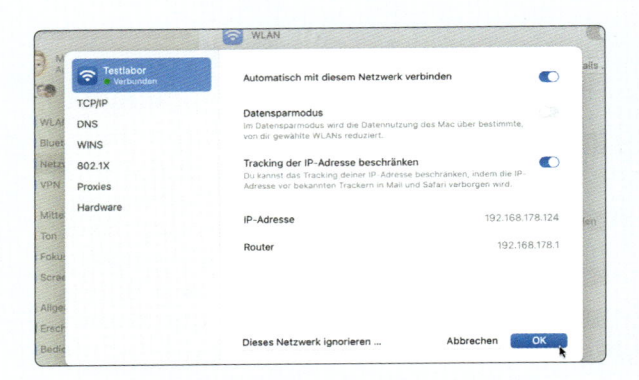

4 Optionen für ein WLAN anzeigen
Klicken Sie in den „WLAN"-Einstellungen neben dem Namen des verbundenen drahtlosen Netzes auf „Details" für mehr Optionen. Hier finden Sie die automatische Verbindung, Datensparmodus, Tracking und das Löschen seiner Daten.

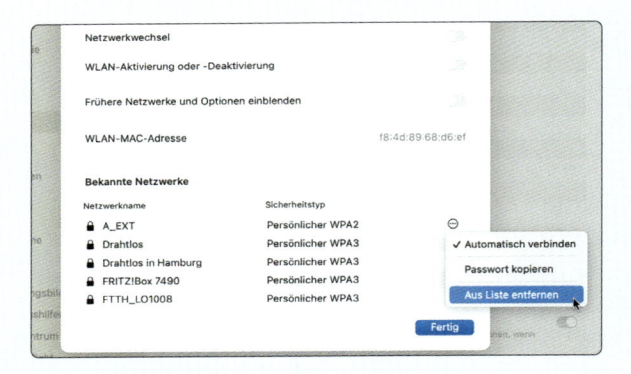

5 Bekannte Netze verwalten
Der Mac merkt sich die benutzten WLANs. Für eine Liste aller Netze, klickem Sie unten in den WLAN-Einstellungen auf „Erweitert". Über das Aktionsmenü können Sie auch nicht verbundene WLANs entfernen.

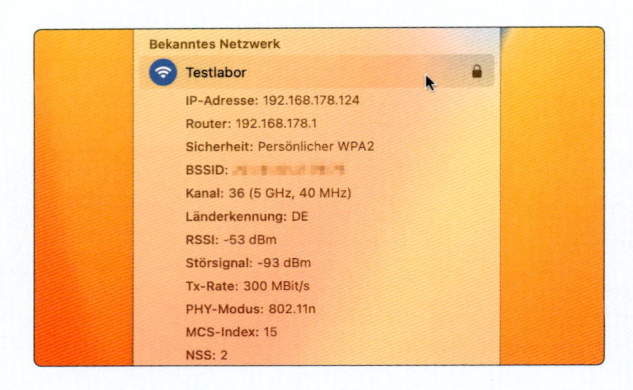

6 Mehr Infos zum WLAN abrufen
Halten Sie beim Öffnen des WLAN-Menüs die Wahltaste gedrückt, zeigt macOS weitere Infos wie Kanal oder Verbindungsgeschwindigkeit und -qualität. Klicken Sie auf das aktive WLAN, um es vorübergehend zu trennen (ohne die Zugansdaten zu löschen).

Freigaben – der Mac als Server

Zu den Stärken von Apples Rechnern gehört seit jeher der einfache Datenaustausch mit Macs, PCs und anderen Geräten. Neben klassischem Filesharing bietet macOS noch viele weitere Funktionen, um vorhandene Ressourcen mit anderen gemeinsam zu nutzen. Das kann die Internetverbindung sein, ein Drucker oder auch die Bildschirmfreigabe, um quasi den ganzen Rechner zu teilen. Die entsprechenden Funktionen sammelt Apple im Einstellungsbereich „Allgemein > Teilen".

Datei- und Internetfreigabe

Der Klassiker unter den Freigaben ist natürlich Filesharing. Bereits mit dem Update auf Big Sur endete bei Apple die Übergangsphase vom betagten hauseigenen AFP zum deutlich flotteren und moderneren SMB 3. Auch Ventura stellt Ordner nur noch über das SMB-Protokoll im Netzwerk zur Verfügung, kann aber zur Wahrung der Kompatibilität weiterhin auf alte Server zugreifen, die nur AFP-Freigaben anbieten.

Eine weitere praktische Funktion der Freigaben ist die gemeinsame Nutzung der Internetverbindung des Mac. Hier sind zwar diverse Schnittstellenkombinationen möglich, aber in den meisten Fällen dürfte es die im nachfolgenden Workshop gezeigte Situation sein, dass ein über Ethernet hergestellter Internetzugang per WLAN an andere Geräte weitergegeben wird. Der Mac übernimmt so quasi die Rolle einer WLAN-Basis mit WPA2- oder WPA3-Verschlüsselung.

Medien teilen

Mit dem Abschied von iTunes als Medienzentrale des Mac musste Apple die Freigaben für Musik, Filme und TV-Sendungen neu regeln und hat sie in die Systemeinstellungen integriert. Unter „Medien teilen" geben Sie den Namen der Medienfreigabe ein (unabhängig vom Gerätenamen der Dateifreigabe). Darunter finden Sie die Privatfreigabe, mit sich die gesamte Mediathek für Geräte mit Ihrer Apple-ID verfügbar machen lässt, und die normale Freigabe

---

Lokaler Server

Der Einsatz als Server für System- und Musik-Freigaben ist eine ideale Aufgabe für alte Macs. Soll der Server durchgehend in Betrieb sein, ist geringer Stromverbrauch wichtiger als viel CPU-Leistung. Ideal sind daher ältere MacBooks oder Mac minis. iTunes 12.8.x steht dafür bei Apple zum Download bereit (ab macOS 10.10.5).

Nach der Anmeldung an einer Bildschirmfreigabe sehen Sie das Monitorbild des Servers und können ihn optional auch bedienen oder Dateien austauschen.

„Medien mit Gästen teilen" für beliebige Nutzer:innen. Darin können Sie mit „Optionen" einzelne Medienarten und Wiedergabelisten für die Freigabe auswählen und optional ein Passwort für den Zugriff festlegen.

Rechner fernsteuern

Die Bildschirmfreigabe unterschätzen viele. Sie erlaubt nicht nur die einfache Übertragung des Bildschirminhalts von einem Mac auf einen anderen, sondern optional auch dessen Fernsteuerung. So lässt sich ein im Hausnetz als Server eingerichteter Mac bedienen oder fernwarten, wodurch er sich einfach in eine Abstellkammer stellen lässt. Auch der Austausch von Dateien per Drag-and-Drop ist möglich.

Weitere Funktionen

Über die anderen Freigaben lassen sich an den Mac angeschlossene Peripheriegeräte im Netzwerk zur Verfügung stellen. Das kann ein USB-Drucker sein oder auch ein CD/DVD-Laufwerk, falls vorhanden. Über die Bluetooth-Freigabe lassen sich Dateien drahtlos mit Rechnern oder Handys austauschen.

Durch „Inhaltscaching" speichert der Mac Updates für Macs, iOS-Geräte und Apple TV, aber auch Sync-Daten von iCloud und Inhalte aus dem iTunes- oder Bücher-Store. Erneute Zugriffe im lokalen Netz leitet er auf den Cache um. Das spart Zeit und Internetbandbreite. Bei mehreren Geräten im Haus lohnt sich das.

„Entfernte Anmeldung" erlaubt den Zugang über Shell-Protokolle wie SSH oder FTP, während „Entfernte Verwaltung" den Zugriff über das Programm Apple Remote Desktop zulässt. Über „Entfernte Apple-Events" können sich Macs gegenseitig steuern.

Für sämtliche Freigaben gilt: Was Sie nicht brauchen, sollte auch nicht eingeschaltet sein. Vor allem die drei zuletzt erwähnten Dienste sollten Sie aus Sicherheitsgründen nur dann aktivieren, wenn Sie sie wirklich benötigen.

Workshop: Dateifreigaben für andere Rechner im Netz aktivieren

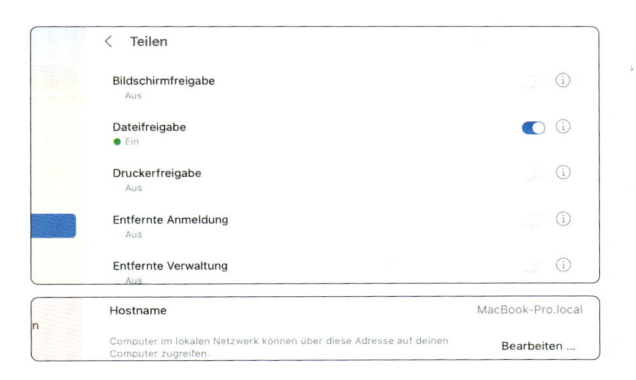

1 Dateifreigaben einschalten

Zum Teilen von Ordnern öffnen Sie in den Einstellungen „Allgemein > Teilen" und schalten „Dateifreigabe" an. Um den Namen des Servers zu ändern, klicken Sie unterhalb der Liste im Bereich „Hostname" auf „Bearbeiten".

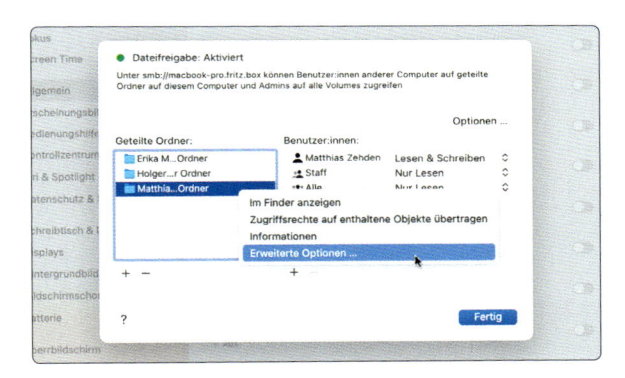

2 Rechte und Optionen auswählen

Um Ordner oder Zugriffsrechte hinzuzufügen, klicken Sie auf das „i" neben dem Schalter. Markieren Sie einen Ordner in der Liste und wählen Sie im Kontextmenü „Erweiterte Optionen", um Gastzugriffe oder Back-ups darauf zu erlauben.

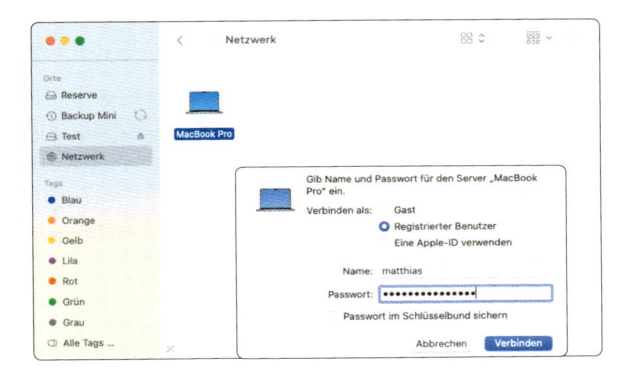

3 Auf Freigabe des Mac zugreifen

Der Zugriff erfolgt mit dem Menübefehl „Gehe zu > Mit Server verbinden" oder über den Eintrag „Netzwerk" auf der ersten Laufwerksebene (auch in der Seitenleiste in „Orte"). Wählen Sie den Server und melden Sie sich mit den Daten eines Kontos daran an.

Workshop: Den Internetzugang des Mac über WLAN mit anderen teilen

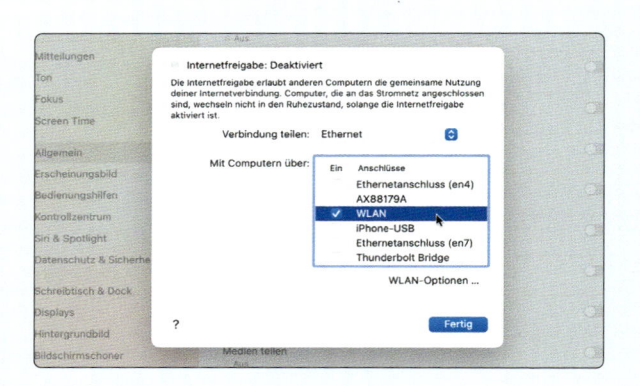

1 Internetzugang auswählen
Öffnen Sie „Allgemein > Teilen". Zur Konfiguration der Internetfreigabe klicke auf das „i" daneben. Wählen Sie im Menü „Verbindung teilen" die Schnittstelle, über die der Mac online geht (im Bild Ethernet), und in der Liste darunter den Zugang für andere.

2 Daten des neuen WLAN eingeben
Danach klicken Sie unterhalb der Liste auf „WLAN-Optionen" und legen WLAN-ID, Kanal und Passwort für die Verschlüsselung fest. Ventura unterstützt eine aktuelle WPA3-Verschlüsselung oder einen Kompatibilitätsmodus mit WPA2 und WPA3.

3 Auf das Mac-WLAN zugreifen
Klicken Sie auf „OK" und aktivieren Sie die Internetfreigabe, indem Sie sie in der Dienstliste von „Teilen" einschalten. Andere können sich nun mit der Netz-ID und dem eingerichteten Passwort am WLAN des Mac anmelden – im Bild mit einem iPad.

Sicherheit und Datenschutz

macOS bietet einen hohen Sicherheitsstandard, doch zum Teil überlässt Apple dem Anwender die Entscheidung, ob Komfort oder Datenschutz Vorrang haben soll. Mit wenigen Handgriffen können Sie das anpassen. Die Sicherheitsfunktionen teilen sich im Wesentlichen in zwei Gruppen.

Zugriff verhindern

Dazu gehört als Erstes die Passworteingabe bei der Anmeldung, damit nicht jeder mit persönlichem Zugang zum Rechner gleich an Ihre Dokumente, Fotos und andere private Daten kommen kann. Teilen sich mehrere Personen einen Mac, sollten Sie für jede ein eigenes Konto einrichten. Das schützt auch vor versehentlichen Änderungen oder dem Löschen von Dateien. Schließlich muss ja nicht immer gleich böser Wille im Spiel sein.

Zusätzlich ist der Schutz vor Zugriffen von außen wichtig. Dazu zählt vor allem der vorsichtige Umgang mit Downloads aus dem Web und E-Mails unbekannter Herkunft. Doch auch in den Systemeinstellungen lässt sich einiges machen.

Außerdem bietet macOS in den Einstellungen unter „Datenschutz & Sicherheit" die Möglichkeit, den Zugriff auf wichtige Daten und Rechnerkomponenten wie Mikrofon oder Kamera zu unterbinden. Inzwischen gibt es separate Einstellungen für Spracherkennung, Tastaturüberwachung, Bildschirmaufnahme und vieles mehr. Es müssen zwar alle Apps beim ersten Zugriff um Erlaubnis fragen, trotzdem sollten Sie die Datenschutzeinstellungen von Zeit zu Zeit durchsehen und bei Bedarf korrigieren. Safari bietet übrigens eigene Sicherheitseinstellungen, die Sie flexibel pro Website konfigurieren können.

Daten verschlüsseln

Die zweite Gruppe bilden die umfangreichen und gut ins System integrierten Funktionen zum Verschlüsseln von Daten. Richtig konfiguriert, schützen sie auch, wenn der Mac oder eine Back-up-Platte gestohlen werden.

> **Starker Schutz**
>
> In macOS Ventura führt Apple den Blockierungsmodus ein, mit dem Nutzer:innen den Mac in einen Abwehrmodus versetzen können, wenn sie sich durch einen schweren Cyberangriff bedroht fühlen. Er kombiniert diverse Maßnahmen zum Schutz des Mac und der darauf befindlichen Daten. Dazu gehört die Blockade vieler Anhänge in Nachrichten, bestimmter Funktionen auf Webseiten und Anrufe von Fremden, neuer Konfigurationsprofile und vieles mehr.

Workshop: Anmeldung sicherer machen und Bildschirm in Pausen schützen

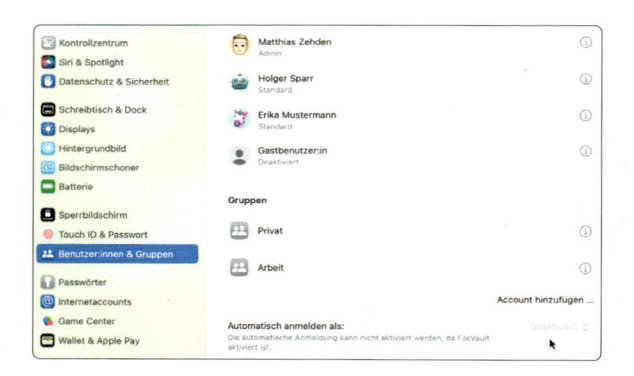

1 Keine Anmeldung ohne Passwort

Schalten Sie in der Systemeinstellung „Benutzer:innen & Gruppen" unterhalb der Kontenliste die automatische Anmeldung aus. Ist FileVault aktiv (Standard auf Macs mit M-Prozessor), deaktiviert macOS die automatische Anmeldung von sich aus.

2 Sicherheitseinstellungen optimieren

Im Einstellungsbereich „Sperrbildschirm" sollten die Benutzerliste ausgeschaltet und die Zeiten für Bildschirmschoner und Deaktivierung des Displays kurz sein. Schalten Sie die Passwortabfrage zum Aufheben des Zustand ein.

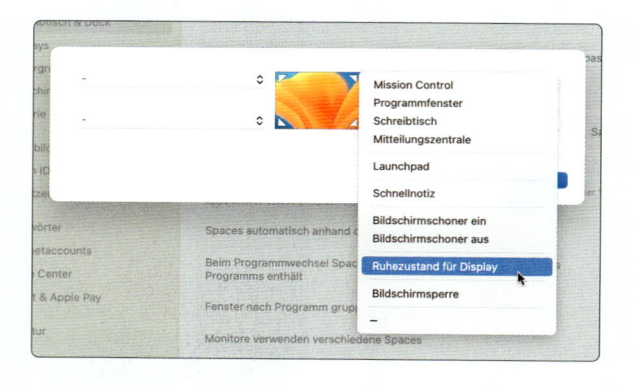

3 Aktive Ecke für Bildschirmsperre

Als Ergänzung definiere Sie in „Schreibtisch & Dock" eine aktive Ecke, um den Mac mit Bildschirmschoner, Ruhe- oder Sperrzustand schnell schützen zu können. Dann fahren Sie einfach den Mauszeiger in die Ecke, wenn Sie mal kurz den Raum verlassen wollen.

Workshop: Persönliche Daten vor unbefugtem Zugriff schützen

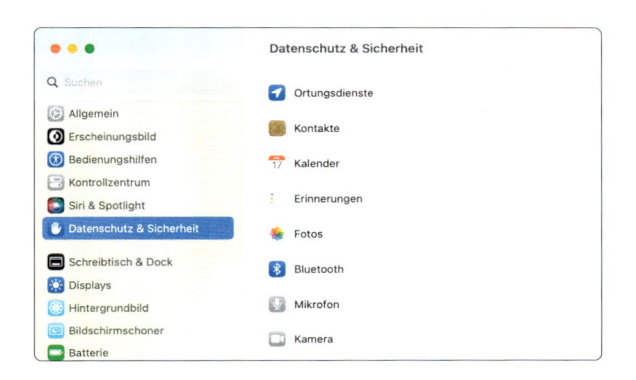

1 Zugriff von Apps auf Daten sperren

Im Einstellungsbereich „Datenschutz & Sicherheit" ist festgelegt, welche Apps sensible Daten und Eingabequellen nutzen dürfen. Wählen Sie in der Liste den Datentyp. Anschließend lassen sich die Apps einzeln per Schalter an- und ausschalten.

2 Zugriff der Systemdienste reduzieren

Bei den Ortungsdiensten lohnt sich ein Blick auf die Details der Systemdienste. Außerdem lässt sich ganz unten in der Liste in den Bereichen für Analyse und Werbung die Weitergabe von Daten an Apple und Entwickler ausschalten.

3 Notmaßnahme bei Cyberangriff

Als massiver Schutz lässt sich in den Datenschutzeinstellungen unterhalb der Liste der Dienste der „Blockierungsmodus" aktivieren. Da dieser die normale Nutzung des Mac stark einschränkt, sollten Sie das wirklich nur bei einer akuten Bedrohung tun.

Workshop: Laufwerke mit der FileVault-Funktion sicher verschlüsseln

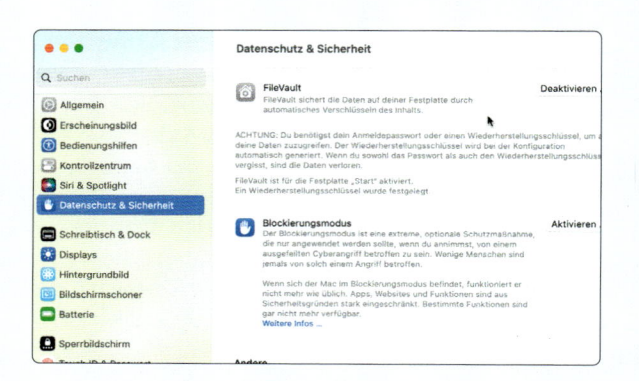

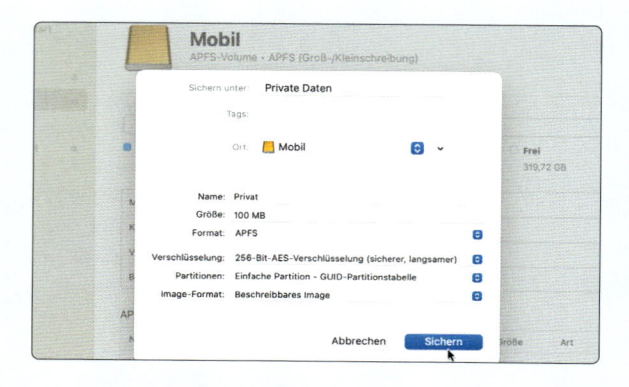

1 Volume-Verschlüsselung aktivieren
Unten in „Datenschutz & Sicherheit" lässt sich die Verschlüsselung des Startvolumes durch FileVault an- und ausschalten. Sie sollte unbedingt aktiv sein, damit die Daten auch nach Diebstahl des Mac und Ausbau der Festplatte sicher sind.

2 Time-Machine-Volume sichern
Denken Sie daran, auch das Back-up zu verschlüsseln. Eine externe Festplatte lässt sich leicht mitnehmen und auslesen. Die Funktion wird beim Auswählen des Back-up-Volumes im Einstellungsbereich „Allgemein > Time Machine" aktiviert.

3 Sicheres Archiv anlegen
Um kleinere Datenmengen sicher zu speichern, empfiehlt es sich, mit dem Festplattendienstprogramm ein verschlüsseltes Image anzulegen (Kurzbefehl: [cmd] + [N]). Ein externes Volume lässt sich im Finder per Kontextmenü verschlüsseln.

Workshop: Sicherheit des Mac im Netzwerk verbessern

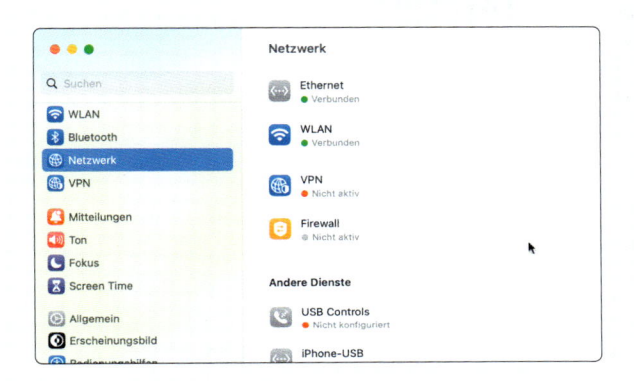

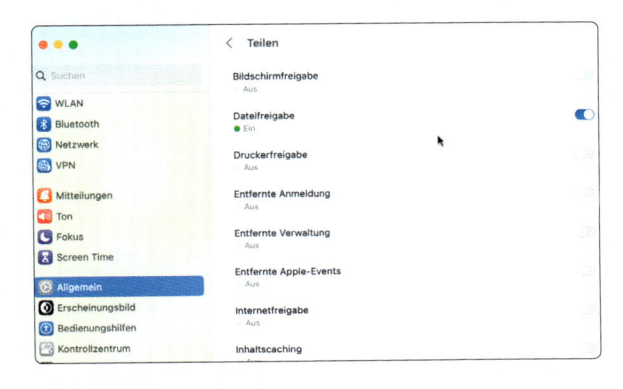

1 Integrierte Firewall aktivieren

Die interne Firewall von macOS sollte man nur aktivieren, wenn zum Internet kein Router mit Firewall vorgeschaltet ist oder es unsichere Rechner im lokalen Netzwerk gibt. Sie ist in den Einstellungen unter „Netzwerk > Firewall" zu finden.

2 Firewall-Konfiguration anpassen

Ist die Firewall aktiv, lässt sie sich mit „Optionen" konfigurieren. Sie arbeitet App-basiert für eingehende Verbindungen. Sie kann alle blockieren oder eine Liste mit erlaubten und verbotenen Apps nutzen. Ziehen Sie Apps in die Liste, um sie hinzuzufügen.

3 Nicht benutzte Dienste abschalten

Als weiterer Schutz gegen Angriffe aus dem Netz sollten Sie in „Allgemein > Teilen" nur Dienste aktivieren, die Sie wirklich brauchen, und sie danach auch wieder abschalten. Jeder laufende Dienst ist ein potenzielles Ziel für Angreifer.

> **Vorbild iOS**
>
> Das Kontrollzentrum folgt seinem Vorbild auf dem iPhone. Es sammelt zahlreiche wichtige Einstellungen an einem Platz und spart so Zeit und lange Wege für Änderungen.

Schnelle Einstellungen

Das Kontrollzentrum des Mac ist ein großes Statusmenü am rechten Rand der Menüleiste. Dort sammelt macOS viele bei der Arbeit mit dem Mac häufig benötigte Einstellungen und Statusanzeigen, wodurch die Benutzer:innen sie schneller überblicken und Einstellungen vornehmen können. Dabei lässt sich das Kontrollzentrum zumindest in Teilen konfigurieren und an die individuellen Bedürfnisse anpassen.

Dort befinden sich Status und Steuerung von WLAN, Bluetooth und AirDrop, Helligkeit und Tonausgabe, Fokus und noch einiges mehr. Auch der Aufruf des Stage Managers kann über das Kontrollzentrum erfolgen. Statt auf diverse Module der Systemeinstellungen und viele einzelne Statusmenüs zugreifen zu müssen, findet man hier alles übersichtlich an einem Ort.

In Ventura hat die Konfiguration des Kontrollzentrums einen eigenen Bereich in den Systemeinstellungen erhalten. Die verfügbaren Funktionen sind in drei Gruppen unterteilt. Als Erstes kommen die „Kontrollzentrumsmodule", die es ständig anzeigt. Dazu gehören die bereits erwähnten Basisfunktionen. Optional lässt sich für sie zusätzlich ein eigenes Statusmenü in der Menüleiste aktivieren. Zur besseren Übersicht sollten Sie davon nur sparsam Gebrauch machen. Ein Modul lässt sich dafür übrigens einfach aus dem Kontrollzentrum auf die Menüleiste ziehen.

Es folgen „Andere Module", die sich nach Belieben im Kontrollzentrum oder als Statusmenü in der Menüleiste nutzen lassen. Hierzu gehören der schnelle Benutzerwechsel und die Kurzbefehle der Bedienungshilfen. Bei MacBooks kommen noch der Ladezustand des Akkus und die Tastaturbeleuchtung hinzu. Unter „Nur Menüleiste" lassen sich schließlich noch Statusmenüs einiger Systemfunktionen aktivieren, die nicht im Kontrollzentrum erscheinen. Dazu gehören Uhr, Time Machine und VPN.

Das Kontrollzentrum von macOS bietet viele nützliche Einstellungen an einem Ort.

Workshop: Funktionen von Kontrollzentrum und Statusmenüs anpassen

1 Systemeinstellungsmodul öffnen
Für die Konfiguration öffnen Sie die Systemeinstellung „Kontrollzentrum". Die optionalen Funktionen finden Sie rechts unter „Andere Module". Über die jeweiligen Schalter, lassen sich die benötigten Funktionen auswählen.

2 Kontrollzentrum benutzen
Einige Einstellungen wie Helligkeit und Lautstärke können Sie direkt im Kontrollzentrum regeln, meistens erscheinen beim Klick auf ein Feld allerdings weitere Funktionen und Einstellungsmöglichkeiten (im Bild: „WLAN").

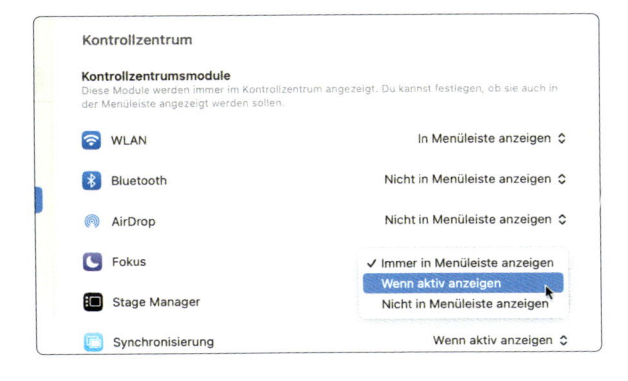

3 Funktion in Menüleiste anzeigen
Jedes Modul lässt sich auch als Statusmenü aktivieren. Dessen Inhalt entspricht der erweiterten Darstellung im Kontrollzentrum. Durch das Menü spart man sich gegenüber dem Aufruf über das Kontrollzentrum einen Klick.

Mitteilungen im Griff

Mithilfe von Mitteilungen erinnert einen der Mac an Termine, kündigt neue Nachrichten oder Anrufe an, weist auf verfügbare Updates hin und vieles mehr. Die Konfiguration des internen Infodienstes erfolgt in den Systemeinstellungen im neu gestalteten Bereich „Mitteilungen". Als Erstes legen Sie dort zum Schutz der Privatsphäre fest, ob Mitteilungen eine Vorschau des Inhalts enthalten dürfen und ob sie auf dem Sperrbildschirm oder im Ruhezustand des Displays erscheinen sollen. Darunter folgt eine Liste der installierten Apps, mit der Sie für jede genau festlegen können, ob sie Mitteilungen nutzen darf und wenn ja, welche Arten. Es stehen Banner und Hinweise zur Verfügung, die Informationen zum Ereignis enthalten können. Banner verschwinden nach kurzer Zeit wieder, während Hinweise auf eine Bestätigung warten. Deshalb sollte man Letztere nur sehr sparsam verwenden. Das gilt auch für Hinweistöne. Eine weniger aufdringliche Art der Mitteilung sind „Kennzeichen für App-Symbol". Das sind die kleinen Zähler für neue Ereignisse direkt am Icon. Im Gegensatz zu iOS zeigt der Mac diese nur an den Symbolen im Dock.

Es gibt auch Situationen, in denen Mitteilungen unerwünscht sind. Dafür hat Apple die Fokusse eingeführt. Ein Fokus fasst Einstellungen zusammen, welche Personen einen erreichen oder welche Apps Mitteilungen senden dürfen. In Ventura lassen sich auch Negativlisten führen und deren Mitglieder sperren. Außerdem führt Ventura Fokusfilter für einige Apps ein. Mit ihnen lässt sich zum Beispiel ein Kalender oder ein Postfach auswählen oder eine Tabgruppe in Safari. Fokus erlaubt Sets für Situationen, die sich dann manuell oder automatisch in Abhängigkeit von Zeit, Ort und App aktivieren lassen – optional synchron auf allen Geräten mit der gleichen iCloud-ID.

Im Einstellungsbereich „Mitteilungen" bestimmen Sie, welche App Mitteilungen schicken darf, und legen für jede die dafür erlaubten Arten fest.

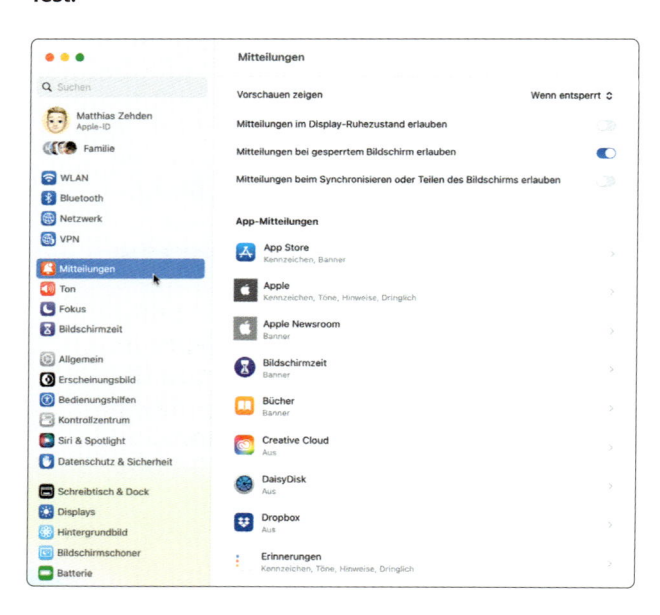

Workshop: Die Fokus-Funktion für Mitteilungen konfigurieren

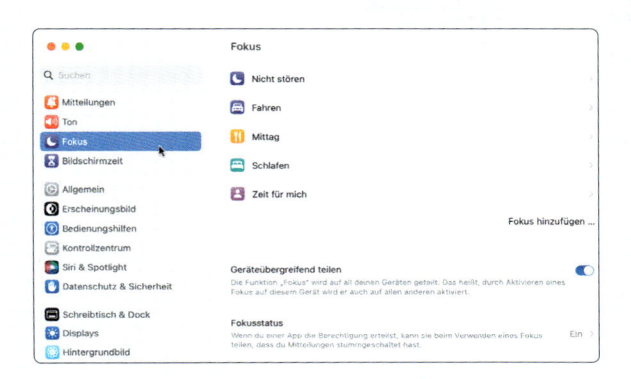

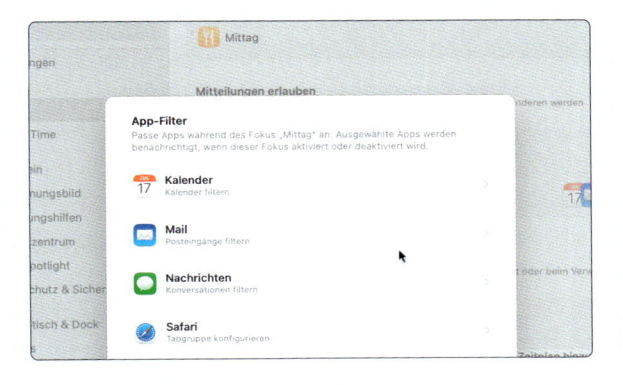

1 Neuen Fokus anlegen

Zur Konfiguration öffnen Sie den Bereich „Fokus" in den Einstellungen und klicken Sie rechts auf einen Fokus, um ihn zu konfigurieren, oder darunter auf „Fokus hinzufügen" für einen neuen. Sie können Fokusse und den aktuellen Status synchronisieren.

2 Fokus-Einstellungen anpassen

Für jeden Fokus lassen sich Name und Icon ändern. Darunter folgen die Listen für Mitteilungen von Personen und Apps, die erlaubt oder verboten sind. Mit „Zeitplan hinzufügen" ergänzen Sie die automatische Aktivierung des Fokus nach Zeit, Ort oder App.

3 Fokus automatisch aktivieren

Im dritten Block befinden sich die neuen Fokusfilter. Klicken Sie auf „Filter hinzufügen" und wählen Sie die Apps, die Sie anpassen möchtest. Bisher stehen dafür nur Kalender, Mail, Nachrichten und Safari zur Auswahl.

Mitteilungen im Griff

Die Mitteilungszentrale

Eine weitere praktische Eigenschaft der macOS-Oberfläche ist die Mitteilungszentrale. Seit Big Sur erlaubt sie den „Heute"-Widgets variablere Darstellungen und kombiniert sie mit gespeicherten Mitteilungen in einer Übersicht, indem sie diese einfach oberhalb der Widgets einblendet, sodass der früher übliche Wechsel zwischen beiden über die Reiter „Heute" und „Mitteilungen" entfällt. Sie bekommen die wichtigen Infos und Mitteilungen auf einen Blick präsentiert. Zum Einblenden der Mitteilungszentrale klickt man auf die Menüleistenuhr, die am rechten Rand der Menüleiste zu finden ist, oder streicht auf dem Trackpad mit zwei Fingern vom rechten Rand nach links.

Welche Mitteilungen in der Zentrale erscheinen, legt man in den Systemeinstellungen für Mitteilungen fest. Die dort optional wählbare Gruppierung von Mitteilungen spart Platz, da sie die Benachrichtigungen einer App in der Mitteilungszentrale zusammenfasst.

Die Mitteilungszentrale kombiniert eingegangene Mitteilungen und die praktischen Widgets in einer schnell erreichbaren Übersicht.

Flexible Widgets

Es gibt drei Standardgrößen für Widgets, das kleine Quadrat, von dem zwei nebeneinander in eine Zeile passen, die doppelte Breite und eine große Form für viele Details. Man kann ein Widget mehrfach und in unterschiedlichen Größen aufrufen, um zum Beispiel das Wetter in verschiedenen Orten mit unterschiedlichem Umfang anzuzeigen. Die Widget-Kacheln lassen sich außerdem frei verschieben, wodurch gleichartige Widgets nicht nebeneinander stehen müssen. Es gibt die kleinen Infofenster für diverse Apps wie Kalender, Erinnerungen, Aktien, Bildschirmzeit, Fotos, Notizen oder auch zur Verfolgung von Freunden und Geräten mit der Suchfunktion Wo ist. Ein Klick auf ein Widget in der Zentrale, öffnet die zugehörige App.

Zur Auswahl der Widgets nutzt Apple je nach Monitor den halben bis vollen Bildschirm. Der zeigt links die zugehörigen Apps, in der Mitte die verfügbaren Widgets und rechts die aktuelle Auswahl.

Workshop: So konfigurieren Sie die Widgets in der Mitteilungszentrale

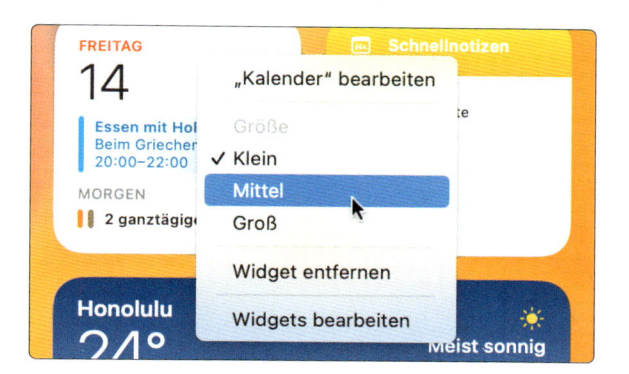

1 Widget-Größe in der Zentrale ändern

Um die Größe eines aktiven Widgets zu ändern, klicken Sie in der Mitteilungszentrale mit gedrückter [ctrl]-Taste („Sekundärklick") darauf. Das Kontextmenü erlaubt dann die Anpassung oder auch das Entfernen des Widgets.

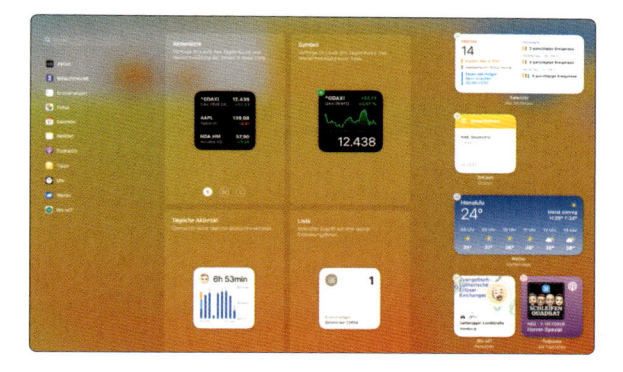

2 Bearbeitungsbildschirm öffnen

Klicken Sie ganz unten in der Mitteilungszentrale auf „Widgets bearbeiten". Es erscheint der Editor: Sie können links eine App wählen und in der Mitte die Art und Größe. Klicken Sie dort auf ein Widget, um es zu aktivieren.

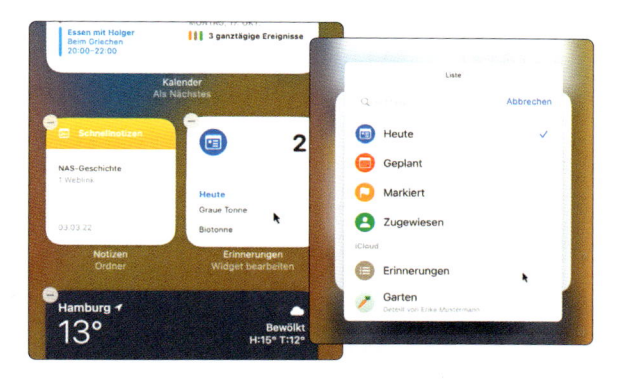

3 Aktives Widget konfigurieren

Wählen Sie auf der rechten Seite ein aktives Widget, um es zu konfigurieren und zum Beispiel den Ort für das Wetter, eine Erinnerungsliste oder eine bestimmte Notiz zu wählen. Mit „Fertig" kehren Sie schließlich zum Finder zurück.

iCloud hält die Fäden in Hand

Die perfekte Abstimmung von Macs und anderen Apple-Produkte wie iPhone, Apple TV oder den Mediatheken gehört zu den großen Stärken der Apple-Welt. Eine Schlüsselrolle kommt dabei iCloud zu. Der Dienst synchronisiert nicht nur persönliche Daten, etwa Kontakte und Termine, sondern speichert auch Dokumente auf iCloud Drive. Er verwaltet Passwörter und ist die Basis für Dienste wie Handoff, Universal Access, Instant Hotspot, die Familienfreigabe oder die zentrale Nutzung Ihrer Einkäufe.

Schnellstart mit iCloud

Der Installationsassistent von macOS fragt schon bei der Einrichtung sehr nachdrücklich, ob man eine iCloud-ID eingeben oder sich, falls noch nicht geschehen, eine zulegen möchte. Wenn Sie bereits iCloud nutzen, erhalten Sie durch die Anmeldung sofort Zugriff auf Kontakte, Kalender, Notizen, Safari-Lesezeichen und viele andere wichtige Daten. Ein Mail-Account gehört ebenfalls dazu, wenn Sie eine iCloud-Adresse als ID verwenden. Dadurch ist ein neues Gerät praktisch sofort mit den gewohnten Daten einsatzfähig. Wollen Sie nur einen Teil der Daten nutzen, können Sie in den iCloud-Einstellungen detailliert festlegen, welche App-Daten der Mac synchronisieren soll. Der Abgleich läuft in beide Richtungen. Ändern Sie eine Telefonnummer in Kontakte oder tragen im Kalender einen neuen Termin ein, stehen diese Daten auch auf Ihren anderen Geräten zur Verfügung. Safari weiß, welche Fenster auf anderen Geräten geöffnet sind („iCloud-Tabs"). Die Aufzählung lässt sich fortsetzen.

Vorsicht, Platzfresser

Aktivieren Sie in den Optionen für iCloud Drive das Speichern von Schreibtisch- und Dokumente-Ordner, schiebt macOS diese vom Privatverzeichnis auf iCloud Drive und erzeugt so eine Kopie auf dem iCloud-Server. Das unterstützt auch Apps, die ihre Daten nicht automatisch in iCloud ablegen. Außerdem können Sie Objekte auf dem

> **Speicherplatz**
>
> Mit der iCloud-Anmeldung erhältst du kostenlos 5 GB Speicherplatz. Dieser freie Account reicht für die Basisfunktionen, doch die Fotosammlung, Back-ups mehrerer iOS-Geräte oder der Abgleich vieler Dokumente brauchen mehr. 50/200/2000 GB Platz kosten monatlich 0,99/2,99/9,99 Euro. Der Platz lässt sich in der Familienfreigabe teilen.

Workshop: Synchronisierung anpassen und iCloud-Speicherplatz verwalten

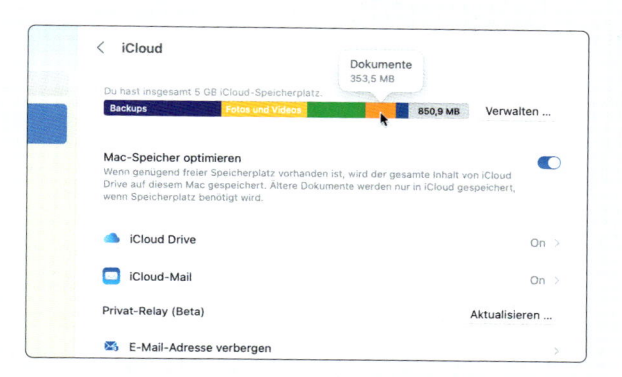

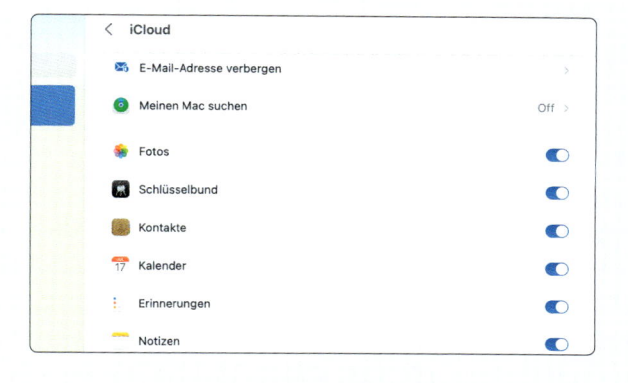

1 iCloud-Einstellung öffnen

Öffnen Sie in den Einstellungen „Apple-ID > iCloud". Der Balken oben im Fenster zeigt, wie viel Speicher auf Ihrem iCloud-Konto belegt ist und womit. Die Funktion „Mac-Speicher optimieren" entfernt bei Speichermangel lokale Kopien.

2 Apps für iCloud Drive wählen

Klicken Sie auf „iCloud Drive", dann auf „Optionen", können Sie die privaten Ordner für „Schreibtisch & Dokumente" auf iCloud Drive verschieben oder einzelne Apps für das Speichern auf iCloud Drive auswählen.

3 Daten zur Synchronisierung wählen

Unter den iCloud-Diensten folgt eine Liste der für den Abgleich unterstützten Datenarten. Über Schalter lässt sich jede einzeln zur Synchronisierung des Mac mit iCloud auswählen und bei Bedarf später auch wieder ausschalten.

Unter „Apple-ID" hast du Zugriff auf persönliche Daten, Zahlungsmittel, iCloud-Einstellungen, Einkäufe und Abos, registrierte Geräte und mehr.

iCloud Drive für andere freigeben. Dabei lassen sich gezielt Personen auswählen und einladen oder es lässt sich ein Link erzeugen, über den dann jeder zugreifen kann.

Aktivieren Sie „iCloud-Fotos" in der App Fotos und in den iCloud-Einstellungen, um iCloud als Fotospeicher im Internet zu nutzen. Der Platzbedarf wächst dann kräftig an, da die Fotosammlung Ihr iCloud-Konto belastet. Dafür können sich alle Geräte mit den iCloud-Fotos synchronisieren.

Sicherheit und Komfort

Als Sicherheitsfeature können Sie den iCloud-Schlüsselbund aktivieren. Darin speichern Macs und iOS-Geräte Konten und Zugangsdaten. Safari kann bei der Anmeldung auf einer Website Daten im Schlüsselbund sichern oder umgekehrt auf den Schlüsselbund zugreifen, um vorhandene Daten zu übernehmen. Benutzte WLANs werden ebenfalls gespeichert. So kann man sichere und unterschiedliche Passwörter für alle Dienste nutzen, da man sich nur noch das von iCloud merken muss. Dieses sollte dann natürlich umso sorgfältiger gewählt werden.

„Meinen Mac suchen" macht den Standort des Rechners über iCloud verfügbar. So lässt er sich im Notfall per Fernzugriff sperren oder sogar löschen. Wer HomeKit nutzt, kann das Bild kompatibler Kameras live streamen. Zum Speichern der Aufnahmen auf iCloud ist jedoch ein kostenpflichtiger Account nötig.

Mehr Funktionen mit iCloud+

Die kostenpflichtigen iCloud-Konten vermarktet Apple unter dem Namen iCloud+. Sie enthalten nicht nur mehr Speicherplatz, sondern auch die neuen Funktionen „iCloud Private Relay" zum verschlüsselten Surfen und „E-Mail-Adresse verbergen" für Alias-Konten. Außerdem erlaubt HomeKit Secure Video je nach Tarif die Aufzeichnung von einer, fünf oder beliebig vielen Kameras.

Workshop: Synchronisierung anpassen und iCloud-Speicherplatz verwalten (Fortsetzung)

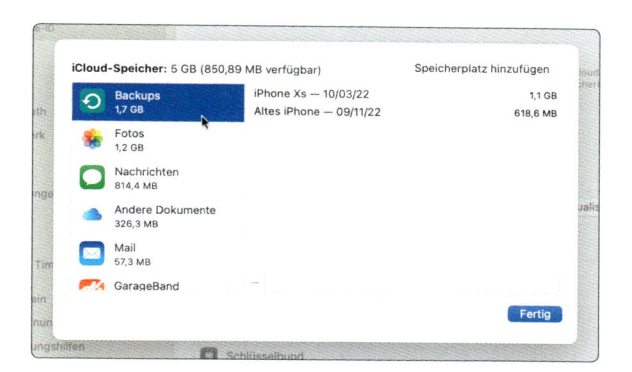

4 Speicherbelegung überprüfen

Klicken Sie rechts neben dem Speicherbalken auf „Verwalten". Der Mac zeigt daraufhin, wie viel Platz die Apps auf iCloud belegen, zum Teil auch womit. Einiges lässt sich direkt von hier aus löschen, zum Beispiel alte iOS-Back-ups.

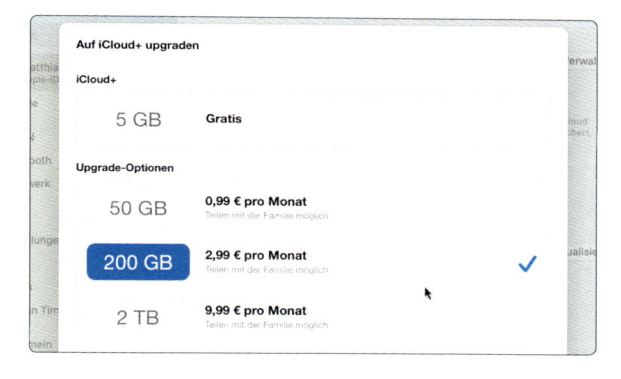

5 Kontogröße von iCloud anpassen

Wählen Sie in der Verwaltung oben rechts „Speicherplatz hinzufügen" oder „Speicherplan ändern", um mehr Speicher mit iCoud+ zu buchen. Nach einem Klick auf „Downgrade-Optionen" können Sie die gebuchte Speichermenge wieder reduzieren.

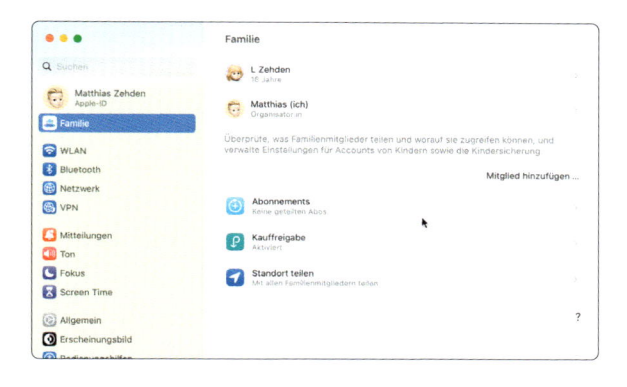

6 Verbindung zu iCloud lösen

Klicken Sie in der Seitenleiste der Systemeinstellungen auf „Familie", um die Familienfreigabe zu konfigurieren. Dort sehen Sie später auch, welche Abos Sie in der Familie gemeinsam nutzen oder wer Einkäufe und Standort teilt.

Workshop: Ordner über iCloud Drive für andere freigeben

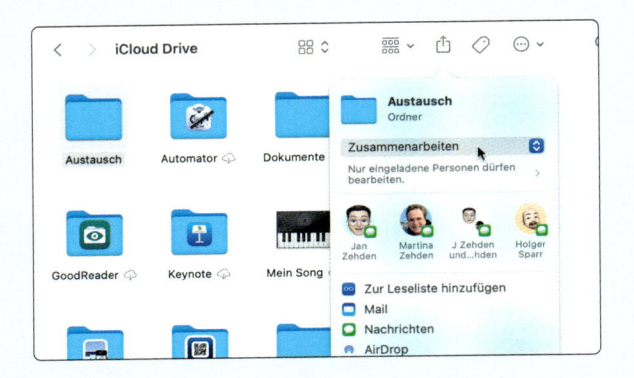

1 Objekt zur Freigabe auswählen
Um eine Datei (oder einen Ordner) auf iCloud Drive für andere freizugeben, markieren Sie sie und klicken in der Symbolleiste des Fensters auf die Teilen-Taste. In deren Menü wählen Sie dann „Zusammenarbeiten".

2 Personen einladen und Ordner teilen
Darunter wählen Sie, ob nur eingeladene Personen zugreifen dürfen und ob die Bearbeitung erlaubt ist. Wählen Sie dann die App für den Versand der Einladungen (im Bild Mail) und tragen Sie die Empfänger ein.

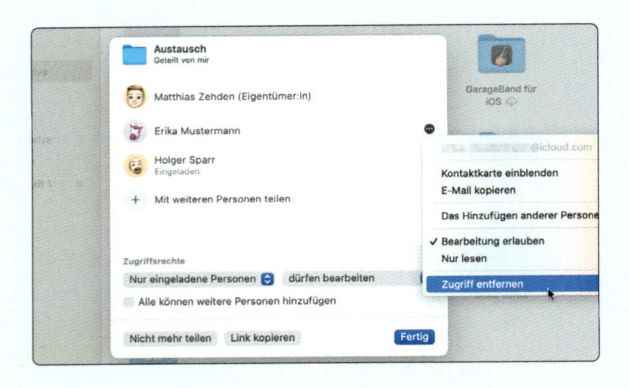

3 Aktive Freigabe bearbeiten
Mit dem Versand der Einladungen aktivieren Sie die Freigabe. Anschließend lässt sich im kontextmenü „Geteilten Ordner verwalten" wählen, um Personen zu ergänzen oder zu entfernen, deren Rechte zu ändern oder die Freigabe zu stoppen.

Bildschirmzeit auf dem Mac

Mittlerweile arbeitet die Funktion Bildschirmzeit auch auf dem Mac. Zuerst war sie nur Bestandteil der mobilen Systeme, vor allem um dem Trend zur übertriebenen Smartphone-Nutzung entgegenzuwirken. Sie liefert unter anderem eine detaillierte Übersicht Ihres Nutzungsverhaltens. Darüber hinaus können Sie Vorgaben machen, wann der Mac oder wie lange bestimmte Apps genutzt werden dürfen. Über Ihre iCloud-ID und die Familienfreigabe können Sie allerdings auch die Protokolle Ihrer iOS- und iPadOS-Geräte sowie die Ihrer Kinder abrufen.

Protokoll aktivieren

Haben Sie die Funktion nicht schon im Installationsassistenten angeschaltet, können Sie das in den Systemeinstellungen nachholen. Dort hat Bildschirmzeit ein eigenes Einstellungsmodul, in dem Sie die Funktion konfigurieren und die von ihr erfassten Nutzungszeiten abrufen können.

Das Fenster der Einstellungen zeigt oben Ihren Namen und direkt darunter die von Bildschirmzeit erfassten Bereiche. Dazu gehört die App-Nutzung, erhaltene Mitteilungen und die Anzahl der Aktivierungen. Das sind zunächst die Protokollfunktionen. Zusätzlich können Sie im mittleren Bereich des Fensters einige Einschränkungen für die Nutzung des Mac oder einzelner Apps aktivieren. Das ist sozusagen der administrative Teil der Funktion.

Ist Bildschirmzeit aktiv, zeigt sie im rechten Fensterteil unter „App-Nutzung" die Verwendung von Apps in der laufenden Woche als Säulengrafik, wobei der aktuelle Tag für mehr Details farbig unterteilt ist. Unter den großen Säulen für die Tage sehen Sie auch noch kleine für die einzenen Stunden, wodurch Sie

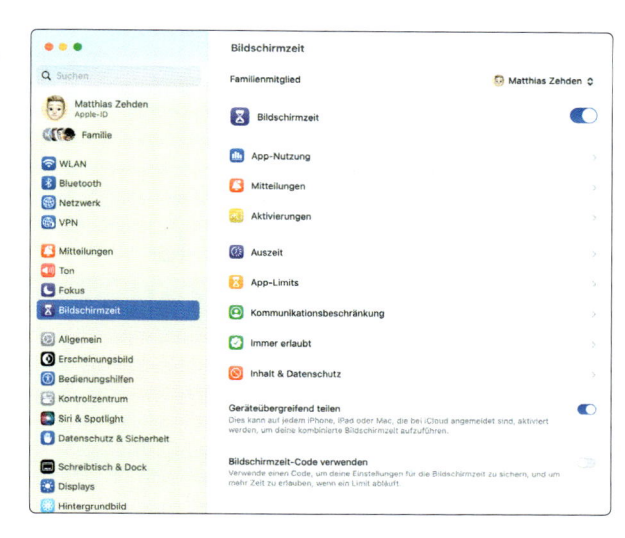

Die Einstellungen der Bildschirmzeit bieten oben die Auswahl des Familienmitglieds und den Hauptschalter. Darunter folgen die einzelnen Funktionsbereiche.

Workshop: So analysieren Sie Ihre Nutzungsgewohnheiten am Mac

1 Tages- und Wochenansicht aufrufen
Klicken Sie in der Grafik der App-Nutzung auf die Säule eines Tages, um zwischen der Anzeige des Tages und einer Übersicht der Woche zu wechseln. Klicken Sie in der Wochenansicht auf einen Tag, um dessen stündliche Werte einzublenden.

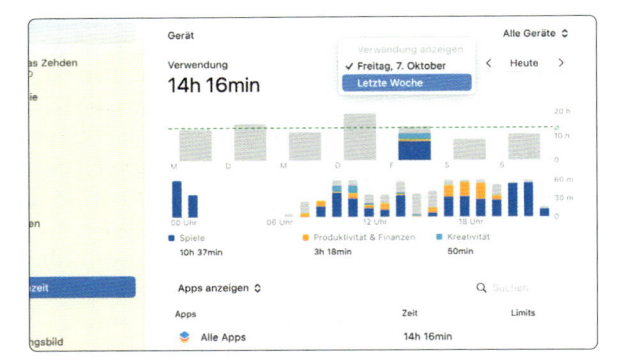

2 Zurückliegende Daten aufrufen
Mit den Navigationstasten über der Grafik können Sie zu einem bestimmten Tag oder einer Woche blättern. Die Taste „Heute" bringt Sie jederzeit schnell wieder zum aktuellen Tag zurück.

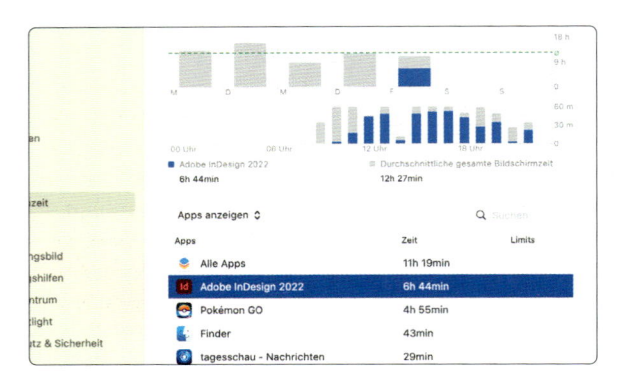

3 Nutzungsdauer einer App ansehen
Unter der Grafik finden Sie eine Liste der Apps mit der jeweiligen Nutzungsdauer. Tippen Sie auf eine, um nur noch die für sie gespeicherten Daten in der Grafik des Fensters anzuzeigen.

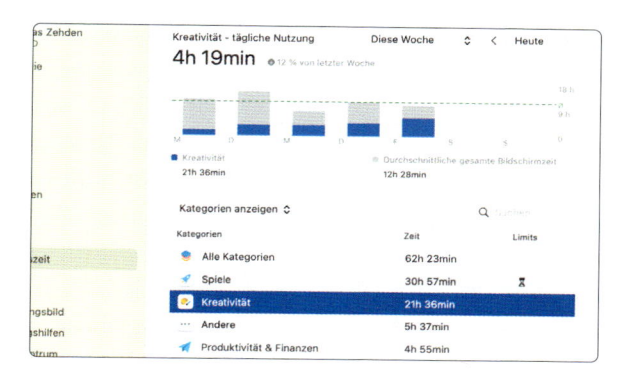

4 Apps nach Kategorien anzeigen

Sie können zwischen Apps und Kategorien wechseln. Letztere lassen sich wie Apps auswählen. Klicken Sie in einer Zeile auf die Sanduhr, um ein Limit für die jeweilige App oder Kategorie festzulegen.

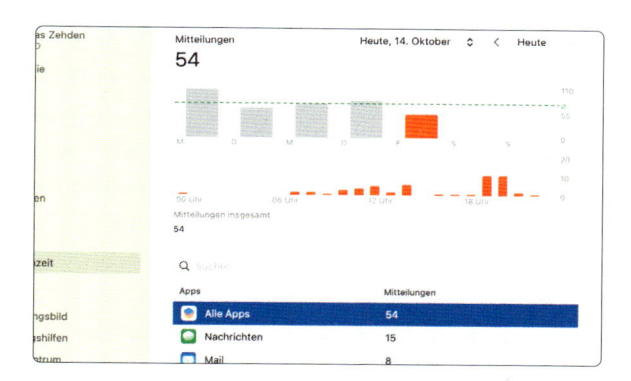

5 Erhaltene Mitteilungen prüfen

Viele Mitteilungen können bei der Arbeit sehr stören. Klicken Sie auf der Startseite der Einstellungen auf Mitteilungen, um zu sehen, wie viele Nachrichten macOS geschickt hat und von welchen Apps Sie kamen.

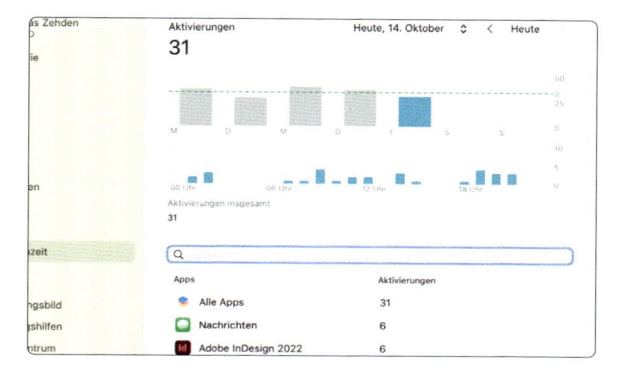

6 Protokoll der Aktivierungen

Als dritten Eintrag finden Sie im Bereich der Protokollfunktionen noch die Aktivierungen. Die sind allerdings eher auf iPhone & Co. sinnvoll, weil sie zeigen, wie oft Sie die mobilen Geräte zur Hand genommen haben.

auch ein Gefühl für die Nutzung des Rechners und der Apps im Tagesverlauf bekommen. Unter der Grafik können Sie einzelne Programme zur Anzeige auswählen oder von Apps zu Kategorien wechseln. Klicken Sie auf einen Eintrag in dieser Liste, ändert sich die Grafik darüber entsprechend. Ganz oben finden Sie noch ein Aufklappmenü zur Wahl des angezeigten Geräts, um zum Beispiel zwischen den Zeiten von Mac und iPhone wechseln.

Zurück auf der Startseite der Bildschirmzeit-Einstellungen können Sie die Funktion an- und ausschalten, ein anderes Mitglied der Familie wählen oder unten im Fenster und einen Code als Schutz vor Änderungen vergeben. Außerdem können Sie die Ergebnisse geräteübergreifend teilen, wenn Sie Bildschirmzeit auch auf anderen Geräten mit der gleichen iCloud-ID nutzen.

Nutzung begrenzen

Allein die Anzeige der Nutzungszeiten mag dem einen oder anderen schon ein schlechtes Gewissen machen. Sie können aber noch einen Schritt weitergehen und die Nutzungsdauer begrenzen. Dabei können Sie zeitliche Limits für einzelne Apps oder Kategorien wie Spiele oder soziale Netze vorgeben. Bildschirmzeit erinnert Sie, wenn Sie das gesetzte Limit erreichen. Dabei können Sie sich natürlich auch über die Empfehlung hinwegsetzen. Man sollte die Funktion nicht als Selbstkasteiung auffassen, sondern mehr als Unterstützung, wenn man dazu neigt, es zu übertreiben.

Unter „Inhalt & Datenschutz" finden Sie Optionen zur Beschränkung des Zugriffs auf Medien, Stores, bestimmte Apps und Systemfunktionen. Die Basis hierfür sind die Datenschutzeinstellungen des Mac sowie die unter iOS verfügbaren Einschränkungen wie In-App-Käufe.

Den Mac haben Sie im Gegensatz zu iPhone und iPad nicht ständig griffbereit, und viele nutzen ihn mehr zum Arbeiten als in der Freizeit. Die Stärke von Bildschirmzeit auf dem Mac liegt eher im administrativen Bereich. Die Daten anderer Geräte lassen sich bequem ansehen und konfigurieren. Sie können mit den Limitierungen und der Codesperre allerdings auch ein eingeschränktes Standard-Benutzerkonto auf dem Mac einrichten.

Bildschirmzeit für Familien

Innerhalb der Familienfreigabe können Sie die Funktionen auf Kinder anwenden. Auf diese Weise können Sie deren Bildschirmzeiten kontrollieren und optional begrenzen, um eine altersgemäße Nutzung sicherzustellen. Mithilfe der Codesperre lassen sich die Limits auch durchsetzen. Überschreitungen müssen per Anfrage an die Eltern genehmigt werden.

Workshop: Ruhezeiten, App-Limits und Ausnahmen konfigurieren

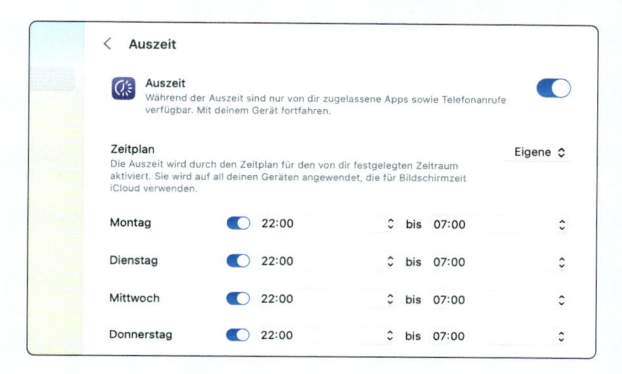

1 Ruhezeit für den Mac festlegen
Der untere Block der Einstellungen umfasst die Einschränkungen. In „Auszeit" legen Sie die Zeit fest, in der der Mac nicht genutzt werden soll. In „App-Limits" bestimmten Sie die jeweils erlaubte Zeit für Apps oder Kategorien.

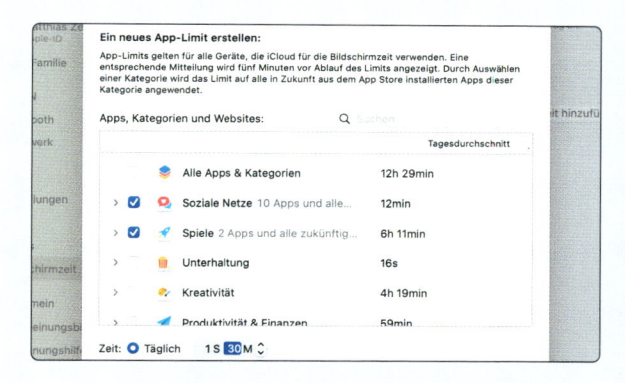

2 Zeitlimit für Apps einrichten
Für eine neue Regel klicken Sie in App-Limits auf „Limit hinzufügen". Wählen Sie Kategorie oder Apps, und legen Sie eine Zeitdauer fest. Mit „Eigene" können Sie die Zeit für jeden Wochentag einzeln setzen, zum Beispiel am Wochenende eine Stunde drauflegen.

3 Ausnahmen von Limits erlauben
In „Immer erlaubt" legen Sie Ausnahmen fest, also Apps, für die die Zeitlimits der Bildschirmzeit nicht gelten sollen. Die Codesperre für Bildschirmzeit aktivieren Sie bei Bedarf ganz unten auf dem ersten Bildschirm der Einstellungen.

5

Programme

Zum Betriebssystem gehört ein von Apple prall gefüllter Ordner mit Programmen und Dienstprogrammen, mit denen sich eine große Fülle an Aufgaben erledigen lässt, ohne auch nur einen Cent zusätzlich zu investieren. Wir zeigen Ihnen, welche Programme in macOS Ventura dazugelernt haben und wozu sie alle da sind.

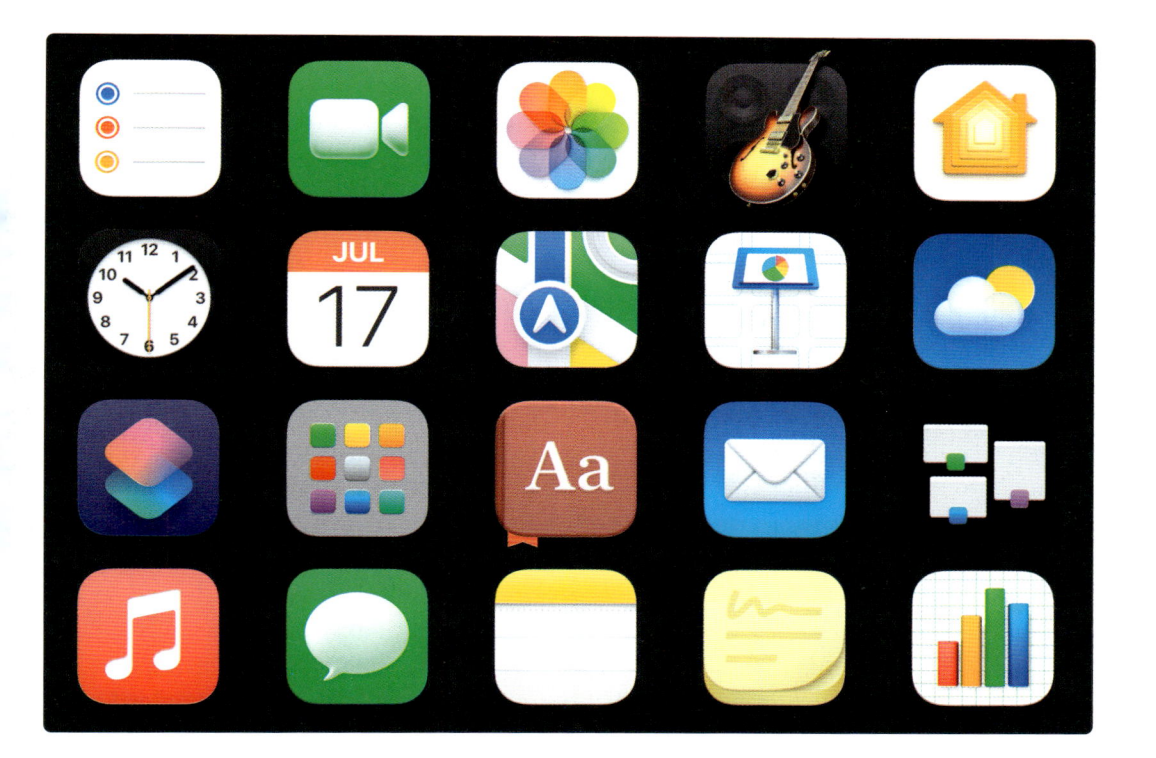

Die Apps von macOS Ventura

Von einem Betriebssystem erwartete man früher nicht viel mehr, als dass es Programme starten und das Hantieren mit Dateien ermöglichen sollte. Heutzutage hingegen gehören etliche Programme dazu, mit denen sich Standardaufgaben vom Surfen bis hin zur Videotelefonie erledigen lassen. Selbst dann, wenn man nichts in weitere Programme investiert, kommt man mit den Bordmitteln schon sehr weit.

Zudem hat Apple eine Umgebung für iPad-Apps geschaffen, wodurch es leicht wurde, dessen Apps auf den Mac zu portieren. So konnte Apple nicht nur dafür sorgen, dass Programme wie Nachrichten auf dem Mac endlich nicht mehr hinter die iOS-Pendants zurückfallen, sondern auch etwas abseitigere Wünsche wie die nach Sprachmemos oder Aktienkursen verwirklichen. Auf den folgenden Seiten erfahren Sie alles über die Programme, die zum Lieferumfang von macOS Ventura gehören.

Safari macht das Surfen sicherer

Natürlich ist die Mac-Version nicht der eigentliche Grund für die Existenz des Safari-Browsers. Dafür ist vielmehr das iPhone die Ursache, denn auf den mobilen Geräten möchte Apple eigene Vorstellungen von Sicherheit und Komfort umsetzen. Doch davon profitiert auch die Version für den Mac, die stets etwas mächtiger war als die mobile Variante.

Um die Sicherheit hat Apple sich recht erfolgreich gekümmert, denn insbesondere den Schutz vor Trackern, die das Surfverhalten der Leute im Netz erforschen, um die Daten für Anzeigen zu nutzen und teuer zu verkaufen, hat Apple deutlich ausgebaut. Den Erfolg dieser Maßnahme kann man schon daran sehen, dass die Werbewirtschaft heftig gegen diese Funktion protestierte. Später kam noch die Möglichkeit hinzu, vor den bekanntesten Trackern auch noch die eigene IP-Adresse zu verbergen, weil diese Rückschlüsse darauf erlaubt, von welchem Ort aus man sich ins Netz begeben hat. Welchen Trackern Safari die IP-Adresse verheimlicht, ist allerdings ganz allein Apples Sache. In einem Datenschutzbericht informiert Safari darüber, welche Spionageversuche abgewehrt wurden

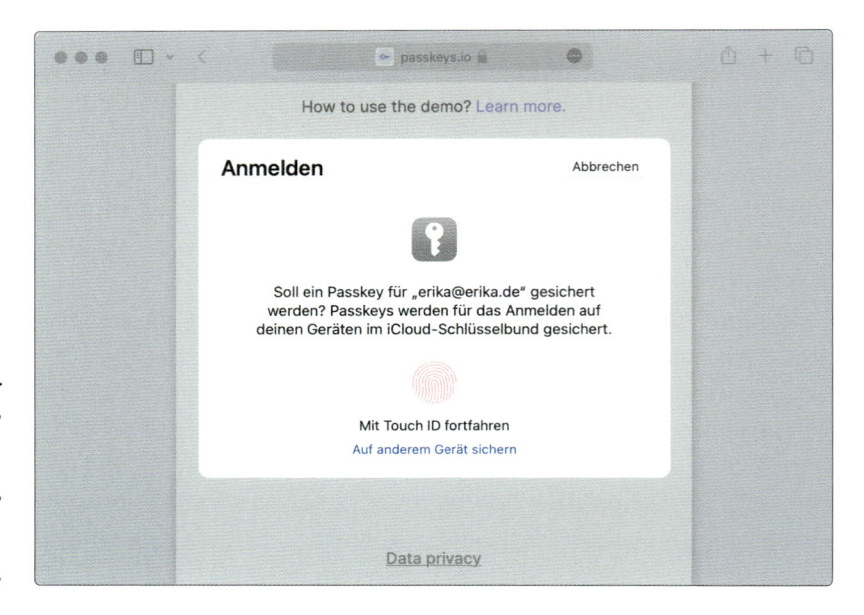

Noch lassen sich nicht überall Passkeys benutzen, aber da, wo es geht, erhöhen sie den Schutz davor, von Kriminellen ausgespäht zu werden.

Workshop: Die richtigen Voreinstellungen erhöhen Komfort und Sicherheit

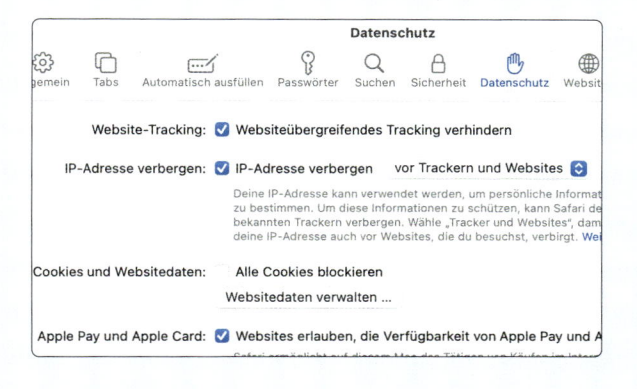

1 Tab-Darstellung anpassen

In den Einstellungen haben Sie die Wahl zwischen separaten Tabs, die fast aussehen wie bisher, und einer neuen, sehr viel kompakteren Darstellung, die mehr Raum für Inhalte lässt. Die kompaktere Darstellung lässt deutlich mehr Platz für Inhalte

2 Farbe des Seitenkopfes anpassen

Unter „Erweitert" hat Apple die Einstellung für die Farbe der Tableiste versteckt. Ist dieser Punkt aktiv, wird die Farbe der Leiste an den oberen Bereich des Seiteninhalts angepasst. Nicht jeder wird allerdings das eingefärbte Fenster schätzen.

3 Datenschutzbericht ansehen

Ernst nimmt Apple den Schutz vor Tracking, denn es kann auch die eigene IP-Adresse vor bekannten Trackern versteckt werden. Dadurch werden die Rückverfolgung und das Ausspionieren von Benutzerdaten durch Kriminelle deutlich erschwert.

Passkeys sorgen für Sicherheit

Die meisten nutzen Passwörter, um ihre Accounts bei Web-Anbietern zu sichern, verwenden aber leider oft die gleichen oder zu schwache Kennwörter. Viele Anbieter werden in Zukunft Passkeys erlauben, also Schlüsselpaare, die auf entsprechend ausgestatteten Macs biometrisch per Fingerabdruck oder auf iPhones auch per Face ID verschlüsselt werden. Der Mac kann zur Entschlüsselung auch die Dienste eines eventuell vorhandenen iPhones nutzen, wenn dies mit der gleichen Apple ID verknüpft ist. Weil Diebe keine Entschlüsselungsmöglichkeit haben, ist anders als bei Passwörtern jede Entwendung von Rechnern oder Servern sinnlos, und die Sicherheit wird damit deutlich erhöht. Die neue Safari-Version unterstützt Passkeys schon, allerdings gibt es erst wenige Anbieter im Web, die es auch tun. Passkeys sind nicht Apples alleinige Erfindung, vielmehr beteiligen sich auch andere Hersteller wie Google und Microsoft an der Entwicklung.

Tabgruppen im Team

Fast jeder nutzt mehrere Tabs, um schnell zwischen Webseiten hin- und herzuschalten. Tabgruppen sammeln mehrere Tabs und öffnen diese gleichzeitig, was sehr praktisch sein kann, wenn man damit etwa alle Seiten sammelt, die man morgens ohnehin öffnet oder die sich um ein gemeinsames Thema drehen. Das Erzeugen neuer Tabgruppen ist sehr einfach über einen Knopf in der Seitenleiste möglich. Tabgruppen sind keineswegs statisch, sondern können sehr leicht verändert werden – etwa indem man leichtfertig einen Tab schließt, der danach auch nicht mehr Bestandteil der Gruppe ist. Einen Möglichkeit, Tabgruppen vor Veränderungen zu schützen, fehlt leider noch immer.

Neu ist, dass man diese Tabgruppen nun auch mit anderen teilen und tatsächlich live mit ihnen gemeinsam arbeiten kann. Gemeinsam arbeiten heißt hier natürlich, dass alle gleichzeitig surfen, wobei man sehen kann, wer gerade wo in der Tabgruppe unterwegs ist. Dafür wird einfach ein Symbol für die Person in der Tableiste gezeigt. Außerdem können sich alle Beteiligten während der Arbeit per Nachricht oder FaceTime-Konferenz miteinander austauschen.

Workshop: Geteilte Tabgruppen nutzen, um mit anderen gemeinsam zu surfen

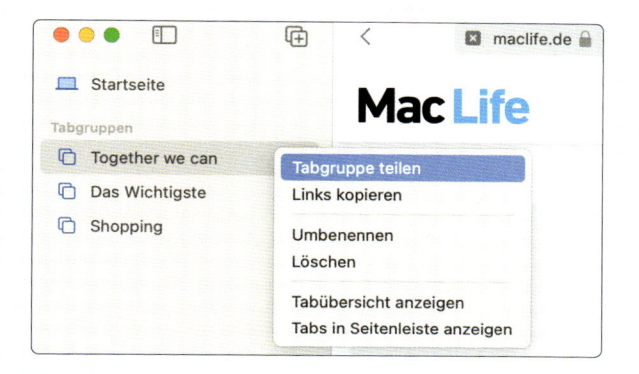

1 Tabgruppen mit anderen teilen

In Tabgruppen lassen sich mehrere Adressen, die zusammengehören, sehr gut sammeln. Erzeugen lassen sich Tabgruppen über einen Knopf in der Seitenleiste. Tabgruppen können Sie mit anderen teilen und zusammen mit ihnen bearbeiten.

2 Einladungen zur Zusammenarbeit

Dazu verschicken Sie im einfachsten Fall eine Nachricht an alle im Team. Diese brauchen einen Mac, ein iPhone oder iPad und können je nach Einstellung selbst Adressen zur Tabgruppe hinzufügen. Der Link in der Nachricht öffnet die Tabgruppe.

3 Menü für die Zusammenarbeit

Zusammenarbeit in Safari heißt, gemeinsam zu surfen. Ist diese Zusammenarbeit im Gange, gibt es ein eigenes Menü dafür (rechts), über das sich die Optionen steuern lassen. Kleine Symbole zeigen zudem an, wer in welchem Tab unterwegs ist.

Internetadressen setzt Mail automatisch inklusive einer Vorschau in E-Mails ein. Über ein kleines Menü können Sie stattdessen reinen Text erzeugen.

Mail macht E-Mails bunter

Machen wir uns nichts vor: Für viele jüngere Leute ist die E-Mail ein Kommunikationsmittel von gestern und damit vollkommen uncool. Wer wirklich mit seinen Freunden kommunizieren möchte, tut dies über Messenger oder soziale Netze. Tatsächlich gehört das E-Mail-Protokoll zwar zur Internet-Ursuppe, doch mit seinen Möglichkeiten, auch formatierte Texte, Sonderzeichen und Anhänge zu versenden, ist die E-Mail immer noch aktuell. Und Apples Mail-Programm bietet nicht nur immer mehr Gestaltungsmöglichkeiten, sondern auch weitere Features.

Gerade im professionellen Umfeld vermissten viele Anwender den verzögerten Versand, doch damit ist seit macOS Ventura Schluss. Auf Wunsch lassen sich E-Mails nun verzögert senden, etwa am nächsten Werktag oder erst abends, wenn sie weniger stören oder besser auffallen – je nach Wunsch. Die Voraussetzung dafür ist aber, dass der Mac zu diesem Zeitpunkt auch Zugang zum Internet hat, denn weil Mailserver den verzögerten Versand nicht unbedingt beherrschen, hält das Mail-Programm selbst die E-Mail so lange zurück.

So ähnlich funktioniert übrigens auch der Widerruf einer Sendung. Unmittelbar nach dem Verschicken einer Nachricht dürfen Sie den Widerrufknopf drücken, wenn Sie etwas Wichtiges vergessen oder die falsche Adresse gewählt haben. Dafür bleiben nur zehn Sekunden, denn so lange lässt sich das Mail-Programm mit dem tatsächlichen Versenden Zeit. Danach ist die E-Mail weg und lässt sich beim besten Willen nicht mehr aufhalten.

Workshop: Möglichkeiten für den Umgang mit gesendeten und empfangenen E-Mails

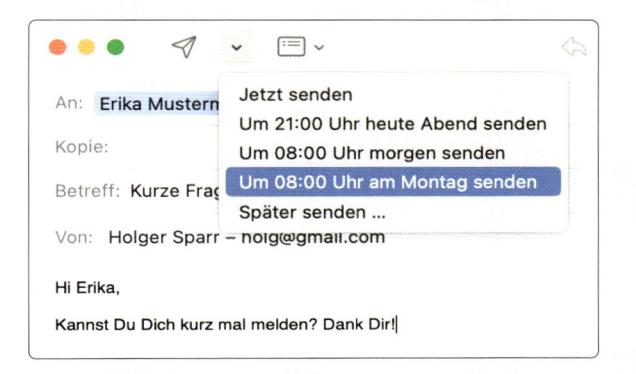

1 Mails mit Verzögerung versenden

Über das kleine Menü neben dem Knopf zum Verschicken finden sich die Optionen zum verzögerten Versand. Sie müssen nur dafür sorgen, dass der Mac zum gewählten Zeitpunkt eine Internetverbindung hat. Über „Später senden" können Sie den Termin frei wählen.

2 Versenden einer E-Mail widerrufen

Unmittelbar nach dem Versenden einer E-Mail erscheint links unten der Knopf zum Widerrufen. Doch Vorsicht: Es bleiben gerade einmal zehn Sekunden, um den Versand zu stoppen, danach ist die Mail weg. Also weiterhin den Sendeknopf mit Bedacht nutzen.

3 Später an Mails erinnern lassen

Wenn Sie Mails nicht sofort beachten können, weil sie zu falschen Zeit ankommen, sollten Sie sich über das E-Mail- oder Kontextmenü an sie erinnern lassen. Zum angegebenen Zeitpunkt erhalten Sie erneut eine Mitteilung.

Mail macht E-Mails bunter

Alle gelöschten Nachrichten werden für 30 Tage aufbewahrt und sind so lange im Bereich „Zuletzt gelöscht" zugänglich – zu erreichen über das Darstellungsmenü.

Nachrichten mit kleinen Extras

Das Nachrichten-Programm ist besonders dann ein praktischer Helfer, wenn außer dem Mac auch ein iPhone vorhanden ist, denn dann kann der Mac auch telefonieren und Kurznachrichten verschicken. Apples iMessage-Dienst verschickt nicht nur Texte, sondern auch Bilder, Filme, Link und vieles mehr.

Nachrichten sind schnell versandt – oft zu schnell, denn nicht selten fallen einem noch Fehler auf. Die neue Version des Nachrichten-Programms bietet daher die Möglichkeit, schon gesendete Nachrichten zu bearbeiten. Der entsprechende Punkt findet sich im Kontextmenü, und nach der Korrektur können Sie die Nachricht einfach erneut verschicken. Zwei Einschränkungen gibt es dabei: Die Mitteilung wird auf beiden Seiten als bearbeitet markiert, und ein Klick oder Tipp auf diese Markierung zeigt immer auch die ursprüngliche, fehlerbehaftete Variante. Diese zeigen ältere Systemversionen sogar prinzipiell mit an. Außerdem ist die Korrektur nur für eine Viertelstunde möglich.

Zum Zurückholen einer Nachricht bleiben sogar nur zwei Minuten, und auf Systemen vor macOS Ventura, iOS 16 oder iPadOS 16 sieht die Gegenseite die Nachricht trotz des Widerrufs. Es lohnt sich also auch in Zukunft, Nachrichten vor dem Versenden gründlich zu lesen. Gelöschte Nachrichten darf man zukünftig 30 Tage lang wiederherstellen, was ebenfalls die Korrektur von Fehlern ermöglicht.

Und Apple hat die Möglichkeiten zur Zusammenarbeit verbessert. Nachrichten ist hier das ideale Werkzeug, um parallel zur Zusammenarbeit zu diskutieren.

Sicherheit

Voraussetzung für die Nutzung von iMessage ist eine Apple-ID, wodurch Inhalte automatisch verschlüsselt und sicher gelagert und übertragen werden können.

Workshop: Nachrichten nach dem Senden widerrufen oder bearbeiten

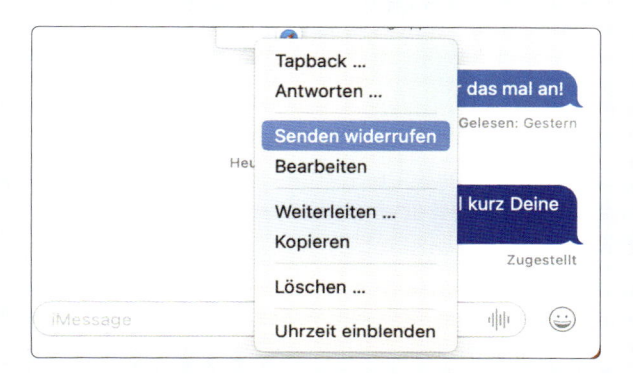

1 Senden einer Nachricht widerrufen
Nur zwei Minuten Zeit bleiben, um nach dem Senden eine Nachricht zu widerrufen. Auf älteren Systemen klappt der Widerruf gar nicht, auf neueren bleibt sichtbar, dass es mal eine Nachricht gab. Also gilt: Weiterhin den Sendeknopf mit Bedacht benutzen!

2 Gesendete Nachrichten korrigieren
Für eine Viertelstunde lassen sich Nachrichten nachträglich verändern, um beispielsweise Tippfehler oder die berühmt-berüchtigte Autokorrektur im Nachhinein zu verbessern. Danach ist aber auch diese Änderung nicht mehr möglich.

3 Korrekturen auf der Empfangsseite
Am anderen Ende ist immer zu sehen, dass eine Korrektur stattgefunden hat. Ältere Systeme zeigen grundsätzlich beide Versionen der Nachricht, neuere dagegen nur auf Knopfdruck. Immerhin lassen sich Fehler so noch ausmerzen, wenn man sie bemerkt.

Nachrichten mit kleinen Extras

FaceTime wird mächtiger

Die Pandemie hat Videokonferenzen einen zuvor ungeahnten Boom beschert, der auch FaceTime zu einem der beliebtesten Mac-Programme gemacht hat. FaceTime ist formal auf das Apple-Universum mit Macs, iPhones und iPads beschränkt, doch seit eine Weile dürfen auch alle anderen per Browser teilnehmen, denn Apple wollte sich von Zoom, Teams und anderen nicht komplett die Butter vom Brot nehmen lassen.

Durch die Vielzahl an Möglichkeiten ist FaceTime im Laufe der Jahre nicht übersichtlicher, aber eben stets mächtiger geworden. Was viele noch immer als einfaches Tool für Videogespräche mit iPhones betrachten, beherrscht längst auch Konferenzen, reine Audiogespräche, geplante Konferenzen mit etlichen Teilnehmenden und vieles mehr.

Kamera-Übergabe

Eine Neuheit mit großer Bedeutung nennt Apple „Kamera-Übergabe". Dahinter steckt die Möglichkeit, die FaceTime-Kamera des Mac durch die des iPhone zu ersetzen. So lässt sich nicht nur die manchmal schlechte Qualität der Mac-Kameras verstecken, sondern dank dieses Features können nun auch alle, die Macs ohne eigene Kamera nutzen, an Konferenzen teilnehmen.

Bei der Zusammenarbeit ist FaceTime ab sofort neben Nachrichten einer der möglichen Kommunikationskanäle.

Workshop: Die iPhone-Kamera für FaceTime-Gespräche am Mac nutzen

1. Kamera vom iPhone ausborgen

Im Videomenü können Sie das iPhone als alternative Bildquelle wählen. Dazu muss das iPhone ein XR oder neuer, mit derselben Apple-ID angemeldet und im WLAN erreichbar sein. Die Bildqualität wird dadurch meist sehr deutlich gesteigert.

2. Videoeffekte für Konferenzen

Im Kontrollzentrum stehen je nach iPhone-Modell verschiedene Effekte wie der Folgemodus oder sogar Lichtsimulationen zur Verfügung. Für den Folgemodus ist ein Ultraweitwinkel und die passende Montage des iPhone am Mac Voraussetzung.

3. Weitere Tabs einer Gruppe hinzufügen

Auch die Schreibtischansicht nutzt den Ultraweitwinkel und führt zu einer recht verzerrten Darstellung. Sie wird zu einem eigenen Fenster, das dann, wie jedes andere Fenster auch, mit anderen geteilt werden kann.

FaceTime wird mächtiger

Und man kommt in den Genuss von Features, die normalerweise nur mit anderen Geräten wie dem Studio Display oder neueren iPads möglich sind: Im Folgemodus, für den der Mac mindestens mit einem iPhone 11 verbunden sein muss, folgt der für das Gegenüber sichtbare Ausschnitt automatisch dem Gesicht. Die Ultraweitwinkelkamera dieser iPhone-Modelle ermöglicht zudem die Schreibtischansicht, die auch die Hände zeigt. Ab dem iPhone 12 kann sogar Studiobeleuchtung simuliert werden. Übrigens steht die Kamera-Übergabe auch anderen Konferenzsystemen als FaceTime zur Verfügung.

Handoff

Für Menschen, die neben einem Mac auch ein iPhone oder iPad besitzen, ist das Handoff-Feature interessant, das nun endlich auch mit FaceTime funktioniert. Sie können also ein Gespräch, das Sie auf einem Gerät begonnen haben, per Handoff auf einem anderen Gerät weiterführen. Ein unterwegs per iPhone begonnenes Gespräch önnen Sie zu Hause bequemer auf dem Mac fortsetzen, umgekehrt lassen sich Konferenzen ohne wirkliche Unterbrechung vom Mac aufs iPhone weiterreichen.

Das Praktische an diesem Feature ist übrigens, dass bei der Übergabe ein per Bluetooth verbundenes Headset gleich mit übergeben wird. So muss man sich keine Sorgen machen, dass der Ton unter der Übergabe leidet, und für das Gegenüber in der Konferenz ist die Kontinuität gewährleistet.

Gemeinsam arbeiten

Viel Wert legt Apple generell auf das gemeinsame Bearbeiten von Dokumenten und Informationen. In vielen Programmen wie denen der iWork-Familiekönnen Sie gemeinsam mit anderen arbeiten und sehen dabei, wer zurzeit was macht und welcher Teil des Dokuments gerade verändert wird.

Bislang sah Apple das Nachrichten-Programm als Möglichkeit vor, mit den anderen zu diskutieren, doch längst ist FaceTime als Diskussionskanal hinzugekommen. Eine FaceTime-Konferenz kommt mit einem Knopfdruck zustande und wird parallel zur Bearbeitung des Dokuments genutzt.

Workshop: Per Handoff Gespräche von einem Gerät zum anderen übergeben

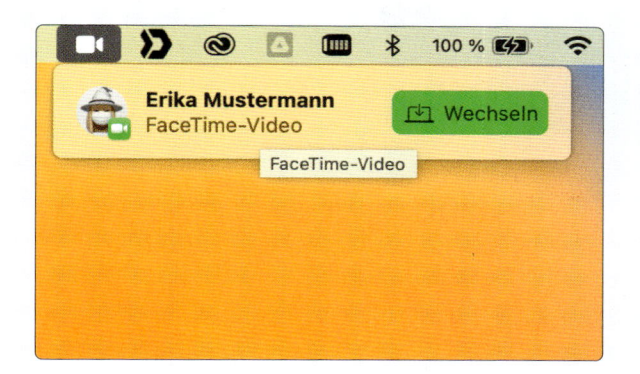

1 Konferenzen per Menü übernehmen
Führen Sie gerade ein FaceTime-Gespräch auf einem anderen Gerät wie beispielsweise einem iPhone, können Sie es am einfachsten mit dem FaceTime-Menü auf den Mac übernehmen. So sehen Sie auch sofort, ob der Mac bereit zur Übernahme ist.

2 Klassisches Handoff über das Dock
Alternativ lässt sich natürlich auch ganz klassisch Handoff über das Dock nutzen. Bluetooth-Headsets oder Airpods werden bei der Übernahme gleich mit vom iPhone auf den Mac umgemeldet, so dass der Ton nicht unterbrochen wird.

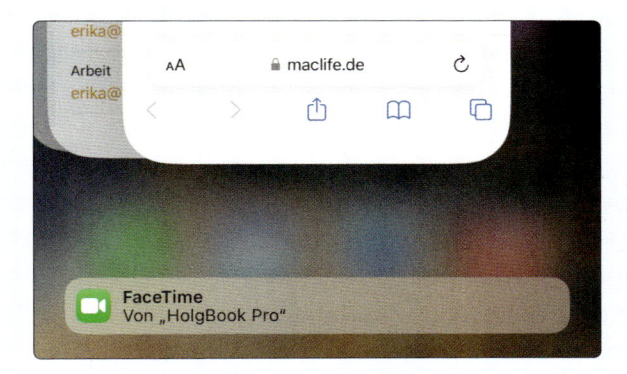

3 Übergabe an das iPhone oder iPad
Umgekehrt geht es natürlich auch und ganz klassisch über den App-Umschalter auf dem iPhone, wo alle Handoff-Möglichkeiten am unteren Rand angezeigt werden. Den App-Umschalter muss man leider dediziert aufrufen, um Handoff zu ermöglichen.

Das Musik-Programm konzentriert sich auf das Wesentliche und verwaltet nicht nur die eigene Musik-Sammlung auf der Festplatte, sondern auch den Zugang zum Streamingsdienst Apple Music

Musik mit und ohne Flatrate

Seit es iTunes unter macOS nicht mehr gibt, ist das Musik-Programm für alles zuständig, was mit Songs zu tun hat – und nur dafür, während sich iTunes früher auch noch um allerlei anderes kümmern musste und dadurch unübersichtlich war.

Wie auch das Gegenstück auf iPhone und iPad ist das Programm vor allem für Abonnenten des Apple-Music-Angebots gestaltet und bietet mit dem Streaming-Dienst alle Möglichkeiten, das üppige Angebot auszunutzen. Doch auch dann, wenn man kein Kunde von Apples Musik-Flatrate ist, verwaltet das Programm alles an Musik, was in Dateiform vorliegt.

Wer kein Abonnent von Apple Music oder dem Apple One-Kombiangebot ist, findet wie bisher alle Möglichkeiten, Songs im iTunes Store zu kaufen oder aus anderen Quellen ins Programm zu importieren. Musik lässt sich am einfachsten in Playlists organisieren, die sich dann sehr einfach aufrufen lassen. Auf Wunsch werden sowohl die Musik wie auch die Wiedergabelisten mit iPhones und iPads synchronisiert.

Wer Apple Music abonniert hat, bekommt allerdings etwas mehr zu sehen. Dazu gehören insbesondere die Empfehlungen unter dem Punkt „Jetzt hören", die auf den bislang gehörten Titeln basieren. Eine größere Bedeutung bekommt für Apple-Music-Nutzer naturgemäß auch die Suchfunktion, die recht zuverlässig nicht nur Interpreten und Titel, sondern sogar Textfragmente in Apples Songbibliothek findet.

Workshop: Songs in Playlists verwalten und Anzeige anpassen

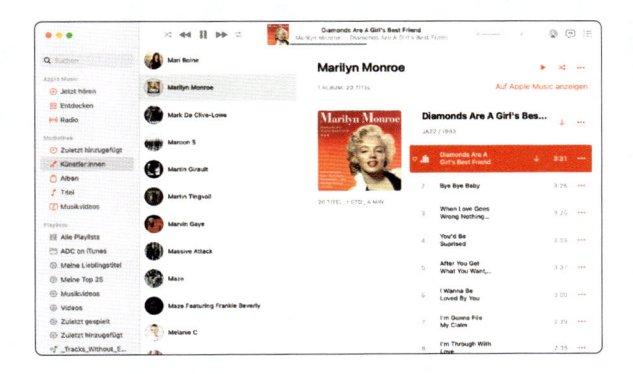

1 Grundansicht im Musik-Programm

Auf der linken Seite finden sich eigene Bereiche für Künstler, Wiedergabelisten, den iTunes Store und vieles mehr. Der Bereich Apple Music wird auch dann angezeigt, wenn man den Dienst nicht abonniert hat.

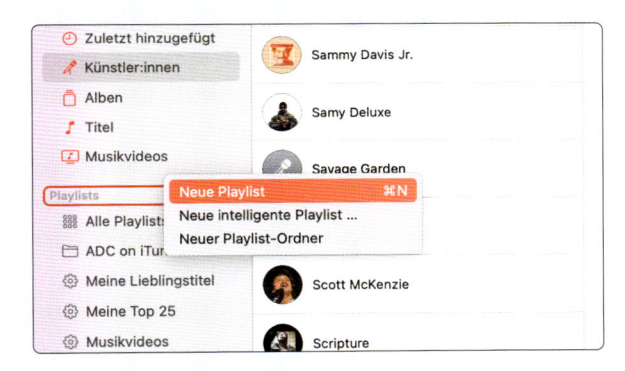

2 Playlists in Mediathek erzeugen

Wer seine Musik lokal auf dem Mac lagert und diese verwalten möchte, tut dies am besten in Playlists, die sich im Ablagemenü oder mit der rechten Maustaste und dem Kontextmenü sehr bequem erzeugen lassen.

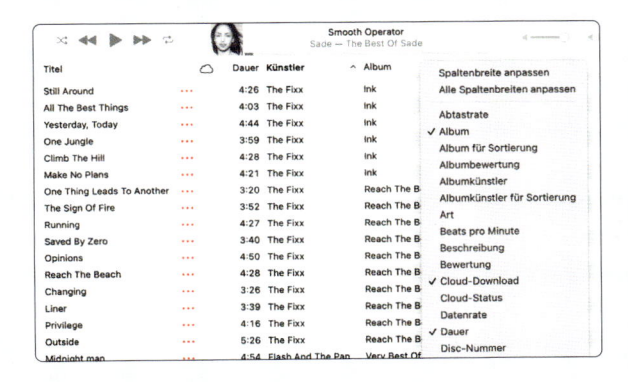

3 Angezeigte Infos anpassen

Die Titelansicht für Songs zeigt auf Wunsch fast so viele Einzelheiten wie die Detailansicht. Inhalt und Anzahl der Spalten lassen sich frei bestimmen, wenn man mit der rechten Maustaste in die Titelzeile klickt. Nach den Spalten darf man auch sortieren.

Musik mit und ohne Flatrate

139

Das TV-Programm konzentriert sich ganz auf Filme und Serien sowie auf alle bewegten Bilder, die früher mit iTunes verwaltet wurden.

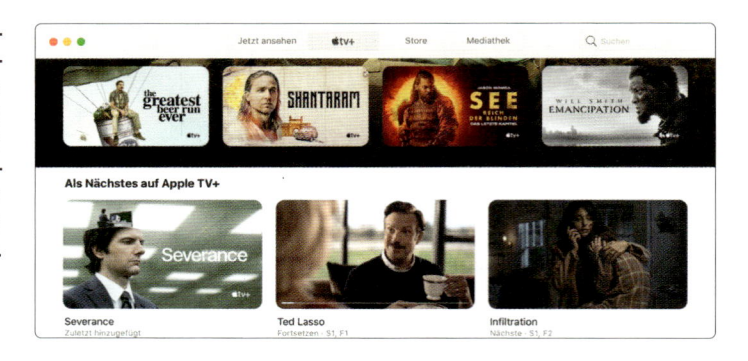

Fernsehen auf dem Mac

Früher war iTunes nicht nur für die Verwaltung der Musik, sondern auch der Filme am Mac und deren Synchronisation mit iPhone und iPad zuständig. Auf den mobilen Geräten gab es schon länger eine TV-App, die nicht nur die Mediathek verwaltet, sondern natürlich auch auf Apples Store verweist. Da Apple den Mac den mobilen Geräten in vielen Punkten angleicht, gibt es das TV-Programm aber längst auch auf dem Mac.

Der eigentliche Existenzgrund für das separate TV-Programm ist natürlich Apples TV+-Angebot, zu dem das Programm das Schaufenster auf dem Mac ist. Gegenstücke gibt es auch auf iPhone, iPad und nicht zuletzt dem Apple TV. Als Streaming-Anbieter mag Apple noch zu den kleineren gehören, konnte aber bereits Preise für selbst produzierte Serien einheimsen. Da Apple TV+ ein Teil des Apple One-Angebots ist, dürfte eine gewisse Verbreitung garantiert sein.

Doch auch ohne Abo bietet das Programm einen Blick auf das Angebot in Apples Store, wo man Filme und Serienfolgen kaufen oder leihen kann. TV ist aber nicht nur eine Verkaufsplattform, sondern verwaltet nach wie vor auch die vorhandenen Filme im Bereich „Mediathek". Wenn Filme auf dem Mac mit dem iPhone oder iPad synchronisiert werden sollen, muss man sie zunächst zur Mediathek des TV-Programms hinzufügen. Ganz so praktisch wie auf dem iPhone und iPad, wo die App auch auf Filme aus anderen Streaming-Apps verweist, ist die Mac-Variante zwar nicht, doch für Apples eigenen Dienst ist das Programm sehr nützlich.

Workshop: Film- und Serienangebote sichten und Filmmediathek verwalten

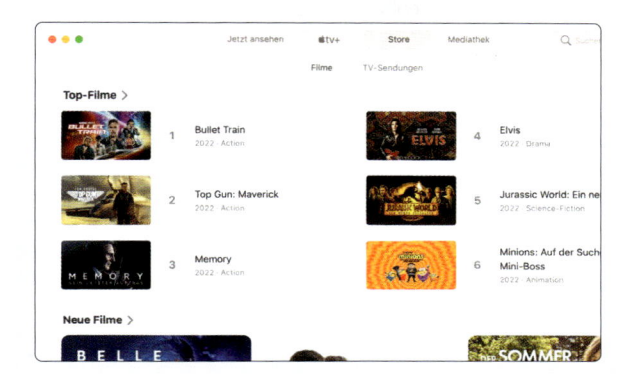

1 TV-Programm im Apple Store

Im Store sieht man zunächst vor allem Angebote aus Apples Store, die recht übersichtlich nach Filmen, TV-Sendungen und anderen Kategorien gegliedert sind. Auf dem Mac ist hier leider nur Apples eigenes Angebot zu sehen.

2 Details und Kosten für Filme

Die Detaildarstellung zeigt nicht nur die Kauf- und Leihmöglichkeiten, sondern auch Trailer, Darsteller, Informationen und Extras zu den einzelnen Filmen und Serienfolgen. Und man sieht die Kosten für den Verleih oder Kauf des Filmes.

3 Eigene Film-Mediathek verwalten

Im Mediathek-Bereich gibt es all die Filme und Beiträge, die man zuvor in iTunes verwaltet hat. Wie bisher wird nach Filmen, TV-Sendungen und eigenen Videos unterschieden. Einzig Musikvideos finden sich in der Musik-App.

Fernsehen auf dem Mac   141

Podcasts statt Radio

Eigentlich basieren Podcasts auf einer simplen Idee: Um auf iPods nicht nur Musik, sondern auch Wortsendungen speichern zu können, entstanden die Podcasts, die eigentlich Radio-Sendungen zum Mitnehmen sind. Mittlerweile gibt es längst ganz andere Möglichkeiten, doch noch immer schätzen viele die Beiträge sehr, die man im Gegensatz zu Filmen sehr gut nebenher konsumieren kann, beispielsweise via iPhone beim Joggen, aber auch am Rechner. Die Bedeutung von Podcasts ist zuletzt bedingt durch die Pandemie, über die es eine Vielzahl sehr informativer Beiträge gibt, stark gestiegen. Das eigene Programm für den Mac gibt es noch nicht so lange, aber es erweist sich als sehr praktisch für Leute, die sich neben der Arbeit weiterbilden wollen.

Das Angebot an Podcasts ist enorm groß. Eine riesige Zahl an Kanälen bieten meist wöchentlich neue Beiträge an, und hier wird wirklich für fast alle allgemeinen und speziellen Interessen etwas geboten. Oft erfährt man von Podcasts etwa über Webseiten, weshalb man auch übers Ablagemenü eine URL hinzufügen kann. Ansonsten sortiert Apple die Podcasts nach Kategorien und bietet zudem eine Suchfunktion. Hat man einen interessanten Kanal gefunden, können Sie das Programm neue Folgen automatisch per Abo laden lassen.

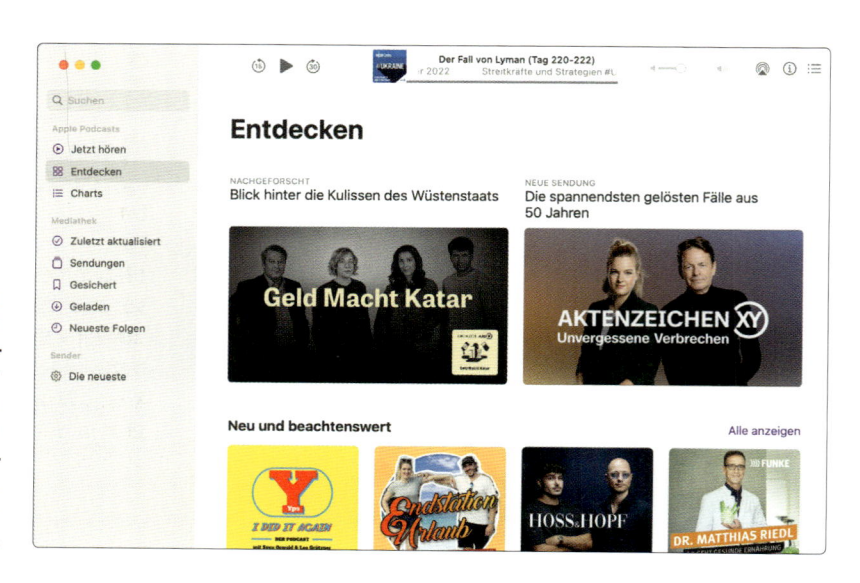

Die Bezeichnung Podcast deutet auf die längst vergangene Zeit der iPods hin, doch seitdem haben die Wortsendungen ihre treue Anhängerschaft bewahrt.

Workshop: Podcasts entdecken, abonnieren und wiedergeben

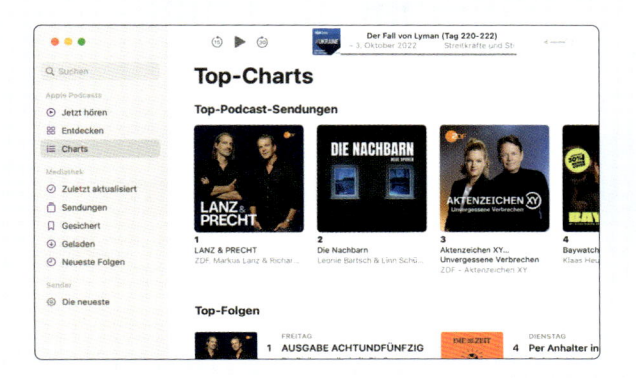

1 In den Podcasts stöbern

Das Angebot der Podcasts ist sehr gut nach Kategorien strukturiert. Einen guten Überblick erhält man auch in den Charts, wo alle Kategorien zu sehen sind und man nach Herzenslust stöbern kann. Ansonsten führt die Suchfunktion zum Ziel.

2 Detailansicht zu den Podcasts

In der Detailansicht bekommt man eine Beschreibung und Übersicht. Die Beiträge lassen sich direkt anhören, werden nach dem Klick auf „Abonnieren" aber auch automatisch geladen. Mit einem Abo werden zukünftige Beiträge automatisch geladen.

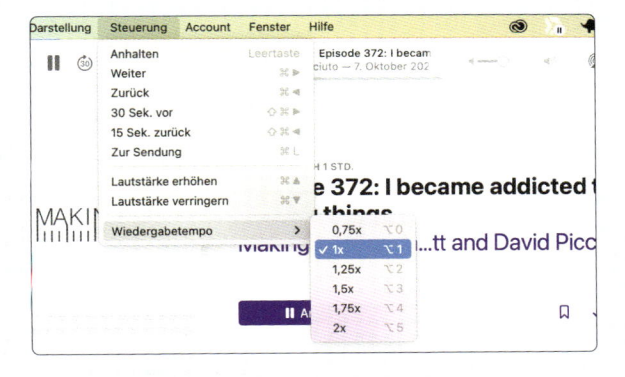

3 Optionen für die Wiedergabe

Da Podcasts in der Regel nur Wortbeiträge beinhalten und oft sehr lang sind, kann es sehr praktisch sein, die Wiedergabe etwas zu beschleunigen. Alternativ lassen sich kleine Zeitsprünge machen, die sich auch per Tastenkürzel auslösen lassen.

Wer seine Mediathek mit anderen teilt oder bei jemandem mitmachen darf, kann per Menü zwischen den Mediatheken auswählen.

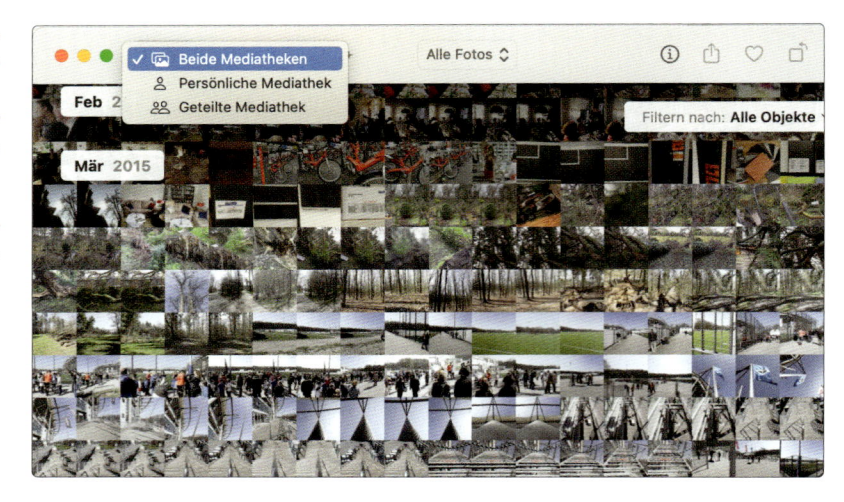

Fotos auf dem Mac

Dem Fotos-Programm kommt im Apple-Universum eine entscheidende Rolle zu, denn es verwaltet, bearbeitet und synchronisiert alle Bilder, die auf Macs, iPhones und iPads existieren. Apple führte immer mehr Werkzeuge und Möglichkeiten ein, um auch gehobenere Ansprüche für die Bearbeitung von Fotos und auch Videos auf Macs, iPhone und iPads gleichermaßen zu erfüllen. Man kann auch eine Bearbeitung beispielsweise auf einem mobilen Gerät beginnen und dann später auf dem Mac verfeinern oder umgekehrt.

Doch vor der Bearbeitung von Fotos kommt erstmal die Sichtung und Sortierung. Diese wird immer nötiger, denn da die meisten Leute ihre Kamera in Form des Smartphones immer in der Tasche haben und extrem viele Bilder damit schießen, ist die Flut von Aufnahmen enorm. Das Fotos-Programm bietet viele automatische Funktionen zum Vorsortieren der Aufnahmen. Dazu zählt, dass man in den Standardansichten der Foto-Mediathek keine Screenshots mehr findet und künstliche Intelligenz für eine Vorauswahl sorgt, bei der beispielsweise Bilder von Preisschildern automatisch weggelassen werden.

Die künstliche Intelligenz sorgt auch für eine automatische Analyse der Bilder, die laut Apple übrigens rein lokal auf dem Rechner stattfindet. Dabei werden beispielsweise Personen

Workshop: Fotos und Videos bearbeiten, wahlweise am Mac oder auf dem iPhone

1 Aufnahmen gekonnt bearbeiten

In der Einzelansicht eines Bildes kann man in den Bearbeiten-Modus wechseln, wo eine Vielzahl von Funktionen bereitstehen. Alle Bearbeitungen lassen sich später auch wieder rückgängig machen – und zwar auf allen Geräten, die die Fotomediathek nutzen.

2 Intelligentes Retuschewerkzeug

Das Retuschewerkzeug nutzt laut Apple künstliche Intelligenz, um kleine Defekte von Staub auf der Linse bis zu Löchern in der Wand wegzuretuschieren. Apple hat dieses Werkzeug immer weiter verbessert, so dass es sehr einfach zu benutzen ist.

3 Videos auf dem Mac bearbeiten

Früher ließen sich Videos innerhalb des Fotos-Programms auf dem Mac allenfalls etwas kürzen, doch nun stehen fast alle Filter und Justiermöglichkeiten für Belichtung, Farben und vieles mehr zur Verfügung. Die Berechnung erfolgt sehr schnell.

Fotos auf dem Mac

erkannt, aber auch Gegenstände, Tiere, Aufnahmesituationen und vieles mehr. So kann man beispielsweise später seine Bilder nach Begriffen wie „Hund" oder „Sonnenuntergang" durchsuchen, was durchaus praktisch sein kann. Auch Schrift und sogar Handschrift wird in Bildern erkannt.

Sehr praktisch ist das neue Album für Duplikate, das automatisch erscheint. Die maschinelle Intelligenz durchsucht dazu im Hintergrund die Bilddatenbank nach Dubletten und zeigt diese an. Beim optionalen Zusammenführen bleiben Metadaten und Bearbeitungen so weit wie irgend möglich erhalten.

Bilder besser bearbeiten

Für die Bearbeitung von Bildern ist mittlerweile alles da, für die regelrechte Manipulation und Montage, die beispielsweise Ebenen-Operationen erfordern würde, dagegen nicht. Dafür zeigt Fotos aber nur Werkzeuge, die man für die grundlegende Bearbeitung auch benötigt. Waren die Bearbeitungsmöglichkeiten am Anfang noch dürftig, lassen sie nun kaum etwas vermissen.

Wer viele Bilder in immer dergleichen Aufnahmesituation macht, wird diese sehr wahrscheinlich auch mit beinahe den gleichen Einstellungen bearbeiten wollen. Dazu lassen sich Änderungen von einem Bild endlich auf andere übertragen. Zwar müssen die Bearbeitungsschritte des einen Bildes nicht automatisch für alle anderen passen, aber sie sind meist ein sehr guter Ausgangspunkt.

Was sich jeder gut überlegen muss, ist die Auslagerung der Fotos in die iCloud-Fotomediathek. Praktisch ist diese, weil so alle Bilder und Videos automatisch auf allen Macs, iPhones und iPads bereitstehen, man ein automatisches Backup seiner Medien hat und man den vor allem auf den mobilen Geräten kostbaren Speicherplatz einsparen kann. Doch man begibt sich auch in Abhängigkeit von Apple und muss oft viel iCloud-Speicher mieten, um alle Bilder unterzubekommen. Seit macOS Ventura darf man sogar seine iCloud-Mediathek ganz oder teilweise mit andereren teilen. So kann man dafür sorgen, dass beispielsweise auf Partys automatisch alle Bilder zusammengeführt werden, weil alle in die gleiche Mediathek hinein fotografieren. Auch das allerdings kostet denjenigen, der teilt, eine Menge Platz.

Workshop: Änderungen kopieren, Duplikate auflösen und Einstellungen überprüfen

1 Änderungen von Bild zu Bild übertragen

Über das Bild- oder Kontextmenü können Sie Einstellungen bei der Bildbearbeitung von einem Bild auf eines oder mehrere andere übertragen und dort als Ausgangspunkt nutzen. So können Sie viel Zeit bei der Bearbeitung von Serien sparen.

2 Duplikate erkennen und beseitigen

Das Album für Duplikate ist neu und füllt sich nach dem Update durch Analyse der künstlichen Intelligenz auf dem Mac auf. Beim Zusammenführen von Duplikaten bleiben so viel Metadaten und Bearbeitungen wie möglich erhalten.

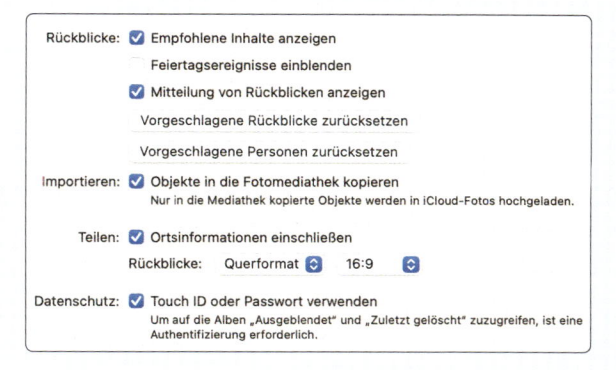

3 Alben für gelöschte Bilder schützen

In den Einstellungen können Sie dafür sorgen, dass die Alben mit gelöschten und ausgeblendeten Bildern automatisch geschützt werden. So kann niemand diese Alben einsehen. Außerdem lassen sich Rückblicke besser ignorieren.

Fotos auf dem Mac 147

Die Karten werden immer besser

Das Karten-Programm erweist sich auch auf dem Rechner als sehr praktisch, um mal kurz eine Adresse zu suchen. Und dabei ist das eigenständige Programm auch deutlich praktischer als irgendein Webdienst, der beispielsweise keine Routen per Handoff an das Smartphone übergeben kann. Zumal es deutlich praktischer ist, Routen am großen Bildschirm auf dem Mac zu planen und dann ans iPhone zu übergeben.

Seit der aktuellen Systemgeneration dürfen Routen nun endlich auch Zwischenstopps enthalten – zumindest dann, wenn man sie mit dem Auto abfährt. Bei ÖPNV-Verbindungen hingegen ermittelt Apples Kartendienst den zu zahlenden Tarif. Die Qualität der Karten selbst wird immer besser, die Karten werden detailreicher und enthalten auch Fahrspurinformationen für Autofahrer.

Das Problem des Karten-Programms sind eigentlich weniger die ständigen Innovationen als vielmehr die Tatsache, dass diese meist Jahre benötigen, bis auch Europa in ihren Genuss kommt. So dauerte es eine gefühlte Ewigkeit, bis die Karten-App auch hierzulande die Abfahrtszeiten des Nahverkehrs zeigte und die Schrägaufnahmen aus der Luft werden offenbar kaum mehr aktualisiert. Auch die schon vor langem angekündigte Navigation für Fahrräder ist in Deutschland noch immer nicht verfügbar. Immerhin das „Umsehen", also Straßenaufnahmen im Stil von Googles Street View, gibt es mittlerweile auch hierzulande in vielen großen Städten.

Das Karten-Programm kann bei Routen für Autofahrer nun auch Zwischenstopps einplanen. Apple reicht damit ein seit langem gefordertes Feature nach, das viele vermisst haben.

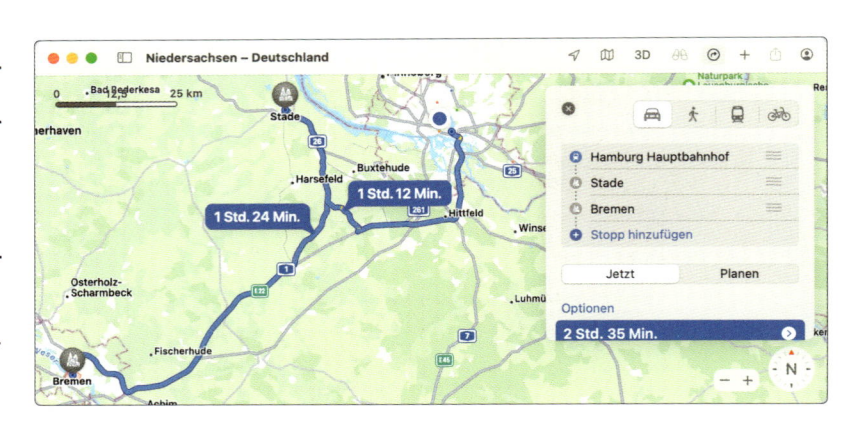

Workshop: Mehr Übersicht durch die Features des Karten-Programms

1 Die Kartenansichten effektiv nutzen

Die Kartenansicht „Erkunden" blendet Verkehrsinfos aus und zeigt mehr Namen, „Fahren" hingegen konzentriert sich auf die Straßen. ÖPNV zeigt vor allem Busse und Bahnen, während die Satellitenbilder in Städten oft schon zu detailreich sind.

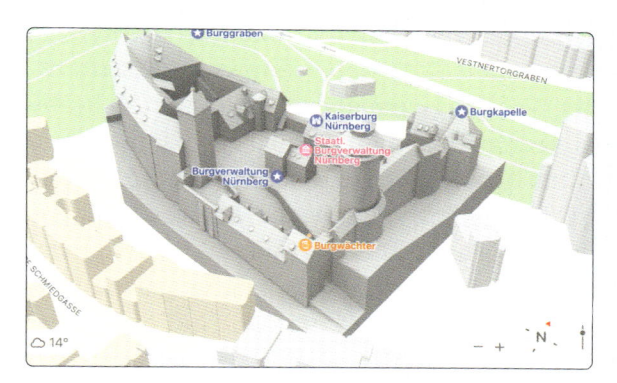

2 3D-Darstellung für Innenstädte

In der 3D-Ansicht ersetzen in größeren Städten 3D-Modelle die flachen Darstellungen. Dies betrifft aber selbst in großen Städten oft nur die Innenstädte und wenige, markante Bauwerke. Von einer flächendeckenden Darstellung bleiben wir weit entfernt.

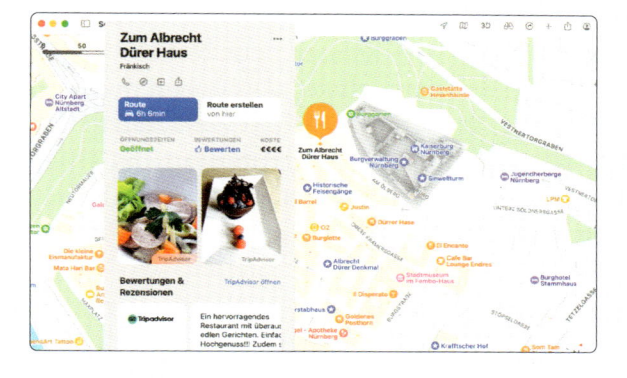

3 Neue Gestaltung für Infofenster

Die Infofenster zu bekannten Adressen sind sehr übersichtlich gestaltet und zeigen oftmals auch Öffnungszeiten, Kontaktdaten und Bewertungen von bekannten Anbietern wie Tripadvisor, Yelp oder Foursquare. Dazu kommen oft auch Preishinweise.

Die Karten werden immer besser

Für intelligente Ordner steht eine Vielzahl an Auswahlkriterien zur Verfügung. Beispielsweise können nur aktuelle Notizen oder nur solche mit Bildern im Anhang ausgewählt werden.

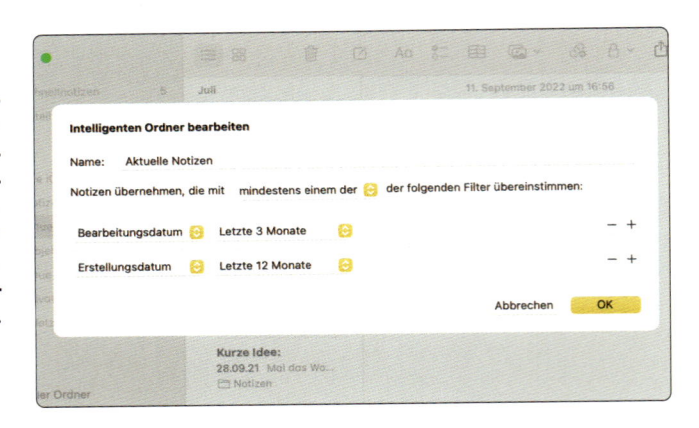

Praktische Notizen

Mit immer mehr neuen Features hat Apple es geschafft, alternative Notizsysteme weitgehend zu verdrängen – zumindest bei Menschen, die ausschließlich Apple-Geräte einsetzen. Es wird immer einfacher, Notizen zu erstellen, gemeinsam zu bearbeiten und so zu organisieren, dass man sie leicht wiederfinden kann.

Zu den größten Errungenschaften gehören die Schnellnotizen, die sich ganz einfach anlegen lassen, ohne das eigentliche Notizen-Programm vorher öffnen zu müssen. In der Systemeinstellung „Schreibtisch & Dock" lässt sich dafür sogar eine aktive Bildschirmecke definieren, in die man nur mit der Maus kommen muss, um eine Notiz zu erstellen. In den Einstellungen des Notizen-Programms können Sie bestimmen, ob dabei jedes Mal eine neue Notiz angelegt oder die bestehende erweitert wird. Auf diese Weise lassen sich extrem schnell neue Notizen anlegen.

Aber Notizen sind nur dann etwas wert, wenn man sie auch schnell wiederfindet. Dafür gibt es viele Werkzeuge: Tags im Social-Media-Stil eignen sich als Suchkriterium, außerdem lassen sich Notizen natürlich in Ordnern ablegen. Sehr praktisch sind intelligente Ordner, die beispielsweise nur neuere oder nur Notizen mit Anhängen anzeigen.

Und schließlich lassen sich Notizen mit anderen gemeinsam bearbeiten. In geteilten Notizen lassen sich andere mit einem @-Zeichen ansprechen, woraufhin diese informiert werden. Zu jeder geteilten Notiz lässt sich eine Aktivitätsliste einblenden.

Workshop: Schnellnotizen anlegen, Aktivitäten zeigen und Tags nutzen

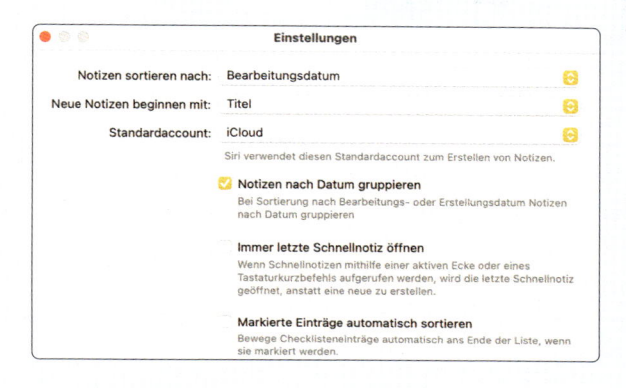

1 Schnellnotizen sind einfach praktisch

Schnellnotizen lassen sich durch einen Klick in eine Bildschirmecke sehr schnell anlegen. Die Einstellungen des Notizen-Programms entscheiden darüber, ob dafür jedes Mal eine neue Notiz angelegt oder die letzte fortgesetzt wird.

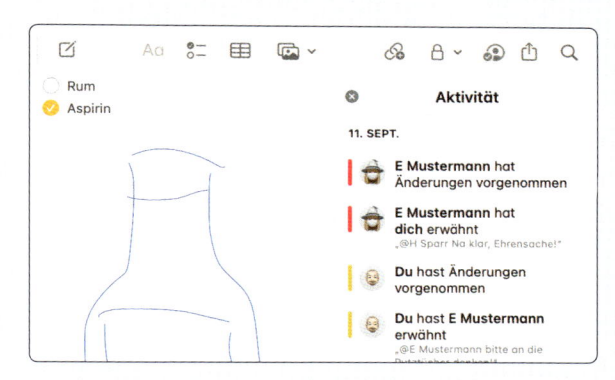

2 Erwähnungen in geteilten Notizen

In der Aktivitätsliste wird jede Änderung an geteilten Notizen gezeigt. Erwähnungen von Namen innerhalb der Notizen mit einem vorangestellten @-Zeichen führen zu direkten Mitteilungen bei der jeweiligen Zielperson.

3 Tags erleichtern die Suche nach Notizen

Wer sich viel in sozialen Medien herumtreibt, kennt das Erzeugen von Tags mit dem vorangestellten #-Zeichen. Tags bekommen einen eigenen Bereich in der Seitenleiste, was die Suche vereinfacht. Eine Übersicht der Tags findet sich im Hauptbereich.

Praktische Notizen

Erinnerungen als Alltagshelfer

Das Erinnerungssystem von Apple hilft dabei, den Alltag zu meistern, weil es Sie abhängig von Ort, Zeit oder anderen Auslösern an Wichtiges und auch Banales erinnert. Was das Konzept so genial macht, sind die diversen Auslöser, mit denen sich Erinnerungen triggern lassen. Das können Zeiten, Orte, Kontakte oder andere Ereignisse sein.

Die ortsbasierten Auslöser funktionieren natürlich vorrangig dann, wenn man ein iPhone mit seinem GPS-Empfänger benutzt. Zudem hat man das kleine Smartphone immer immer in der Tasche, wo man jede Erinnerung mitbekommt. Doch auch am Mac macht das Programm sich schnell bezahlt, beispielsweise bei Zeit-basierten Erinnerungen. Hier wird auch der Unterschied zu Terminen deutlich, denn Erinnerungen haben keine Dauer, sondern betreffen eher kurze Ereignisse wie beispielsweise kurze Anrufe, die man erledigen muss. Das klappt umso besser, seit das Programm Erinnerungen nach Zeiten sortiert, so dass Sie auf den ersten Blick sehen, was als vorrangig erledigt werden muss. Zudem lassen sich Listen nun im oberen Bereich anheften.

Was Erinnerungen außerdem sehr praktisch macht, ist die Möglichkeit zur Zusammenarbeit, denn Erinnerungen, aber auch ganze Listen lassen sich mit anderen iCloud-Teilnehmern gemeinsam nutzen. Dabei lassen sich Erinnerungen an Tätigkeiten einzelnen Leuten zuweisen.

Wie so oft liegt es am Anwender, was er aus den Möglichkeiten des Erinnerungs-Programms macht. Für die kleinen Dinge des Alltags ist das Programm eine großartige Hilfe.

Workshop: Erinnerungen zeitlich darstellen und in Listen mit Vorlagen organisieren

1 Erinnerungen nach Tageszeit sortiert

Die Liste der Erinnerungen für den aktuellen Tag wird nun nach Tageszeiten strukturiert und ist damit deutlich übersichtlicher. Auch die geplanten Erinnerungen werden jetzt zeitlich sortiert. So sieht man auf den ersten Blick, was zuerst erledigt werden sollte.

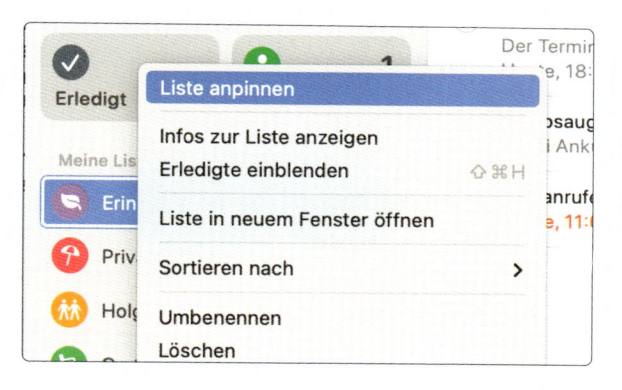

2 Listen im oberen Bereich anzeigen

Über das Kontextmenü lässt sich jede Liste „anpinnen", also im oberen Bereich gemeinsam mit den automatisch generierten Listen für heutige, geplante oder zugewiesene Listen anzeigen. Diese Vorgehensweise bietet sich für wichtige Inhalte an.

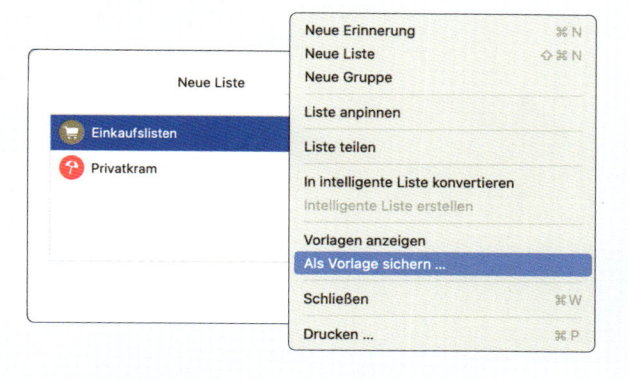

3 Intelligente Listen verwalten

Über das Ablage-Menü lassen sich Erinnerungslisten als Vorlagen sichern. Beim Anlegen einer neuen Liste dürfen Sie auf diese Vorlagen zurückgreifen und sparen so Zeit. Vorlagen bieten sich nur für wenige Erinnerungsarten wie etwa Einkaufslisten an.

Erinnerungen als Alltagshelfer

Home macht das Zuhause smart

Das Home-Programm kam erst relativ spät als Portierung vom iPad auf den Mac, doch es hat sich längst bewährt. Denn auch am Schreibtisch ist es eine gute Steuerzentrale, um Lichter, Kameras, Heizungen, Lautsprecher und vieles mehr zu bedienen.

Zudem profitiert es von einer neuen Gestaltung. Die Seitenleiste zeigt Kategorien und Räume, das Hauptfenster präsentiert eine Übersicht im Kachelstil. Die Kategorien sortieren die verschiedenen Geräte des smarten Zuhauses nach ihrem Einsatzzweck. Dabei sind stets nur Rubriken zu sehen, für die man auch Geräte angemeldet hat. Diese Kategorien umfassen Lichtquellen, Klima, Sicherheit, Lautsprecher und Fernseher sowie Geräte, die mit Wasser zu tun haben.

Überwachen und konfigurieren lassen sich auch Sicherheitskameras, die ebenfalls auf der Übersichtsseite erscheinen. Um wirklich bewegte Bilder von Einbrechern aufzuzeichnen, ist allerdings ein kostenpflichtiges Abo von iCloud+ notwendig.

Die Home-App bietet eine einheitliche Bedienung für Smarthomegeräte unterschiedlichster Hersteller. Aber bislang kochen die Unternehmen vor allem bei der Hardware oft ihr eigenes Süppchen, sodass sie nicht direkt miteinander kommunizieren kann. Ändern soll das in Zukunft der Matter-Standard, bei dem auch Apple mitmacht und zudem das Home-Programm in macOS Ventura bereits kompatibel ist.

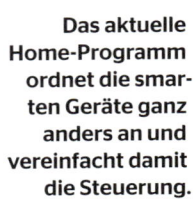

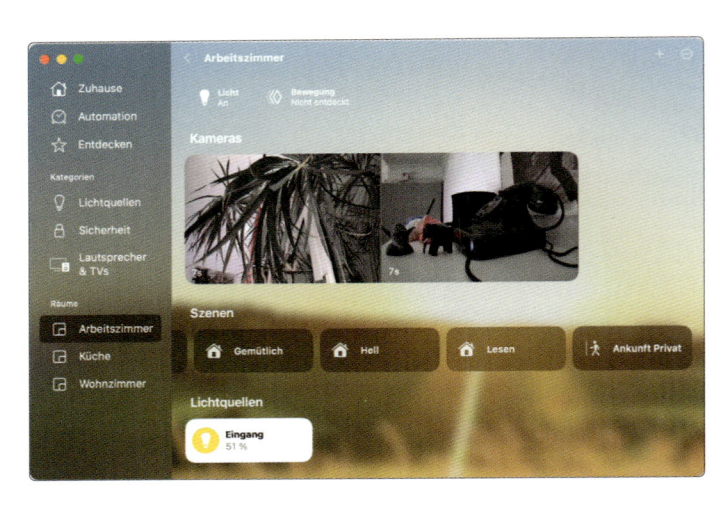

Das aktuelle Home-Programm ordnet die smarten Geräte ganz anders an und vereinfacht damit die Steuerung.

Workshop: Die Möglichkeiten des Home-Programms optimal nutzen und anpassen

1 Die Kategorien zur Gliederung nutzen

Das Design des Home-Programms zeigt sowohl in der Seitenleiste als auch über Symbole am oberen Rand Kategorien. Es werden nur solche gezeigt, für die es auch Geräte gibt. Die Kategorien gliedern die Geräte nach ihrer Verwendung.

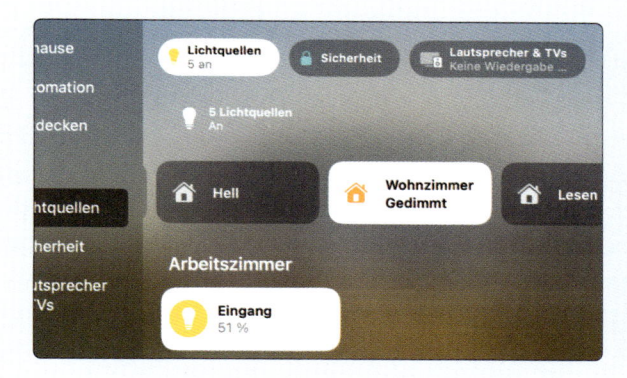

2 Einzelne Kategorien zeigen und steuern

Ein Klick auf eine der Kategorien, wie hier die Lichtquellen, präsentiert die zugehörigen Geräte und Einstellungen. Die einzelnen Geräte lassen sich dann über simple Mausklicks steuern. Innerhalb der Kategorien werden die Geräte nach Räumen gegliedert.

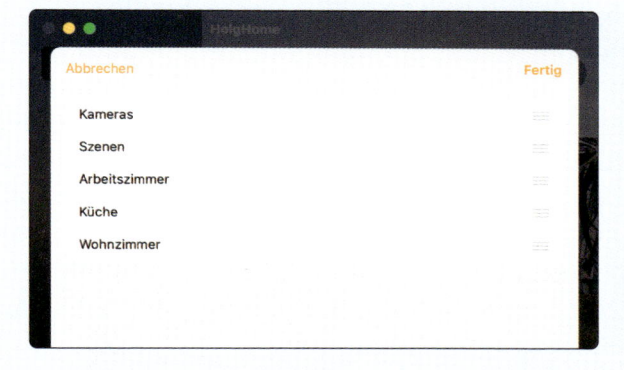

3 Sortierung für Übersichtsseite

Ganz oben rechts in der Statusleiste des Home-Fensters finden Sie im Menü mit den drei Punkten auch die Möglichkeit, die einzelnen Bereiche in der Übersicht neu anzuordnen. So lässt sich die Anzeige sehr gut den eigenen Vorstellungen anpassen.

Home macht das Zuhause smart

Die vermutlich einfachste Möglichkeit zum Aufruf von Kurzbefehlen ist die Menüleiste. Für Kurzbefehle wird hier ein Submenü erzeugt, das kaum Platz einnimmt.

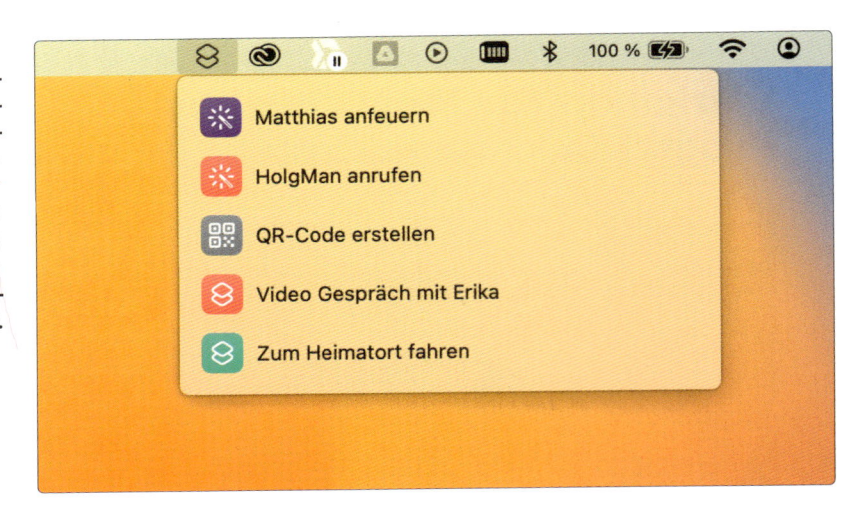

Kurzbefehle für den Mac

Die Automatisierung von Arbeitsabläufen ist für Apple immer wieder ein Thema gewesen: AppleScript ist als regelrechte Programmiersprache für einfache Aufgaben schlicht überqualifiziert. Also stellte Apple dem mächtigen Tool mit dem Automator-Programm eine simple Lösung zur Seite, die sich aber nie so richtig durchzusetzen vermochte und ebenso wie AppleScript kaum noch gepflegt wurde.

Auf dem iPhone und iPad kam dann allerdings mit der App „Kurzbefehle" eine Alternative, die so leicht zu bedienen ist, dass es selbst mit den begrenzten Ressourcen des Mobiltelefons sehr einfach ist, eigene Arbeitsabläufe zu entwickeln.

Kurzfristig sollen Automator und Kurzbefehle zwar parallel existieren, doch auf Dauer wird der Automator verschwinden - vorhandene Aktionen lassen sich zu Kurzbefehlen umwandeln.

Hinter Kurzbefehlen stecken Möglichkeiten, viele Standardprogramme wie Fotos oder den Kalender einzuspannen, abgefragte Werte oder Ergebnisse zu übergeben und so Programme zur Zusammenarbeit zu bewegen. Selbst programmieren ist dafür nicht nötig, denn die einzelnen Schritte muss man nur grafisch hintereinander anordnen.

Die Möglichkeiten sind ausgesprochen üppig, und es ist sinnvoll, sich erst mal gründlich im Angebot umzusehen. Ein guter

Workshop: Kurzbefehle in der Sammlung und Galerie erkunden

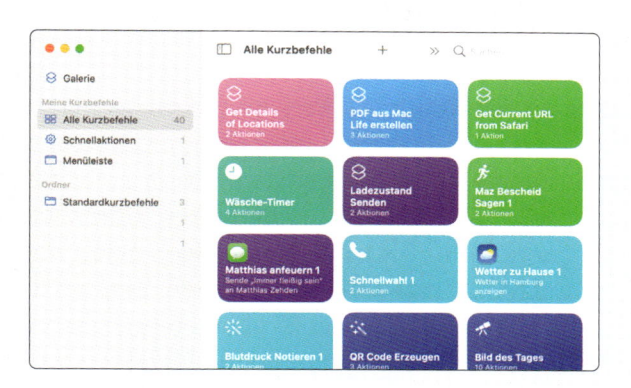

1 Alle Kurzbefehle in der Übersicht

In der Übersicht finden sich alle installierten Kurzbefehle – inklusive der vom iPhone oder iPad, die auf dem mac nicht immer sinnvoll sind. Für Schnellaktionen mit Dateien und Befehle in der Menüleiste gibt es eigene Bereiche in der Seitenleiste.

2 Kurzbefehle in der Galerie ansehen

Der Galeriebereich zeigt Kurzbefehle, die Apple anbietet, thematisch sortiert. Auch hier finden sich Befehle für Macs und mobile Geräte munter durcheinander gewürfelt. Alle Befehle aus der Galerie können als Basis für eigene Ideen genutzt werden.

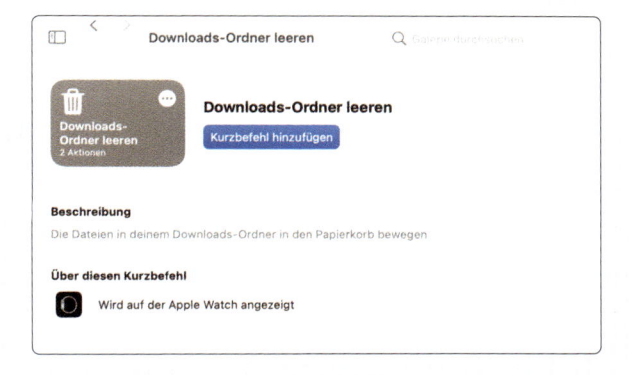

3 Beschreibung von Kurzbefehlen

Alle Befehle in der Galerie haben eine kurze Beschreibung und lassen sich herunterladen. Apple nennt auch Einschränkungen und Features wie die Kompatibilität mit der Apple Watch. Nicht alle Kurzbefehle laufen auf allen Geräten.

Anlaufpunkt dafür ist die Galerie, die eine große Zahl von Aktionen zeigt, die Apple zusammengestellt hat. Diese Beispiele sollte man sich anschauen, um eine Idee für die Möglichkeiten und Grenzen von Kurzbefehlen zu bekommen.

Eigene Kurzbefehle

Wer mit einem weißen Blatt startet, findet die verfügbaren Befehle entweder nach Kategorien oder Programmen sortiert. Alternativ lohnt es sich immer, die Suchfunktion zu bemühen, zumal sich manche Möglichkeiten gut verstecken. Unter den vordefinierten Skripten finden sich beispielsweise auch Ablaufbefehle wie „Wenn, dann …" oder Wiederholungen. Ergebnisse lassen sich direkt an den nächsten Befehl übergeben und in Variablen speichern. Die sich daraus ergebenden Möglichkeiten sind enorm und erschließen sich letzlich erst bei längerer Beschäftigung mit den Befehlen.

Kurzbefehle lassen sich natürlich aus dem Kurzbefehle-Programm aufrufen, wo sie ein großes Icon in der Galerie bekommen. Doch über die Einstellungen gibt es noch weitere Möglichkeiten: Kurzbefehle lassen sich über ein Submenü in der Menüleiste aufrufen, was letztlich die einfachste Möglichkeit ist. Macht man den Kurzbefehl zur „Schnellaktion", lässt er sich mit der rechten Maustaste im Finder, über die Touchbar entsprechend ausgestatteter MacBooks oder über das Dienste-Menü aufrufen. Diese Aufrufmöglichkeiten sind vornehmlich für den Fall gedacht, dass Dateien übergeben werden. Was nicht geht, ist das Erzeugen eines Programmsymbols oder der direkte Aufruf aus dem Dock. Letzteres geht nur indirekt über das Kurzbefehle-Programm, was kein würdiger Ersatz ist.

Dem Kurzbefehle-Programm merkt man derzeit die Abstammung vom iOS noch deutlich an, denn steuerbar sind vornehmlich Programme, die ein Pendant auf dem iPhone oder iPad haben. Die Leistungsfähigkeit des Automators erreichen die für den Mac neuen Kurzbefehle noch nicht, beispielsweise gibt es keine Entsprechung für die praktischen Ordneraktionen. Dafür ist die Bedienung des Kurzbefehle-Programms deutlich zugänglicher, was vielleicht der entscheidende Vorteil des neuen Programms ist.

Workshop: Kurzbefehle selbst aus Einzelschritten zusammenstellen

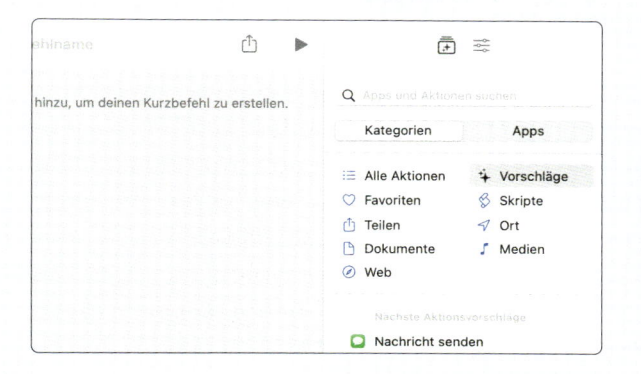

1 Mit leerer Schrittliste beginnen
Um einen neuen Kurzbefehl zusammenzustellen, lassen sich einzelne Aktionen von der rechten Seitenleiste ins Hauptfenster ziehen. Ergebnisse einer Aktion werden an die nächste übergeben, so dass einzelne Schritt aufeinander aufbauen.

2 Kurzbefehl zusammenstellen
Im Bereich „Apps" finden sich Aktionen nach Programmen sortiert. Dabei gibt es bisher nur wenige Mac-Spezialitäten, beispielsweise die Aktionen, die der Finder bereitstellt. Viele Befehle funktionieren aber auf allen Geräten.

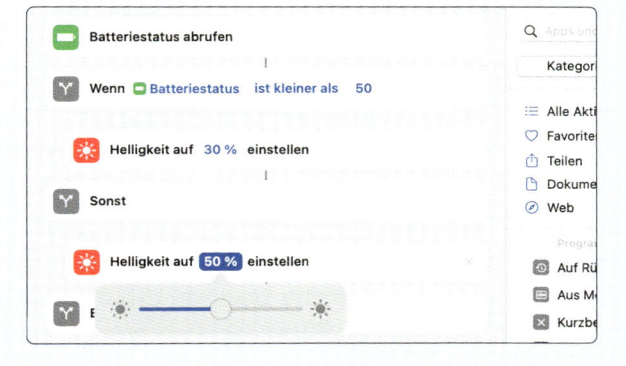

3 Einzelne Schritte definieren
Manche Aktionen lassen sich konfigurieren, zum Beispiel indem einzelne Datenbestandteile ausgewählt oder Werte eingestellt werden. Auch Verzeigungen und Schleifen sind möglich. So lassen sich Kurzbefehle Schritt für Schritt aufbauen.

> **Schach**
>
> Das einzige Spiel im Lieferumfang des macOS ist anspruchsvoll und lässt sich auch übers Netz spielen.

Noch mehr Programme

Auf den folgenden Seiten finden Sie alle Programme, die nicht an anderer Stelle in diesem Buch erwähnt wurden.

Kalender

Der Kalender gehört zu den „systemrelevanten" Tools, die sich Mac, iPhone und iPad teilen. Damit lassen sich auf dem Mac Termine anlegen, an die später das iPhone rechtzeitig erinnert. Wer die Adresse zu einem Termin angibt, bekommt aber auch eine Planung der Wegzeit und eine Routenplanung dazu. Wer Termine mit anderen plant, kann diese dazu einladen, was übrigens wegen des standardisierten Dateiformats dafür auch außerhalb der Apple-Welt möglich ist.

Bücher

Das Bücher-Programm ist für Apple natürlich vor allem ein Schaufenster in den eigenen Book Store, in dem Apple selbst E-Books verkauft. Doch neben den Büchern gibt es dort auch Hörbücher, zudem verwaltet das Programm auch PDFs, also beispielsweise die unvermeidlichen Bedienungsanleitungen für eigene Geräte. Interessant am Programm ist vor allem die Tatsache, dass Bücher, Lesezeichen und der Lesefortschritt zwischen Macs, iPhones und iPads abgeglichen werden.

Sprachmemos

Dass Apple die Sprachmemos vom iPhone und iPad auch auf den Mac gebracht hat, erweist sich als sehr praktisch. Denn da die Inhalte über iCloud zwischen den Geräten synchronisiert werden, lassen sich Notizen, Interviews und Protokolle, die mit dem iPhone aufgenommen wurden, bequem auf dem Mac abtippen. Weniger bekannt ist die Fähigkeit von Sprachmemos, Audiosignale auch in hoher, unkomprimierter Qualität aufzuzeichnen. Aber das Hauptaugenmerk liegt auf Gesprächsnotizen, in denen sich Stille automatisch überspringen lässt und die auf einfache Weise optimiert und bearbeitet werden können.

Auf dem Mac ist das Wetter-Programm ein Neuzugang, was Apple zum Anlasse für eine Umgestaltung nahm. Jede der Kacheln ist anklickbar und zeigt dann den Verlauf des Messwerts.

Wetter

Ein Neuzugang ist das Wetter-Programm, das Apple vom iPad portiert hat. Um auch auf dem Mac eine gute Darstellung zu bieten, hat Apple eine Kachel-Ansicht gewählt, die über jeden Ort eine Vielzahl von Daten preisgibt. Klickt man auf eine dieser Kacheln, zeigt das Programm noch mehr Details wie beispielsweise einen Trend. Die Kartendarstellung für die Niederschläge in Form eines Regenradars beinhaltet auch eine Vorhersage für die nächsten Stunden. Das Wetter-Programm ist auf dem Mac eine echte Bereicherung und besser gestaltet als die meisten Webseiten, die man bislang für Vorhersagen aufsuchen musste.

Rechner

Die Standarddarstellung des Rechners kennt jeder, doch sie ist eher simpel. Im Darstellungsmenü lässt sich der Rechner aber auf die wissenschaftliche Darstellung mit den üblichen Winkel- und Exponentialfunktionen oder auf die Programmierungsdarstellung einstellen, in der es jede Menge Operationen für die Programmentwicklung gibt. Auch die „umgekehrt polnische Notation" beherrscht das Programm, ebenso wie eine Vielzahl von Umrechnungsfunktionen für alle möglichen Einheiten und eine praktische Sprachausgabe. Eine Belegfunktion zeigt eine Art Papierstreifen. Sogar Währungen kann der

> **Lexikon**
>
> Im Lexikon kann man Begriffe nachschlagen und übersetzen lassen. Dazu werden von dem Programm Wikipedia und verschiedene andere Quellen wie beispielsweise auch der Duden angezapft.

> **Photo Booth**
>
> Das nur auf Macs mit Kameras verfügbare Programm unterstützt Selbstporträts mit Effekten.

Rechner konvertieren und lädt dazu die aktuellen Kurse aus dem Netz nach. Dieser Rechner kann mehr, als man ihm zutraut.

Kontakte

Das zentrale Adressbuch von macOS wird per iCloud zwischen Macs und iOS-Geräten synchronisiert, was es zu einem fast unentbehrlichen Helfer macht, weil man seine Kontakte auf allen Geräten zur Verfügung hat - egal auf welchem man sie eingibt. Und die Siri-Intelligenz sorgt dafür, dass Kontaktinformationen automatisch aus Mails, Terminanfragen und Ähnlichem ausgelesen werden. Wer auch mobile Geräte nutzt, kann auf dem Mac das eigene Adressbuch deutlich einfacher pflegen und vervollständigen. Gerade die Suche nach Dubletten, die nur auf dem Mac möglich ist, macht sich schnell bezahlt. Die Mac-Version kann außerdem Gruppen verwalten.

Vorschau

Das Vorschau-Programm wird oft unterschätzt: Es kann PDFs und Bilder nicht nur anzeigen, sondern auch mit Notizen oder Anmerkungen versehen und Seiten löschen oder neu zusammenstellen. Bilder lassen sich bearbeiten, skalieren und exportieren und Scanner. Auch seine Unterschrift darf man einlesen und damit Dokumente signieren.

Das Vorschau-Programm kennen viele nur als PDF-Leser, doch es kann auch Anmerkungen generieren und vorhandene Seiten neu anordnen.

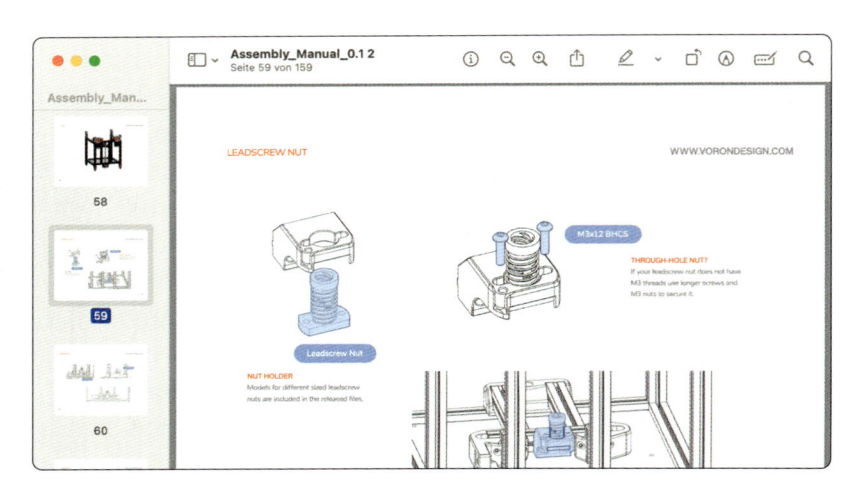

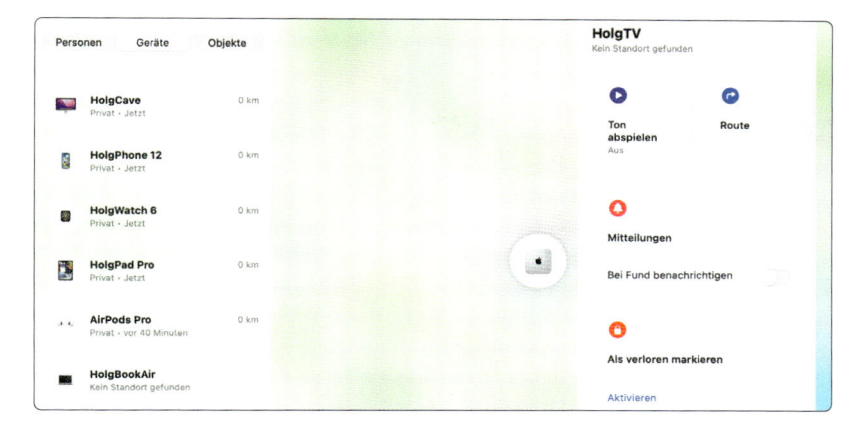

Über Wo ist lassen sich Personen, Geräte und Objekte lokalisieren. Personen müssen ihren Standort dafür freigeben, Geräte ebenfalls. Und hinter Objekten verbergen sich Apples AirTags.

Wo ist?

Personen, Geräte und Objekte lassen sich mit diesem Programm aufspüren. Personen können ihren Standort freigeben, sodass man sie anfragen kann, nur dann lassen sie sich orten. Geräte ermitteln per GPS ihren eigenen Standort oder den eines anderen Geräts in der Nähe. So lassen sich auch vergessene iPads oder AirPods wiederfinden. Und für alle anderen Objekte hat Apple die AirTags entwickelt, die sich in Portemonnaies, Satteltaschen oder Koffern verstecken lassen und die alle iPhones in der Nähe zum Übermitteln des Standorts verwenden. Macs können natürlich nichts selbst orten, aber sie können iPhones und andere Geräte zum Lokalisieren einspannen.

QuickTime Player

Der QuickTime Player ist schon seit einer gefühlten Ewigkeit Bestandteil aller Mac-Systeme und ein sehr universelles Werkzeug für digitale Filme. Die meisten kennen nur die Abspielmöglichkeit, doch auch das Beschneiden, Zusammenfügen und Konvertieren von Clips in andere Formate ist möglich. Wie von iOS her bekannt, kann die Wiedergabe in einem nicht überdeckbaren, eigenen Fenster stattfinden. Der QuickTime Player glänzt aber nicht nur bei der Wiedergabe, sondern auch bei der Analyse verwendeter Codecs und anderen Metadaten des Films.

Aktien

Das Aktien-Programm verfolgt Kursentwicklungen und zeigt Wirtschaftsnachrichten. Aber auch Währungen oder Edelmetalle lassen sich verfolgen.

TextEdit öffnet viele Textformate, zum Beispiel auch Word-Texte und kann diese auch konvertieren. Aber über die Einstellungen darf man auch festlegen, dass reine Texte erstellt werden.

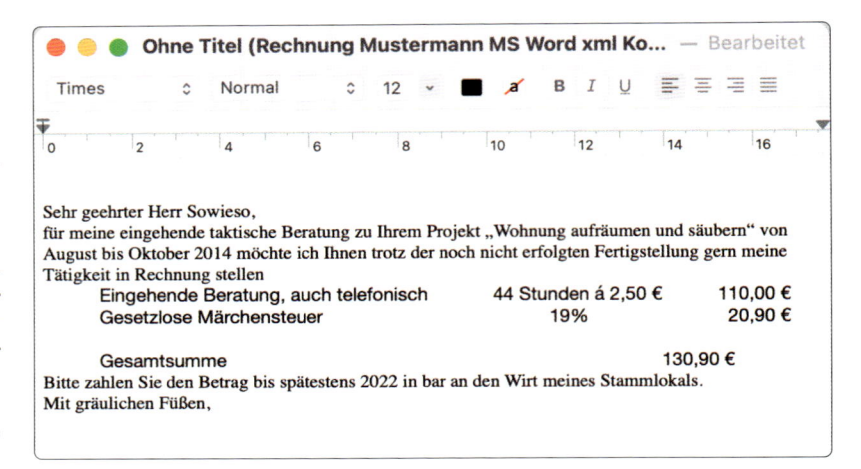

TextEdit

Auch TextEdit wird gern unterschätzt und für einen arg simplen Editor für reine Textdokumente gehalten, wie man ihn eigentlich nur für Quelltexte nutzen würde. Doch das Programm kann durchaus auch formatierte Texte erzeugen, in die dann sogar Bilder und Tabellen eingefügt werden können. Dabei stehen natürlich eine Rechtschreibprüfung, etliche Zeichensätze und viele andere Optionen zur Verfügung. Und TextEdit kann seine Dokumente nicht nur als Text, sondern auch als RTF, als HMTL-Datei oder in verschiedenen Microsoft-Word-Formaten speichern. Umgekehrt kann TextEdit aber auch Formatierungen löschen.

Schriftsammlung

Notizzettel

Notizzettel nutzt noch „gelbe Zettel" und ist als Vorläufer der Notizen-App erstaunlicherweise noch immer Bestandteil des Systems.

Schriftsammlung ist für die Verwaltung von Zeichensätzen zuständig. Öffnet man per Doppelklick eine Schriftdatei mit dem Finder, öffnet sich das Programm, das die Schrift wahlweise auf dem ganzen Rechner oder nur für den aktiven Benutzer installiert. Man kann Schriften in allerlei Größen auf dem Bildschirm darstellen, überprüfen und exportieren. Die Schriftsammlung hilft auch, korrupte oder doppelt installierte Schriften zu identifizieren und Probleme zu beseitigen. Schriften lassen sich zu Sammlungen zusammenfassen und deaktivieren. Intelligente Sammlungen zeigen nur Fonts mit bestimmten Eigenschaften.

Digitale Bilder

Über dieses Programm lassen sich Bilder von an den Mac angeschlossenen Kameras oder Scannern importieren und entweder in der Foto-Mediathek oder als Datei sichern. Die gleichen Funktionen findet man letztlich auch in Vorschau, doch das eigenständige Programm bietet einen geregelten Zugriff speziell auf die Scan-Fähigkeiten von Multifunktionsdruckern.

> **Launchpad**
>
> Das Launchpad zeigt alle installierten Programme als Icons, ähnlich wie das iOS.

Mission Control

Mission Control ist quasi der Vorläufer des Stage Manager. Das Programm zeigt wahlweise alle Fenster, alle Fenster eines Programms oder nur den Schreibtisch. Eigene Bildschirme („Spaces" genannt) zeigen Programme im Vollbildmodus oder können selbst mit einem oder mehreren Programmen gefüllt werden. Insgesamt ist Mission Control zwar mächtiger als Stage Manager, aber auch komplexer zu bedienen.

Uhr

Neu auf dem Mac ist das vom iPad übernommene Uhr-Programm. Es bietet alles, was man irgendwie mit der Zeit in Verbindung bringen würde, also neben der Weltuhr auch Wecker, Stoppuhr oder auch Timer. Speziell die Weltzeit wird sehr anschaulich inklusive der Tages- und Nachtgrenzen angezeigt.

Das Uhr-Programm ist auf dem Mac neu und bietet neben der Weltuhr auch Wecker, Timer und Stoppuhr.

Noch mehr Programme

Dienstprogramme

Die Programme, die man hauptsächlich zur Verwaltung des Rechners benötigt, legt Apple im Unterordner für Dienstprogramme ab. Manche davon benötigt man fast nur bei der Installation, manche aber immer wieder.

Das Dienstprogramm für Bildschirmfotos legt auch die Optionen wie Speicherort und dergleichen für Screenshots fest, die über die klassischen Tastenkombinationen ausgelöst werden.

Bildschirmfoto

Normalerweise macht man Bildschirmfotos per Tastenkombination, doch das Programm bietet deutlich mehr Möglichkeiten: So lassen sich alternative Speicherorte festlegen, zudem lässt sich die Auslösung verzögern, sodass man Zeit hat, Menüs zu öffnen oder andere Aktionen auszulösen. Und mit dem Bildschirmfoto-Dienstprogramm kann man auch Filme von seinem Bildschirminhalt anfertigen, was separate Tools überflüssig machen dürfte.

Schlüsselbundverwaltung

Im Schlüsselbund merkt sich das macOS die Passwörter und Zugangsdaten für alles Mögliche: Rechner, Server, Mail-Accounts und vieles mehr. Der Inhalt des Schlüsselbunds ist mit dem Anmeldepasswort verschlüsselt – was ein guter Grund dafür ist, sich für den Benutzer-Account ein möglichst starkes Passwort zu suchen. Außerdem lässt sich nicht nur der Zugang zu gesicherten Daten regeln, sondern man kann auch gesicherte Notizen im Schlüsselbund ablegen. So lassen sich auch Geheimnisse hinterlegen, die nichts mit dem macOS zu tun haben.

Festplattendienstprogramm

Mit diesem Programm können Sie interne und externe Speichermedien formatieren und partitionieren, also in Volumes einteilen. Dabei lässt sich das Dateisystem wählen, wobei neben verschiedenen Versionen des klassischen Mac-Dateisystems HFS auch das MS-DOS-Format FAT und Apples Dateisystem APFS zur Verfügung stehen. Die „Erste Hilfe"-Funktion sucht nach Fehlern – zum Beispiel in der Verzeichnisstruktur – und versucht, sie optional auch zu reparieren. Man kann hier auch die Struktur externer Platten einsehen. Was das Programm aber ebenfalls beherrscht, ist das Erzeugen und Managen von Image-Dateien, die praktisch sein können, um Dateien in einem mit Passwort verschlüsselten Image zu verpacken oder – falls Sie so etwas noch besitzen – ein Image für einen Brenner zu erzeugen.

Das Festplattendienstprogramm formatiert, partitioniert und verwaltet alle Arten von Festplatten, SSD-Speichern oder auch USB-Sticks.

Dienstprogramme 167

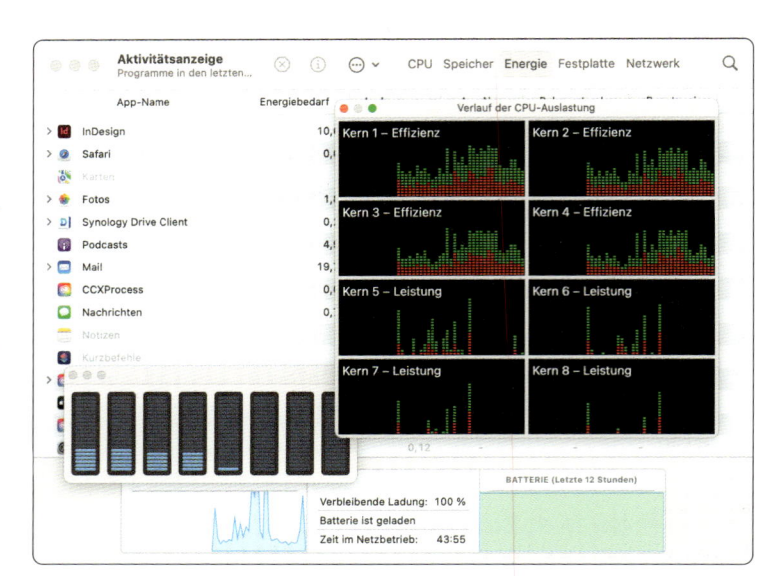

Die Aktivitätsanzeige zeigt, wie stark Programme und Prozesse die CPU und Grafik, die Platte, die Batterie und das Netzwerk belasten.

Aktivitätsanzeige

Die Aktivitätsanzeige kann hilfreich beim Aufspüren von Gründen dafür sein, dass der Mac lahm wirkt. Das Programm protokolliert und zeigt die Auslastung des Prozessors, des Speichers, der Energie, der Festplatte oder des Netzwerks an, wobei man die Anzeige beliebig sortieren darf. Aber Aktivitätsanzeige analysiert auch einzelne Apps oder Hintergrundprozesse, zeigt deren Ressourcenverbrauch detailliert an und kann sie beenden.

Normale Anwender sollten das Terminal nicht nutzen, denn hier gibt es kein Sicherheitsnetz, das Schaden verhindern würde.

Terminal

Wer sich nicht scheut, in die Tiefen des Unix-Kerns von macOS abzutauchen, kann dazu das Programm Terminal benutzen. Es stellt eine Kommandozeile zur Verfügung, in der Sie direkt Unix-Befehle eingeben können. Damit haben Sie – entsprechende Rechte vorausgesetzt – vollen Zugriff aufs System. Aber Vorsicht: Das Sicherheitsnetz, das normale macOS-Anwender vor Fehlbedienungen schützt, gibt es im Terminal nur bedingt, weshalb nur versierte Anwender:innen das Programm nutzen sollten.

Skript-Editor

Mit dem Skript-Editor lassen sich eigene AppleScripts erstellen. Als Sprache ist AppleScript extrem einfach zu lernen, aber dennoch sehr mächtig, weil sich viele Programme damit kontrolliert steuern lassen. Skripte können innerhalb des Editors laufen, aber auch eigenständige Programme mit Dialogen oder Ordneraktionen sein. Ob und wie weit sich ein Programm steuern lässt, kann man durch Anzeige des Funktionsverzeichnisses herausfinden. AppleScript-Programme sind zwar etwas anspruchsvoller als Automator-Aktionen, lassen sich aber recht gut nutzen, um die Möglichkeiten von Automator zu erweitern oder häufig wiederkehrende Aufgaben zu automatisieren. Neben AppleScript wird auch JavaScript als Sprache unterstützt.

```
            & (post_alert as text) buttons {"Set Prefs", "Done"} default button 2 with
                title "My File Processing Droplet"
        if the button returned of the result is "Set Prefs" then
            display dialog "Should this droplet post an alert dialog when items that are
                    not files are dragged onto it?" & return & return & "Current Status:
                    " & (post_alert as text) buttons {"No", "Yes"} default button
                    post_alert
            if the button returned of the result is "Yes" then
                set post_alert to "Yes"
            else
                set post_alert to "No"
            end if
        else
            return "done"
        end if
    end repeat
end run
```

Im Skript-Editor können Sie AppleScript-Programme erstellen, mit denen sich andere Programme und der Finder des Mac steuern lassen.

Dienstprogramme

169

Das ColorSync-Dienstprogramm zeigt und repariert nicht nur Profile, sondern es beherrscht auch das Erstellen von Filtern, die sich beispielsweise im Druckdialog aufrufen lassen.

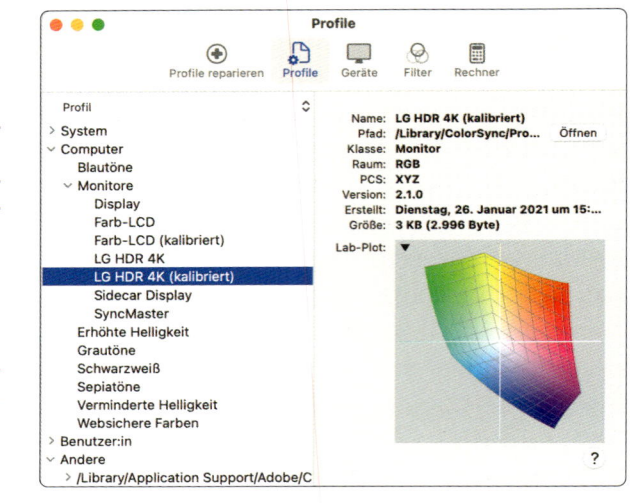

ColorSync-Dienstprogramm

Im professionellen Grafikbereich arbeitet man mit verschiedenen sogenannten Farbprofilen, um auf allen Ausgabegeräten eine möglichst einheitliche Farbdarstellung zu erreichen. Das ColorSync-Dienstprogramm verwaltet diese Farbprofile und ordnet sie bestimmten Monitoren, Scannern, Kameras und Druckern zu. Außerdem lassen sich damit defekte Profile reparieren. Und was nur wenige auf dem Zettel haben: Mit dem ColorSync-Dienstprogramm kann man auch Filter anlegen, die sich beispielsweise in Druckdialogen anwählen lassen und mit denen sich Bilder leicht bearbeiten, skalieren oder in der Farbwirkung verändern lassen. Das ist nicht nur für Grafiker:innen interessant.

Audio-MIDI-Setup

Mit Audio-MIDI-Setup lassen sich alle Arten von Lautsprechern, Mikrofonen und per MIDI angeschlossene Musikinstrumente konfigurieren. Wer für die Ein- und Ausgabe des Tons USB-Geräte benutzt, kann mit diesem Programm die Konfiguration durchführen und Sampling-Raten einstellen oder im Surround-System die Lautsprecher verteilen. Kurz gesagt: Was die Ton-Systemeinstellung nicht erledigen kann, klappt mit diesem kleinen Programm.

Grapher

Grapher erlaubt das Eingeben auch komplexer Gleichungen und bildet diese als zwei- oder dreidimensionale Grafen in einem Koordinatensystem ab. Auf Wunsch lassen sich diese Graphen animieren. Die in Grapher erstellten Gleichungen lassen sich auch in Dateien oder die Zwischenablage für die Verwendung in anderen Programmen exportieren. Als Formate stehen TIFF, PDF, EPS und TXT zur Verfügung.

Noch mehr Dienstprogramme

› Die **Konsole** zeigt die Unix-typischen Log-Dateien in epischer Breite an. In diese schwer verständlichen Dateien bringt das Programm immerhin ein klein wenig Ordnung.
› Wer einen der längst neu nicht mehr erhältlichen Airport-Router von Apple besitzt, kann ihn mit dem **Airport Dienstprogramm** konfigurieren.
› Über das Programm **Bluetooth Datenaustausch** lassen sich Daten in beide Richtungen mit Bluetooth-fähigen Geräten wie beispielsweise Handys oder Tablets austauschen.
› Mit dem Dienstprogramm **Digital Color Meter** kann man an beliebiger Stelle auf dem Schirm die Farbe aufnehmen und in beliebigen Farbräumen von RGB bis LAB anzeigen.
› Wer auf seinem Intel-Mac Windows installieren möchte, sollte den **Bootcamp-Assistenten** nutzen, der die Festplatte partitioniert und alle Treiber auf ein Wechselmedium kopiert. Auf Macs mit Apple-CPU fehlt dieses Programm.
› Voiceover ist für Sehbehinderte gedacht, spricht den Bildschirminhalt vor und steuert Braille-Tastaturen. Über das **Voiceover Dienstprogramm** gelingt die Konfiguration.
› Normalerweise nutzt man **Migrationsassistent** während der Systemeinrichtung. Mit dem praktischen Tool lassen sich Programme und Accounts von Benutzer:innen zwischen Rechnern übertragen oder aus Back-ups restaurieren.
› Die **Systeminformationen** listen alle Hard- und Softwarekomponenten des Macs auf. Das Programm ist auch deutlich einfacher über das Apfel-Menü („Über diesen Mac") zu erreichen, wenn sie [alt] drücken.

6

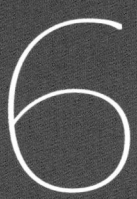

Weitere Apps

So gut und praktisch der prall gefüllte Ordner mit Programmen ist, so wenig reicht dessen Inhalt den meisten Anwendern zum Arbeiten. Doch für den Mac gibt es etliche Quellen für weitere Programme: Eine davon ist der App Store mit seinem riesigen Angebot. Eine gute Quelle ist darin auch Apple selbst mit den iWork- und iLife-Paketen, die aus kostenlosen, aber sehr nützlichen Programmen für die Standardaufgaben bestehen.

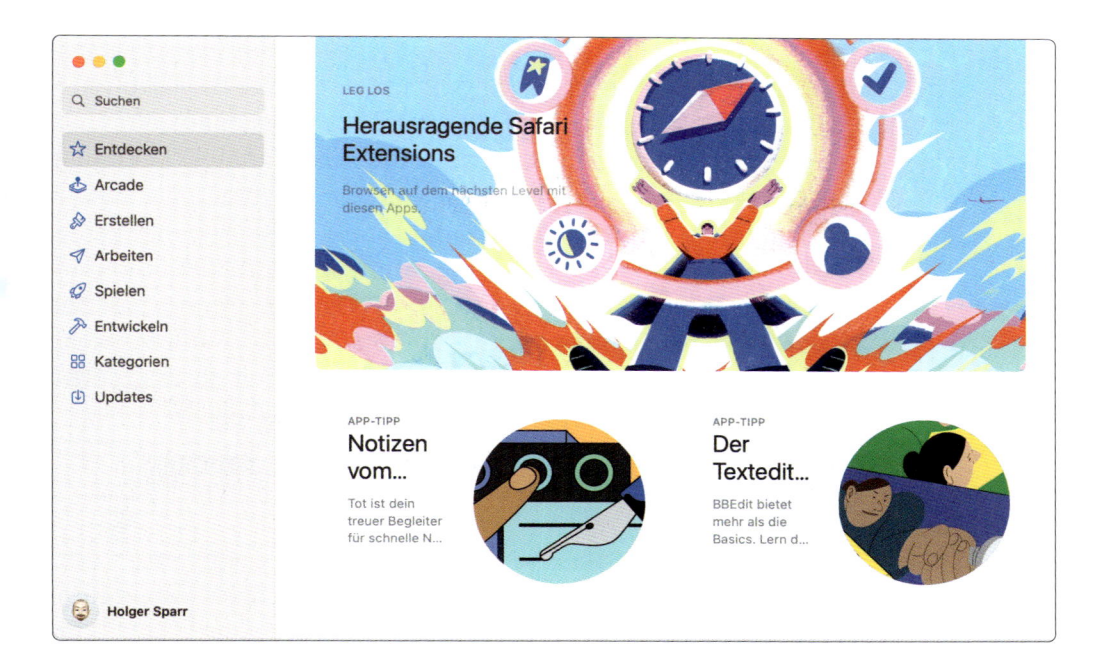

App Store mit Erlebnis-Shopping

Schon seit einer Weile bemüht sich Apple, den App Store für den Mac-Anwender immer interessanter zu machen. Während ihn bisher viele vermutlich nur gestartet haben, um zu schauen, ob es Updates für Systeme und Programme von Apple gibt, wirkt er mittlerweile durch die vielen Tipps deutlich interessanter.

Unter iOS ist der App Store das Tor zur Welt, denn alle Apps, die man irgendwie auf iPhone oder iPad installieren möchte, müssen zwangsweise über den App Store kommen. Auf dem Mac ist das vollkommen anders, denn hier installiert man seine Programme traditionell selbst und an Apple vorbei. Die Mac-Version des App Store gibt es schon länger, ist aber nur einer von vielen Wegen, Programme zu finden und zu installieren.

Vor- und Nachteile des Stores

Apples Motivation für den App Store muss man nicht weiter erklären: Die Firma bekommt einen ordentlichen Anteil an den Umsätzen. Aber es gibt auch für die Mac-Anwender einige Vorteile: Zum einen bietet der App Store eine Art Rundumsorglospaket, denn zahlen tut man über die mit der Apple ID verknüpfte Zahlungsmöglichkeit und nicht an jeden Hersteller einzeln. Und der App Store sorgt auch für automatische Updates. Leider ist nicht jeder Entwickler bereit, Apple einen Teil vom Umsatz abzugeben, und so kommt es auch, dass viele große Anbieter keine oder nur unwichtige Nebenprogramme im Store anbieten und die großen Umsatzträger lieber selbst verkaufen. Dennoch ist der App Store eine wichtige Adresse für Mac-Besitzer, denn er macht vor allem das Angebot der kleineren Anbieter, auf die man sonst nicht so leicht kommen würde, viel besser zugänglich.

Transparenz geht vor

Apple verpflichtet die Firmen im Store, recht detaillierte Angaben zum Datenschutz zu machen. Sie sollen sagen, ob sie Kontaktinfos, den Browser-Verlauf, persönliche Daten oder ähnliches abgreifen, und bekommt diese Informationen auf einfach verständliche Weise präsentiert. Es hat eine Weile gedauert, bis Apple diese Wünsche durchgedrückt hat, denn die Software-Fimen hätten ja immer die Möglichkeit gehabt, ihre Programme aus dem Store zu nehmen. Es lohnt sich aber stets, den Bereich „App-Datenschutz" genau anzusehen.

Redaktionelle Betreuung des Angebots

Da der Store einiges an Umsatz abwirft und Apple daran verdient, wundert es wenig, dass sich der Hersteller einige Mühe damit gibt. Früher gab es nur Charts für die einzelnen Kategorien, doch seit längerem gibt es auch Berichte über einzelne Apps oder Listen mit Tipps. Dazu ist natürlich eine redaktionelle Betreuung nötig, also Menschen, die sich mit dem Angebot im App Store auseinandersetzen, neue Apps ausprobieren, die Listen mit den Empfehlungen erstellen und die Berichte schreiben.

Dabei hat Apple glücklicherweise der Versuchung widerstanden, die iOS-Version des App Store einfach genau zu kopieren. Stattdessen gibt es ganz eigene Kategorien: In „Entdecken" stellt Apple die Highlights vor, dort sind auch die meisten redaktionellen Beiträge zu finden. Doch es gibt außerdem „Erstellen",

Workshop: Den App Store und seine Funktionen erkunden

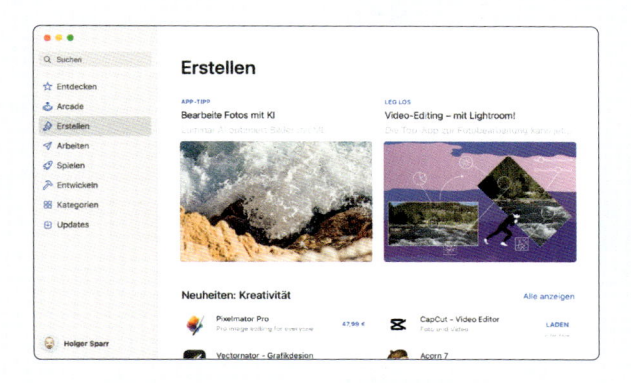

1 Die einzelnen Bereiche erkunden
Die Hauptbereiche werden redaktionell betreut und zeigen Listen, Einzelgeschichten und gut begründete Tipps der Redaktion. Dabei sind alle Programme gut in die Bereiche eingegliedert. Alternativ steht eine effiziente Suchfunktion zur Verfügung.

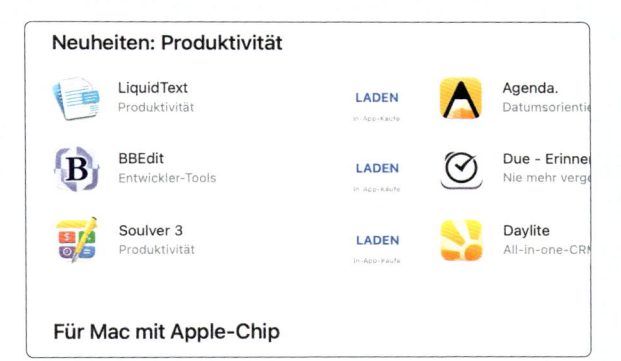

2 Listen mit Empfehlungen betrachten
Die vom App-Store-Team erstellten Listen enthalten neben populären Programmen der zugehörigen Kategorie auch Tipps der Redaktion, hinter denen sich oft neu hinzugekomme Programme verbergen.

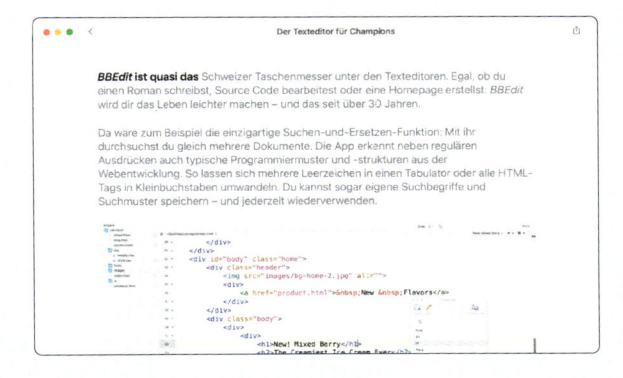

3 Essays erklären den Hintergrund
Zu manchen Programmen gibt es sogar längere Essays mit Illustrationen und Bildern. Ganz unabhängig ist Apples Team dabei aber auch nicht, denn der Vertreiber ist natürlich auch an guten Umsätzen mit den Apps interessiert.

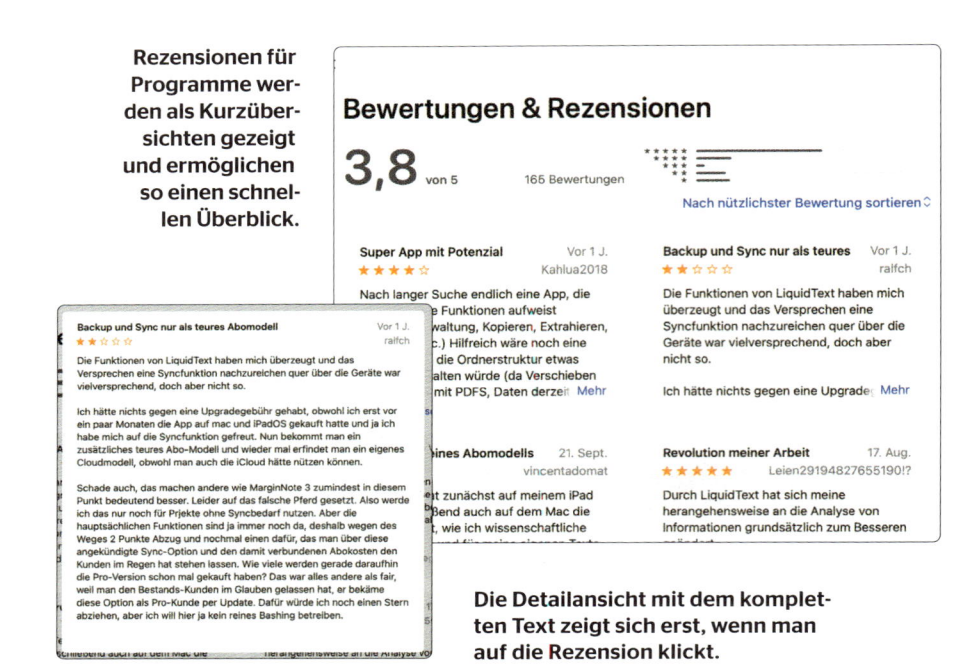

Rezensionen für Programme werden als Kurzübersichten gezeigt und ermöglichen so einen schnellen Überblick.

Die Detailansicht mit dem kompletten Text zeigt sich erst, wenn man auf die Rezension klickt.

„Arbeiten", „Spielen" und „Entwickeln". Dort sammelt Apple Empfehlungen für die entsprechenden Bereiche, und sie sind oft eine wahre Fundgrube für neue Programme, auf die man sonst kaum gestoßen wäre. Unter „Kategorien" finden sich die Apps hingegen wesentlich feiner unterteilt in mehr als 20 Kategorien, die teils Beiträge enthalten, oft aber vor allem die Charts der jeweiligen Kategorie. Findet man so nicht das Gesuchte, hilft wie zuvor die Suchfunktion.

Platz für Apple Arcade

Gerade bei den iOS-Apps ist es mittlerweile üblich geworden, die App selbst zu verschenken, aber mit In-App-Käufen und Abo-Modellen das Geld hinten herum wieder hereinzuholen. Als eine Art Gegenentwurf zu dieser Strategie hat Apple das Arcade-Abo für Spiele entwickelt, das außer auf dem Mac auch auf iPhone, iPad und Apple TV gilt und für fünf Euro monatlich oder als Teil von Apple One die Nutzung sämtlicher Games, die zum Dienst gehören, erlaubt. Es sind zwar nicht unbedingt die Top-Titel enthalten, dafür aber viele exklusive Spiele.

Workshop: Apps kaufen, Einkäufe ansehen und Einstellungen vornehmen

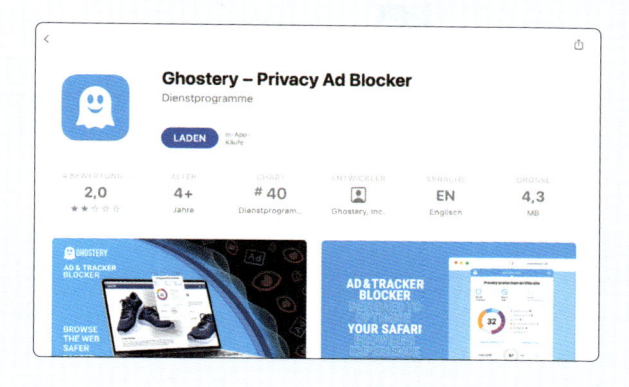

1 Programme direkt installieren

Hat man sich für den Kauf und die Installation eines Programms entschieden, lässt sich dies mit einem Mausklick installieren. Je nach Einstellung muss man sich dazu autorisieren und womöglich eine Zahlung bestätigen.

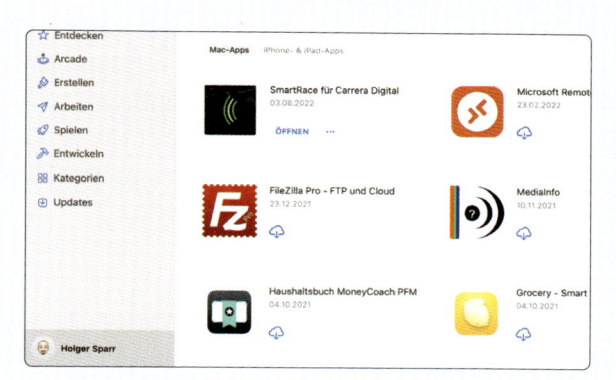

2 Frühere Einkäufe wiederfinden

Die eingekauften Apps finden sich, sobald man auf seinen Namen klickt. Dort bekommt man seine Einkäufe zu sehen und kann diese, falls man das Programm zwischendurch gelöscht hat, erneut installieren, ohne dafür wieder bezahlen zu müssen.

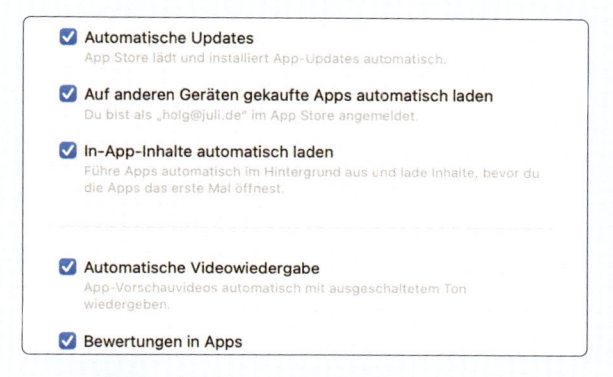

3 Die Einstellungen des App Store

In den Einstellungen des App Store darf man bestimmen, ob Updates automatisch geladen werden. Automatisch startende Videos und Bewertungsanfragen lassen sich abblocken, wenn man nicht belästigt werden möchte.

App Store mit Erlebnis-Shopping 177

Die kostenlosen Extras: iWork und iLife

Echtes Geld kann schon lange keiner mehr für Office-Programme verlangen. Textverarbeitung, Tabellenkalkulation und Präsentationsprogramme waren zwar einst teuer und für nicht wenige sogar der Anschaffungsgrund für einen Computer, doch heutzutage ist ein Office-Paket entweder für kleines Geld oder sogar kostenlos zu haben. Apple nutzt Pages, Numbers und Keynote als Marketing-Instrumente, die allen gratis zur Verfügung stehen, die einen Mac, ein iPad oder ein iPhone besitzen.

Und das ist das wohl wichtigste Argument für Apples iWork-Angebot: Pages, Numbers und Keynote gibt es auch für iOS und iPadOS, auch dort als kostenlose Downloads. Dokumente werden automatisch über die iCloud zwischen allen Geräten ausgetauscht. Die Programme können die Dateiformate von Microsoft Office ebenfalls öffnen und exportieren, und für den Austausch der Dateien kannst du natürlich auch jeden anderen Weg nutzen. Insgesamt gibt es angesichts der Apple-Programme wenig Gründe, zusätzlich in andere Office-Pakete zu investieren.

Fürs Hobby ist gesorgt

Als klassische Office-Anwendungen stehen die iWork-Programme natürlich für trockene Büroarbeit, was aber insofern täuscht, als Apples Versionen sehr gut zeigen, dass Büro-Programme auch

> **Zusammenarbeit**
>
> Alle iWork-Programme bieten per iCloud die Möglichkeit, gemeinsam das gleiche Dokument zu bearbeiten. Voraussetzung dafür ist nur, dass man das Dokument nicht auf einem lokalen Rechner speichert, sondern in der iCloud ablegt. Die Teamworker können auch iPhones und iPads nutzen.

Die Bearbeitung von Office-Dokumenten gelingt auch auf dem winzigen Display des iPhone erstaunlich gut.

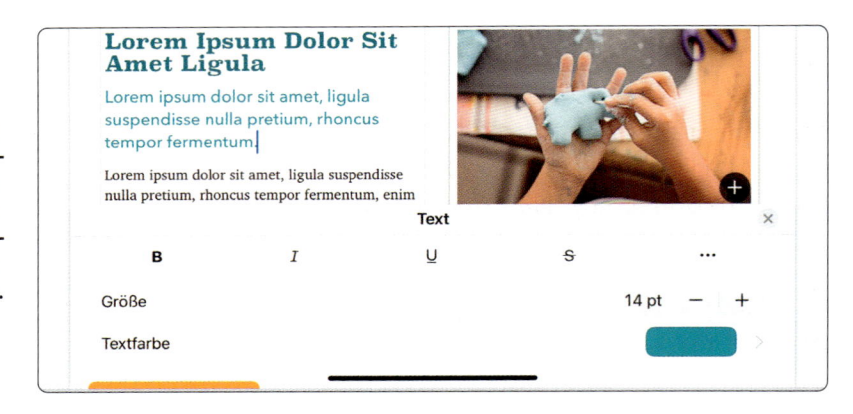

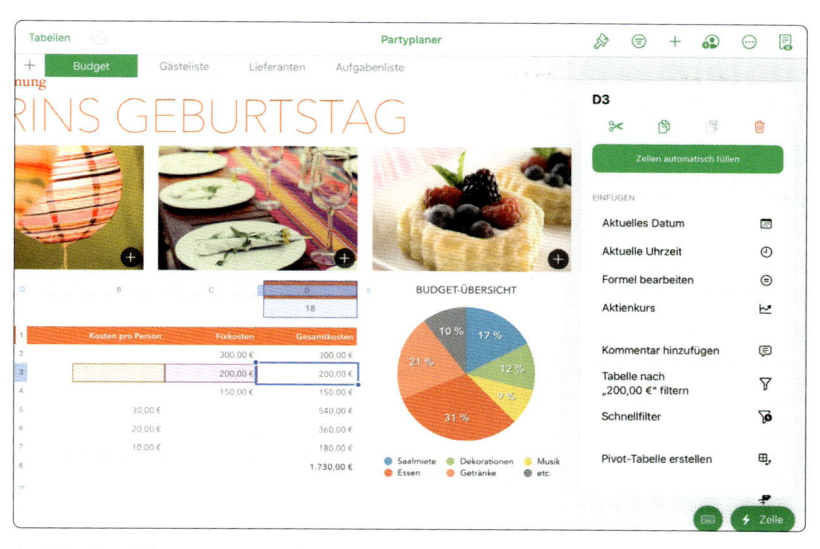

Auf iPads mit ihren großen Bildschirmen hat man fast die gleichen Möglichkeiten bei der Gestaltung und Bearbeitung von Dokumenten wie auf dem Mac. Hier bietet sich die Zusammenarbeit mit Mac-Benutzern geradezu an.

Spaß machen können, wenn sie so viel Wert auf gut gestaltete Dokumente legen. Fürs Hobby allerdings war einst Apples iLife-Paket zuständig, das heute nur noch aus dem Filmschnitt-Tool iMovie und dem Musik-Programm GarageBand besteht – die Nachfolger der einstigen Mitstreiter iTunes und iPhoto gehören mittlerweile fest zum System. Für professionelle Ansprüche taugen iMovie und GarageBand eher nicht, für solche Einsätze hat Apple mit Final Cut Pro und Logic Pro zwei sehr gute, aber kostenpflichtige Programme im Angebot. Dafür gibt es sowohl iMovie als auch GarageBand ebenso für iPhones und iPad. Auch hier sind Dateiformate und Funktionsumfang identisch, Dokumente können per iCloud ausgetauscht werden.

Da alle genannten Programme bei Dateiformaten und Funktionen auf Macs und mobilen Plattformen gleich sind, kannst du Dokumente unterwegs anfangen und zu Hause beenden oder im Büro erstellen und unterwegs überarbeiten. Da erweisen sich auch die kleinen Displays eines iPhone als sehr nützlich für die Eingabe und Kontrolle.

Office-Kompatibilität

So gut Apples iWork-Paket sein mag, so sehr ist Microsofts Office-Paket der De-facto-Standard im professionellen Gebrauch. Die iWork-Programme können fast alle Office-Dokumente direkt öffnen, aber sie können intern nicht in diesen, sondern nur in den eigenen Dateiformaten arbeiten, sodass man die Datei im Endeffekt oft in zwei Formaten auf der Platte hat. Der Grund dafür ist, dass MS Office und iWork in jeweils anderen Bereichen Fähigkeiten und Funktionen haben, die die Konkurrenz nicht hat.

Die kostenlosen Extras: iWork und iLife

Pages

Zwar vermarktet Apple Pages als ein Textverarbeitungsprogramm und Bestandteil des hauseigenen Office-Pakets, doch es ist eigentlich ein Layoutprogramm, mit dem sich Texte, Bilder und Grafiken frei auf der Seite platzieren lassen. Dabei muss man wohlgemerkt nicht bei null anfangen, denn es werden diverse sehr gut brauchbare Vorlagen für Drucksachen aller Art mitgeliefert – vom Geschäftsbrief bis zum kompletten Buch.

Als Textverarbeitungsprogramm beherrscht Pages viele Features, die man auch aus Microsoft Word kennt, wie beispielsweise die Protokollierung von Änderungen oder Kommentare. Es fehlen nur wenige und eher selten genutzte Funktionen.

Für alle iWork-Apps gilt, dass sie eigenständige Dateiformate nutzen, die von keinem anderen Office-Programm verstanden werden. Wird in der Büroumgebung Microsoft Office oder wenigstens dessen Dateiformat genutzt, hat man einen Zwischenschritt vor sich. MS-Office-Formate lassen sich importieren, der Finder bietet auch das „Öffnen mit"-Verfahren an. Doch nach der Bearbeitung musst du die Datei im Pages-eigenen Format sichern, denn das „.docx"-Dateiformat kann Pages nur in einem separaten Exportvorgang erzeugen. Dort stehen auch noch andere Dateiformate wie PDF, reiner Text, RTF und ePub zur Verfügung.

Wie ein echtes Layoutprogramm beherrscht Pages aber auch Features wie Absatzformate, Spaltenlayout, das Umfließen von Objekten, hängende Initiale oder das automatische Freistellen von Bildern. Auch eine riesige Bibliothek mit Formen gibt es, mit der Dokumente optisch deutlich aufgepeppt werden können.

> **Pages**
>
> Hinter Pages verbirgt sich die Textverarbeitung des iWork-Pakets, wobei diese Bezeichnung eine Untertreibung ist. Denn Pages kann vor allem gestalterisch wesentlich mehr und ist einem Layoutprogramm näher als einer klassischen Textverarbeitung. Mehrspaltige Textrahmen, Bilder, die umflossen werden, Tabellen und Grafiken, deren Inhalt leicht verändert werden kann, sind in Pages keinerlei Problem.

Numbers

Auch die anderen iWork-Programme legen mehr Wert auf Gestaltung als klassische Office-Programme, bieten dafür aber nicht unbedingt deren kompletten Funktionsumfang. Besonders deutlich wird dieser Unterschied bei Numbers: Wer sich unter www.apple.com/de/mac/numbers/compatibility die Liste der Funkti-

Workshop: Im- und Export von Word-Dokumenten in Pages

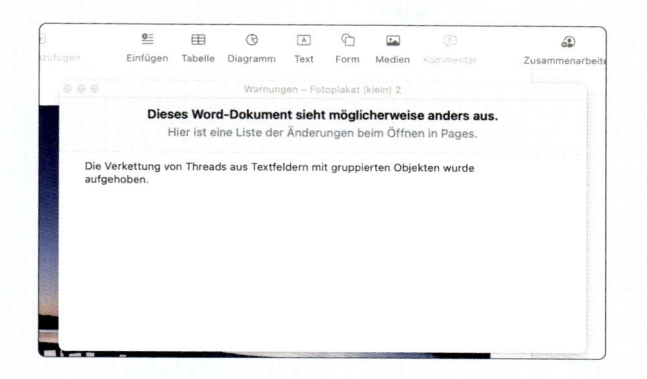

1 Fremde Office-Dokumente öffnen

Office-Dokumente lassen sich per Ablage-Menü oder „Öffnen mit" direkt mit iWork-Programmen öffnen. Fehlen Schriften oder Funktionen, wird man gewarnt und kann die Schriften durch andere ersetzen.

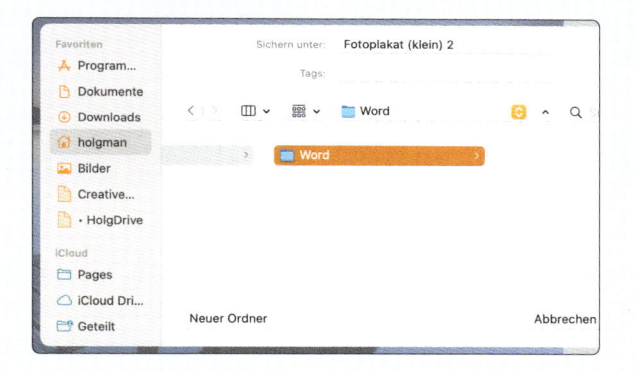

2 Sichern der iWork-Dateien

Versucht man, das Dokument zu sichern, geht dies nur im Pages-eigenen Dateiformat – selbst dann, wenn man bei der Ausgabe wieder einen Word-Text haben möchte. So muss man das Dokument leider doppelt sichern.

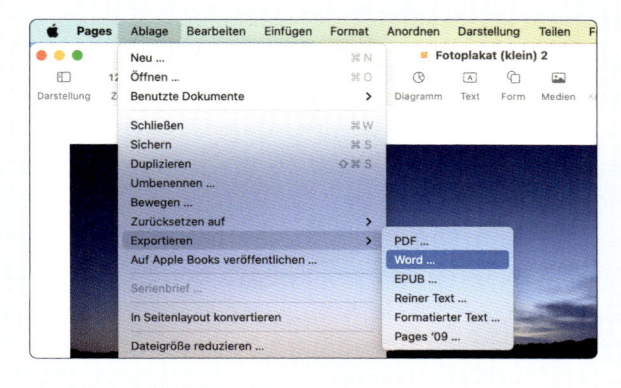

3 Andere Dateiformate erzeugen

Alternative Formate lassen sich nur per Export erzeugen. Und dazu zählen neben Word und Pages auch PDF oder EPUB, was die universelle Nutzung ermöglicht. Die anderen iWork-Apps bieten ebenfalls entsprechende Möglichkeiten.

Pages ist deutlich mehr, als man mit einer klassischen Textverarbeitung verbindet, denn das Programm bietet weitreichende Gestaltungsmöglichkeiten.

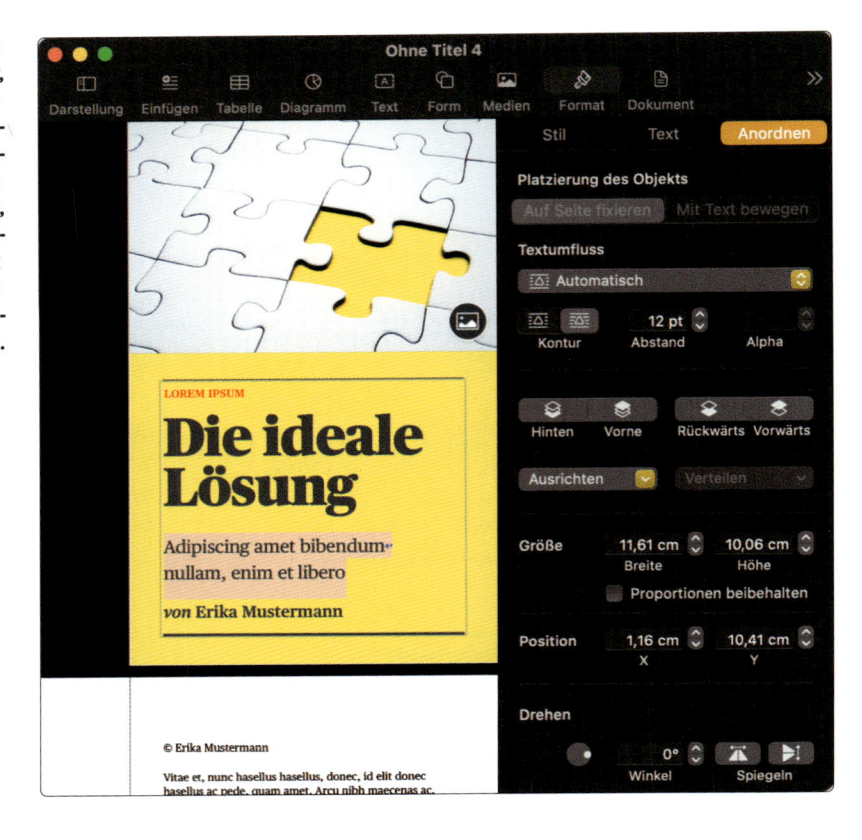

onen von Microsoft Excel ansieht, die von Numbers nicht unterstützt werden, findet eine Vielzahl von Formeln und Techniken, die beim Import von Excel-Dokumenten verloren gehen. Und gerade Excel ist ein Programm, das für viele das Hauptwerkzeug ist, mit dem sie von der simplen Telefonliste bis zur kompletten Wirtschaftsplanung alle möglichen Dokumente erstellen.

Das heißt allerdings nicht, dass Numbers nicht auch komplexe Rechenformeln beherrschen würde – tatsächlich reichen die Fähigkeiten fast immer vollkommen aus, und trotz der oben genannten Einschränkungen klappt der Import von Excel-Tabellen in der Regel sehr gut. Nur sehr selten kommt es zu Einschränkungen wegen nicht unterstützter Funktionen oder Formeln. Numbers kann zudem bei der Gestaltung punkten und lässt Excel hierbei weit hinter sich. Verwandelt man schnöde Datenkolonnen in Geschäftsgrafiken, sehen diese meist auf Anhieb sehr viel ansprechender aus, von simplen Listen ganz zu schweigen.

Workshop: iWork-Dokumente gemeinsam mit anderen bearbeiten

1 Andere zur Mitarbeit einladen
Nur Dokumente, die in der iCloud gespeichert sind, lassen sich mit dem Knopf „Zusammenarbeiten" teilen. Dabei können Sie bestimmen, welche Leute wie mitarbeiten dürfen. Zum Verschicken der Einladung stehen mehrere Wege offen.

2 Dokumente gemeinsam nutzen
Sobald jemand mitarbeitet, werden Sie darauf hingewiesen. Außerdem können Sie sehen, wer mit welcher Farbe und an welcher Stelle mitarbeitet. Versuchen zwei Leute, die exakt gleiche Stelle im Dokument zu bearbeiten, löst das Programm den Konflikt.

3 Miteinander kommunizieren
Für die Kommunikation während der Zusammenarbeit bieten sich vor allem Kommentare an. Über diese lassen sich regelrechte Dialoge miteinander führen. So kann das parallele Telefonat zur Abstimmung vermieden werden.

Mit Numbers lassen sich Tabellen nicht nur einfach eintippen, sondern vor allem gestalten und in ansprechende Grafiken umwandeln.

Keynote

Apples Gegenstück zu Microsoft Powerpoint beherrscht deutlich bessere Gestaltungsmöglichkeiten als das Original, mit sehr geschmackvoll gestalteten und im Lieferumfang enthaltenen Vorlagen. Ein auffallender Vorteil von Keynote ist die Apple-typisch einfache Bedienung, die es leicht macht, Inhalte wie Texte, Grafiken und Bilder einzufügen und für Übergänge zu sorgen.

Wer Keynote öfter für seine Präsentationen nutzt, wird vermutlich schnell die Möglichkeit schätzen lernen, sie per iOS-Gerät und HDMI-Adapter oder über AirPlay auf der großen Leinwand zu zeigen.

iMovie

Ähnlich wie die iWork-Programme sind auch iMovie und GarageBand optionale, aber kostenlose Downloads im App Store. Das Schnei-

---

Numbers

Auch Numbers ist nicht unbedingt nur eine klassische Tabellenkalkulation, sondern hat gestalterisch Vorteile. Das betrifft nicht nur die Art, in der man Tabellen gestalten kann, sondern insbesondere auch die Geschäftsgrafiken, die sich erzeugen lassen. Wirken die Grafiken, die man mit Excel und Co. erzeugen kann, meist staubtrocken, lassen sich mit Numbers deutlich besser gestaltete Tortendiagramme, Säulen und Ähnliches gestalten.

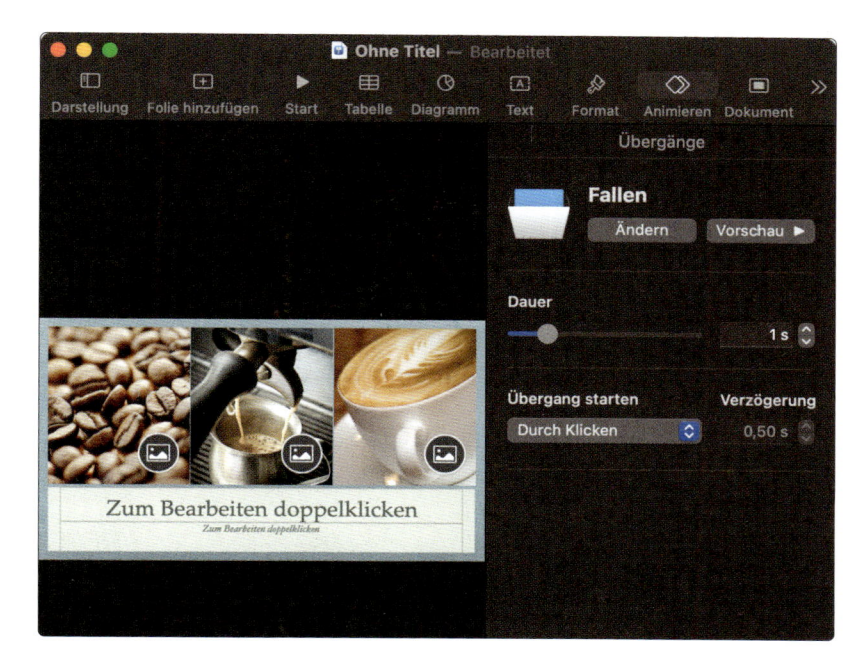

In Keynote ist das Erstellen von Präsentationen dank einer Vielzahl sehr guter Vorlagen eine leichte Übung.

den von Filmen ist bei vielen gelinde gesagt nicht gerade eine Kernkompetenz. Das ist umso bedauerlicher, als iPhones und andere Smartphones wirklich jedem eine hochwertige Videokamera an die Hand geben. Und genau deshalb ist iMovie vor allem auf Beherrschbarkeit durch einfache Bedienung ausgelegt. Der Bildschirm ist dreigeteilt: oben links die eigenen Medien, also Filmclips, Bilder und Musik, oben rechts die Vorschau und in der unteren Hälfte die Zeitleiste, auf der man seinen Film anordnet. So ist es ein Leichtes, Clips passend zu beschneiden und mit Übergängen zu einem fertigen Film zusammenzuschneiden.

Falls selbst das zu kompliziert sein sollte, gibt es auch noch die vorgefertigten „Trailer". Bei diesen ist das „Drehbuch" schon vorgegeben, man muss nur die eigenen Clips an die vordefinierten Stellen ziehen und einige Textinformationen ergänzen. Das Ergebnis ist recht originell, nutzt sich aber natürlich auch schnell ab, wenn man die gleiche Vorlage immer wieder verwendet.

Keynote

Das Gegenstück zum Präsentationsprogramm PowerPoint führt den gestalterischen Unterschied zwischen iWork und den eher für schnöde Büroarbeit gedachten Paketen der anderen Anbieter besonders krass vor Augen. Keynote kennt nicht nur wesentlich elegantere Vorlagen für Präsentationen, sondern auch deutlich bessere Übergänge und Effekte, die mittlerweile eher das Vorbild für andere geworden sind.

Die kostenlosen Extras: iWork und iLife

GarageBand

Im Laufe der Zeit hat sich das Musikprogramm GarageBand ganz ordentlich gemausert und eignet sich wirklich zum Musikmachen. Dafür kannst du entweder reale Instrumente mit Mikros aufnehmen, über eine externe Midi-Schnittstelle virtuelle Instrumente bespielen oder aus einer großen Zahl von vorgefertigten Sounds und Loops auswählen. Diese Spuren lassen sich danach mit allerlei Effekten versehen und abmischen.

Vieles muss das ohnehin schon nicht kleine Programm aus dem Internet laden, manches, wie etwa Kurse für Instrumente, ist zudem kostenpflichtig. Doch mit GarageBand können wirklich selbst vollkommen Unbedarfte es einmal riskieren, Musik zu machen. Für ein kostenloses Programm leistet es erstaunlich viel.

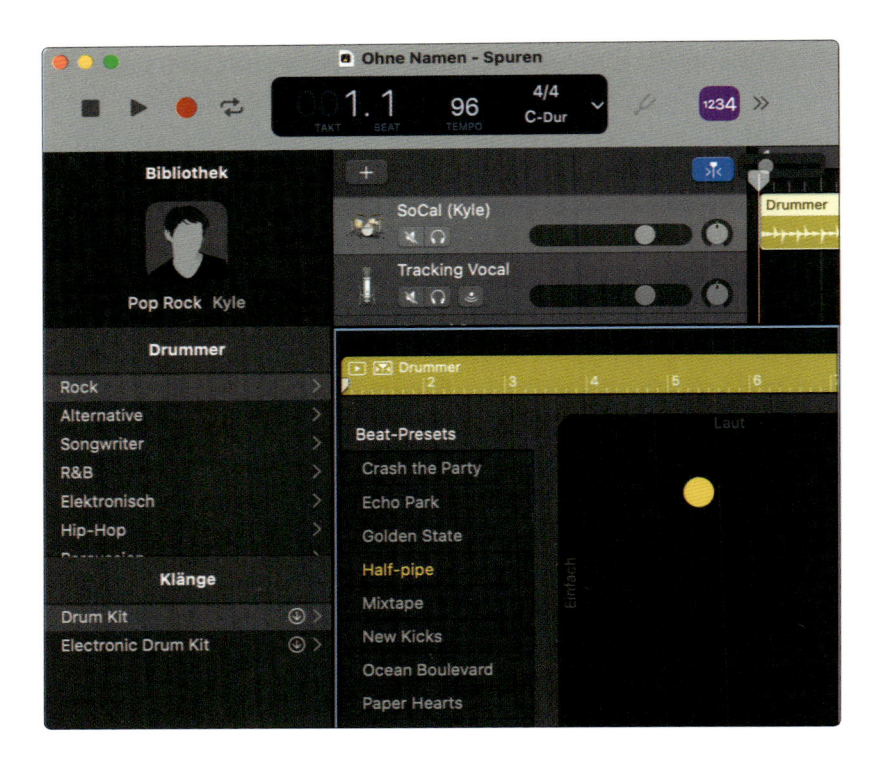

Einen eigenen Jingle oder einen einfachen Song in GarageBand zusammenzuklicken geht sehr schnell und macht Spaß. Durch die vorgefertigen Schnipsel muss man nicht einmal selbst ein Instrument spielen können.

Workshop: Filme mit iMovie schneiden und exportieren

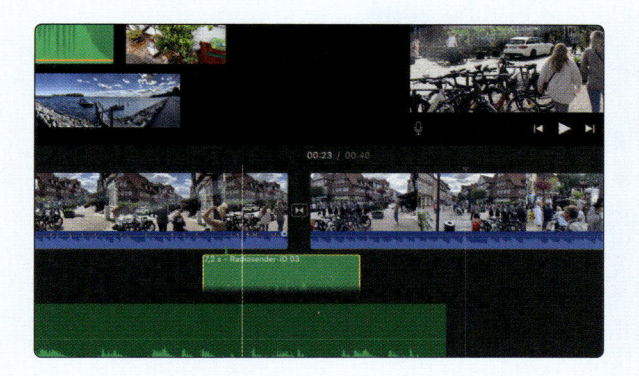

1 Filmclips in iMovie importieren
Filme in iMovie sind in Windeseile geschnitten. Dazu zieht man zunächst einfach nur Filmclips, Musik und Standbilder in die Zeitleiste, wo man sie grob anordnet. Anfang und Ende dieser Filmclips können Sie auch mit der Maus noch kürzen.

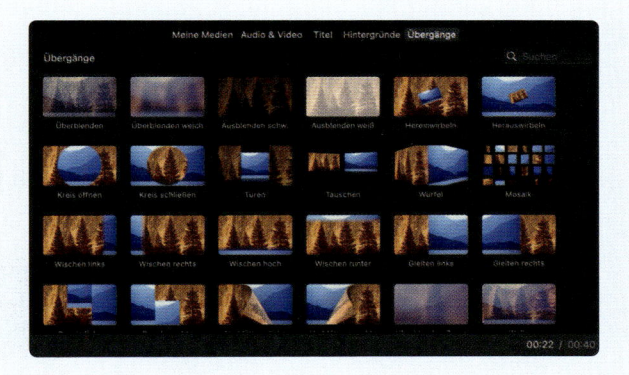

2 Für passende Übergänge sorgen
Wer will, kann Filmclips beschneiden, mit Filtern versehen und Übergänge zwischen Clips einfügen. Vorsicht: An vielen Effekten sieht man sich schnell satt. Professionelle Filme bestehen meist nur aus harten Schnitten.

3 Video aus iMovie exportieren
Der fertige Film lässt sich auf die klassische Weise exportieren, aber iMovie beherrscht auch den direkten Transfer zu Diensten wie Youtube oder Facebook. So kann man beim Export der Filme eine Menge Zeit einsparen.

Die kostenlosen Extras: iWork und iLife

7

Ventura, iOS & Co.

Es gibt vermutlich viele, die zwar ein iPhone, aber keinen Mac besitzen, doch wer einen Mac hat, setzt dazu fast immer auf das iPhone, denn dieses ist einfach viel zu gut mit dem Mac verzahnt. Wir zeigen Ihnen, wie Sie aus dieser Kombination alles herausholen können und wie der Mac auch mit anderen Apple-Produkten zusammenarbeitet.

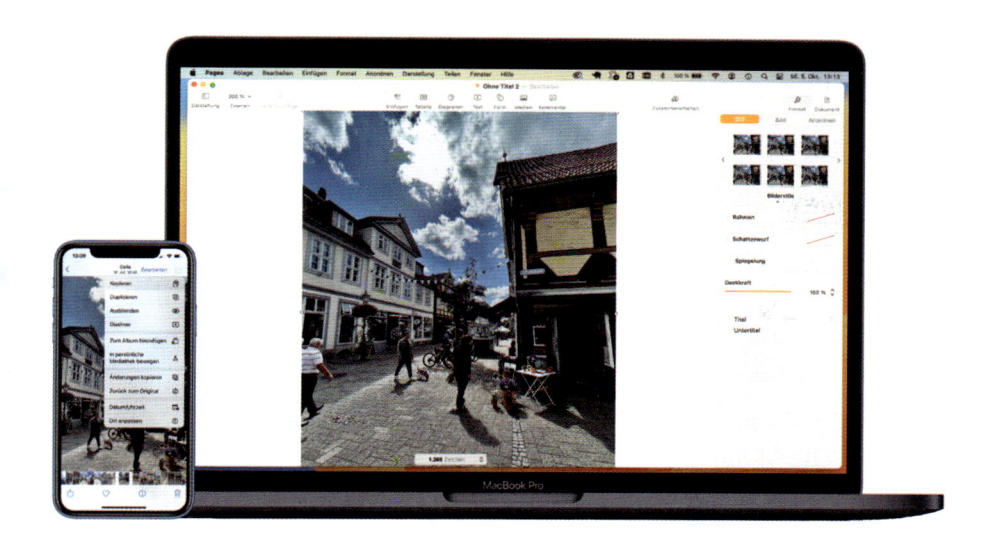

Der Mac im Team mit iPhone und iPad

Zu den größten Stärken der Apple-Plattform gehört die gute Zusammenarbeit der einzelnen Geräte. Aus dem einfachen Datenabgleich von Terminen und Kontakten über iCloud hat sich im Laufe der Zeit unter dem Stichwort „Integration" eine ganze Reihe von Formen der Zusammenarbeit entwickelt. Hinzu kommt eine starke Vereinheitlichung der Apps auf macOS und den mobilen Systemen.

iPhone im Finder

Der Datenaustausch zwischen Mac und iPhone erfolgt in der Regel über iCloud. Die Geräte synchronisieren alle wichtigen Daten darüber. Die gleiche iCloud-ID auf beiden Geräten sorgt dafür, dass sie sich ohne weiteres Zutun erkennen und diverse Integrationsfunktionen ohne zusätzliche Konfiguration nutzen können. Selbst die Zwischenablage wird über iCloud synchronisiert, sodass Sie auf einem Gerät etwas kopieren und es auf einem anderen einsetzen können.

Die direkte Verbindung per Kabel zum Mac hat über die Jahre an Bedeutung verloren, funktioniert aber nach wie vor. Der Finder zeigt ein angeschlossenes iPhone einfach in der Seitenleiste.

Nach dessen Auswahl über die Reiter für Musik, Bücher oder Infos lässt sich einstellen, welche Daten der Mac abgleichen soll.

Die Datensicherung über den Mac hat immer noch Vorteile. Wer noch einen Rechner mit großer Festplatte hat, kann sich eventuell ein kostenpflichtiges iCloud-Konto sparen. Außerdem kann der Finder ähnlich wie Time Machine mehrere alte Datenstände behalten, aus denen Sie dann beim Wiederherstellen auswählen können. Auf iCloud liegt dagegen immer nur der aktuelle Stand Ihrer Daten.

Das Wiederherstellen über den Mac ist auch die einzige Möglichkeit, das iPhone tatsächlich komplett, inklusive aller Systemdateien zu löschen. Beim Löschen vom iPhone aus bleibt immer das Rumpfsystem auf dem Gerät, damit es funktioniert. Es kommt zugegeben nur sehr selten vor, aber einige Fehler verlangen die Neuinstallation vom Mac aus.

Zugriff auf Telefon und SMS

Umgekehrt kann der Mac aber auch von Funktionen des iPhone profitieren, wobei die Telefonfunktionen oft an erster Stelle stehen. Das iPhone kann eine Sprachverbindung mit anderen Geräten teilen. Auf dem Mac ist - genau wie auf dem iPad übrigens - FaceTime für alle ankommenden und abgehenden Gespräche über das Mobilfunknetz zuständig.

Bevor Sie auf dem Mac Gespräche über das iPhone führen können, müssen beide Seiten die Gesprächsweitergabe erlauben. Eingehende Anrufe auf dem iPhone erzeugen dann zeitgleich eine Mitteilung auf dem Mac, was durchaus irritierend sein kann. Dafür bekommen Sie diese aber auch mit, wenn das iPhone noch in der Jacke an der Garderobe hängt oder versehentlich stummgeschaltet ist. Haben Sie im Haus schlechten Empfang, können Sie das iPhone auch in einem bestimmten Raum oder auf dem Fensterbrett liegen lassen.

Als weitere Möglichkeit lassen sich SMS-Nachrichten zwischen iPhone und Mac austauschen. Diese haben den Vorteil, dass sie direkt das Mobilfunknetz nutzen und nicht wie iMessage oder Whatsapp auf eine Datenverbindung ins Internet angewiesen sind. Außerdem senden immer noch viele Dienste Zugriffsbestätigungen per SMS, die dann auch direkt auf dem

Workshop: iPhones und iPads auf dem Mac verwalten und sichern

1 iPhone oder iPad am Mac anschließen

Der Finder zeigt angeschlossene iPhones und iPads wie externe Laufwerke in der Seitenleiste. Wählt man eines aus, erscheint ein Fenster mit Funktionen für Update, Wiederherstellung und Datensicherung. Der Inhalt sieht nicht typisch für den Finder aus.

2 Dateien mit iPhones synchronisieren

Über die verschiedenen Reiter wählt man einzelne Medienarten an und kann deren Abgleich mit dem Mac einstellen. Im Bereich Dateien hat man Zugriff auf Dateibereiche einzelner iOS-Apps. Mit ihnen lassen sich Dateien per Drag-and-drop austauschen.

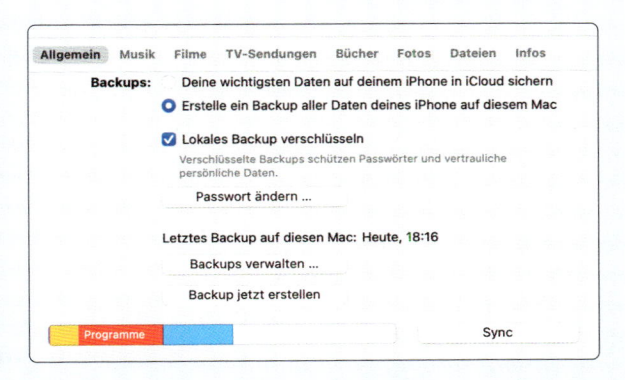

3 Datensicherungen verwalten

Eine Datensicherung auf dem Mac spart Platz in der iCloud und geht schneller. Nur wenn man sie verschlüsselt, enthält sie für den Fall einer Wiederherstellung auch alle Passwörter. Sichert man dann noch seinen Mac, kann man kaum noch Daten verlieren.

Der Mac im Team mit iPhone und iPad

Mac ankommen. Gibt das iPhone die SMS weiter, landen sie im Nachrichten-Programm, welches sie wie auf dem iPhone durch grüne Schrift markiert. Natürlich können Sie auch vom Mac aus SMS-Nachrichten senden, wodurch Sie Personen mit herkömmlichen Handys ohne Internetzugang erreichen können.

Der schnelle Datentausch

Es kommt häufig vor, dass Sie nur schnell ein Bild oder eine andere Datei vom Rechner auf ein iPhone oder umgekehrt transferieren möchten. Oft kommen dann E-Mails oder Nachrichten zum Einsatz, doch zwischen Apple-Geräten geht es auch viel einfacher und schneller per AirDrop.

Die Geräte nutzen Bluetooth, um sich gegenseitig zu finden, und bauen dann ein Ad-hoc-Netzwerk per WLAN auf, um die Daten zu transferieren. Beide Beteiligten müssen also Bluetooth und WLAN aktivieren, außerdem müssen sie AirDrop erlauben, und sie dürfen nicht allzu weit voneinander entfernt sein, was letztlich auch der Sicherheit dient.

Was vielleicht etwas kompliziert klingt, ist in Wirklichkeit sehr einfach: Auf dem iPhone oder iPad nutzen Sie das „Teilen"-Menü und sehen unmittelbar, wer in der Nähe empfangsbereit ist.

Auf dem Mac nutzen Sie die Seitenleiste des Finder oder das „Gehe zu"-Menü, um AirDrop zu aktivieren. Kontextmenü und Befehlsleiste des Finder besitzen ebenfalls ein „Teilen"-Menü.

Schicken Sie die Dateien los, muss die Gegenseite den Empfang akzeptieren. Ist auf beiden Geräten die gleiche Apple-ID aktiv, entfällt die Bestätigung und AirDrop legt sofort los. Die empfangenen Dateien landen im Ordner „Downloads" auf dem Mac oder direkt in der zugehörigen App auf dem iPhone. Einfacher und schneller als mit AirDrop lassen sich Dateien zwischen Mac, iPhone oder iPad kaum übertragen.

Gerätewechsel mit Handoff

Extrem nützlich kann die Handoff-Funktion sein, die offene Dokumente vom Mac zum mobilen Gerät oder umgekehrt transferiert. So lässt sich eine zu Hause am Mac begonnene E-Mail unterwegs auf dem iPhone zu Ende bringen oder ein auf dem

Workshop: Dokumente schnell per AirDrop mit mobilen Geräten austauschen

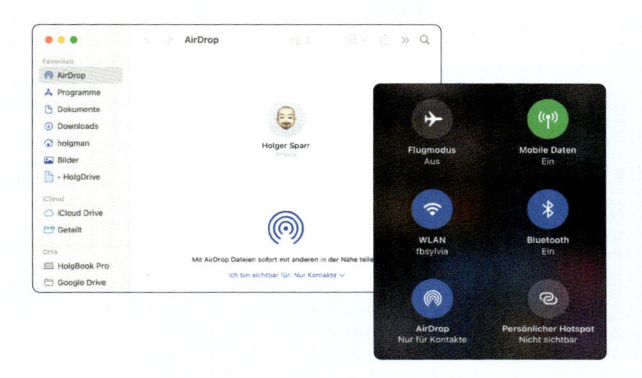

1 AirDrop auf dem iPhone aktivieren

Auf dem Mac findet man AirDrop am einfachsten in der Seitenleiste oder im „Gehe zu"-Menü. Auf dem iPhone kann man es bequem im Kontrollzentrum aktivieren, wo man es bei den Netzwerk-Einstellungen findet.

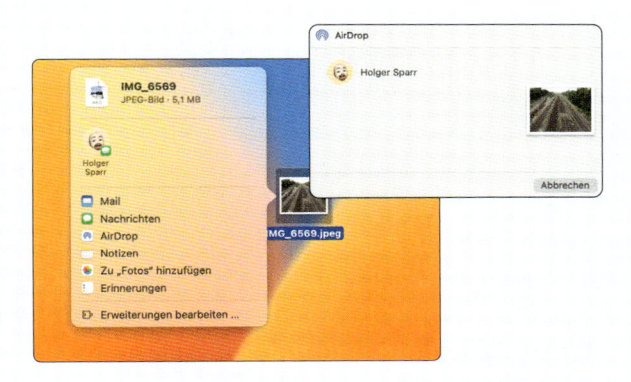

2 AirDrop am Mac aufrufen

Auf dem Mac kann man das Dokument auf den Empfänger ziehen oder das „Teilen"-Untermenü des Kontextmenüs nutzen. Auf dem iPhone oder iPad nutzt man das „Teilen"-Menü, dann AirDrop und wählt den Empfänger aus.

3 Dateien per AirDrop übertragen

Wenn Sender und Empfänger nicht die gleiche Apple-ID nutzen, kann der Empfänger auch ablehnen. Das Dokument landet im „Downloads"-Ordner auf dem Mac oder gleich in der zum Typ passenden App unter iOS.

iPad in Pages angefangener Brief auf dem Mac beenden. Sehr praktisch ist auch die Übergabe von Orten und Routen zwischen Mac und iPhone über die Karten-App, der Austausch von Links in Safari oder die seit Neuestem mögliche Übergabe von FaceTime-Gesprächen inklusive Bluetooth-Headset. Handoff übergibt das offene Dokument direkt, statt es erst zu sichern, über eine App zu versenden und auf dem anderen Gerät dann wieder zu öffnen. Ein Mausklick oder Fingertipp auf dem Zielgerät reicht für die Übernahme.

Die Voraussetzungen sind auch hier einfach: Die beteiligten Geräte müssen die gleiche iCloud-ID nutzen, außerdem muss Bluetooth aktiv sein, damit sie sich finden. Leider sind es fast nur Programme von Apple, die Handoff unterstützen.

Nahtlose Steuerung für iPads

An die Stelle des vorherigen Sidecar-Features, das die Nutzung eines iPad als Zweitdisplay am Mac ermöglichte, trat zuletzt die nahtlose Steuerung. Die Idee dahinter ist, dass nicht nur das iPad als Zweitdisplay dienen kann, sondern dass Mac und iPad auf Wunsch unabhängig bleiben und sich einfach nur Tastatur und Maus miteinander teilen und auf einfache Weise Dateien per Drag-and-Drop miteinander austauschen können. Damit das klappt, müssen einige Voraussetzungen erfüllt sein: Alle Geräte müssen auf die gleiche Apple ID angemeldet sein und außerdem müssen WLAN, Bluetooth und Handoff aktiviert sein. Bis zu drei Geräte können zusammen spielen. Die optimale Verbindung gelingt dann zwar per USB-C-Kabel, aber auch eine schnelle WLAN-Verbindung reicht.

Wer einen Apple Pencil an seinem iPad hat, kann diesen auch am Zweitbildschirm für den Mac nutzen und kommt so zu einem Zeichentablett der Luxusklasse. Zuständig für die Verwendung als zusätzlicher Bildschirm ist die Systemeinstellung für Displays, wo geeignete iPads im Aufklappmenü für Zweitdisplays auftauchen. Wie bei jedem anderen Zweitdisplay hat man anschließend die Möglichkeit, es zusätzlich zu nutzen oder den Inhalt des Mac-Displays zu spiegeln. Das iPad mag kein Dauerersatz für einen Monitor sein, aber es kann sehr praktisch sein, um im Bedarfsfall zusätzliche Fläche und ein Touchdisplay zu haben.

Workshop: Foto-Import vom iPhone mit der Kamera-Übergabe

1 Aufnahme am Mac starten
Die Importfunktion finden Sie unter dem Namen Ihres iPhone im Kontextmenü oder je nach Programm im Menü Ablage oder Einfügen. Wir benutzen hier im Beispiel Pages. Wählen Sie den Befehl „Foto aufnehmen".

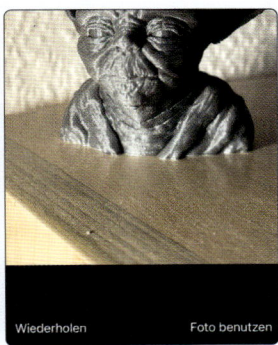

2 Bild mit dem iPhone aufnehmen
Das iPhone muss in Bluetooth-Reichweite liegen, WLAN muss aktiv sein. Der Befehl weckt das iPhone und öffnet die Kamera-App. Haben Sie das Foto gemacht, schicken Sie es mit „Foto benutzen" direkt zum Mac.

3 Bild in Dokument einfügen
Das Foto erscheint nun direkt im aktuellen Dokument in Pages. Es wird nicht auf dem iPhone gespeichert. Die Funktion „Dokument scannen" erkennt übrigens Textdokumente und begradigt sie vor dem Import.

Und vieles mehr

Es gibt noch einiges mehr an nützlicher Zusammenarbeit. Zahlreiche Programme können sich mittlerweile auch schnell mal die Kamera des iPhone oder iPad ausleihen, um Bilder direkt in Dokumente einzufügen. Mit macOS Ventura kommt noch die Kamera-Übergabe hinzu, durch die Macs die Kameras mobiler Geräte für Videos im Langzeitbetrieb nutzen können. FaceTime profitiert besonders davon, andere Programme werden aber folgen, denn die Kamera-Übergabe steht allen offen, inklusive alternativer Videokonferenzsysteme.

Haben Sie eine Apple Watch, können Sie sie nutzen, um den Mac automatisch zu entsperren, sobald Sie sich ihm nähern. Die Funktion finden Sie in den Systemeinstellungen in „Touch ID & Passwort". Auf der Uhr muss dafür die gleiche iCloud-ID eingetragen sein.

Wer ein MacBook und ein iPhone besitzt, wird schnell auch die Möglichkeit zu schätzen lernen, bei Bedarf die Internet-Verbindung des iPhone vom Mac aus mitzunutzen. Dafür aktivieren Sie in den iOS-Einstellungen den persönlichen Hotspot, wo auch das Passwort steht. Bei Geräten mit gleicher iCloud-ID erfolgt die Anmeldung sogar automatisch.

Aktivieren Sie „Persönlicher Hotspot" auf dem iPhone, steht dessen WLAN auf Ihrem Mac ohne Passworteingabe zur Verfügung, wenn beide die gleiche iCloud-ID haben.

Workshop: iPad als Zweitdisplay am Mac anmelden und nutzen

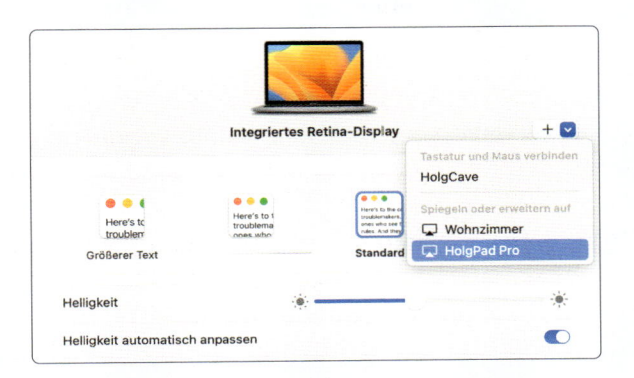

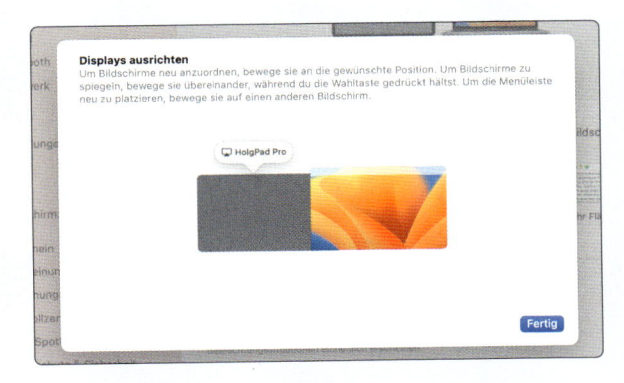

1 Menü für Zweitdisplays aufrufen

Wenn Mac und iPad füreinander geeignet sind, taucht das iPad in den Displays-Einstellungen des Mac im Menü mit dem Pluszeichen auf. Hier erscheinen alle möglichen Airplay-Displays, also auch Apple TVs. Voraussetzung ist ein recht aktueller Mac.

2 Display-Optionen für das iPad

Über „Verwenden als" hat man die Wahl, das iPad zum Spiegeln des Mac-Monitors oder als Zweitdisplay zu verwenden. Die Seitenleiste zeigt Mac-typische Sondertasten und macht nur Sinn, wenn man an die richtige Tastatur nicht herankommt.

3 Displays auf dem Mac anordnen

Ist das iPad als Zweitdisplay gekoppelt, wird es auch wie jeder andere zusätzliche Monitor behandelt. So lässt sich das iPad nach einem Klick auf „Anordnen" mit der Maus packen und relativ zum Mac-Display so anordnen, wie es auch in Wirklichkeit steht.

Der Mac im Team mit iPhone und iPad

Workshop: Handoff zur Übergabe zwischen Mac und iPhone nutzen

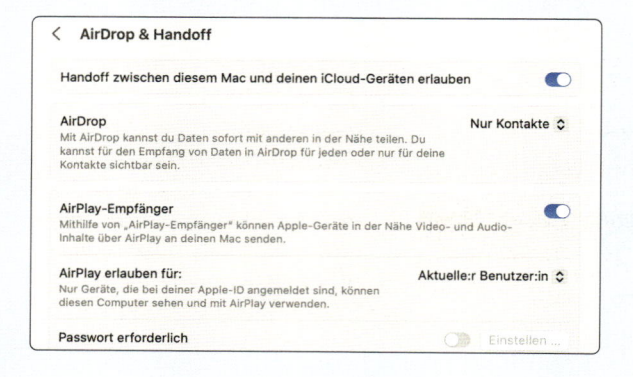

1 Handoff am Mac aktivieren
Auf dem Mac ist das Ankreuzfeld für Handoff etwas versteckt. Es findet sich unter „Systemeinstellungen > Allgemein > AirDrop & Handoff". Es sollte stets aktiviert sein, denn ein echtes Sicherheitsrisiko stellt es nicht dar.

2 Handoff unter iOS einschalten
Auf dem iPhone findet sich die Einstellung unter „Allgemein > AirPlay & Handoff". Bei beiden Geräten muss die gleiche Apple-ID eingetragen, Bluetooth aktiviert und der Abstand gering sein. Auch beim iPhone gibt es kaum einen Grund, Handoff nicht zu aktivieren.

3 App mit Handoff nutzen
Die Übergabemöglichkeit bietet sich für Programme wie Karten an. Sobald man in dem Programm arbeitet, können Macs, iPhones und iPads in der Umgebung die Aufgabe übernehmen. Doch Handoff funktioniert auch mit vielen anderen Programmen.

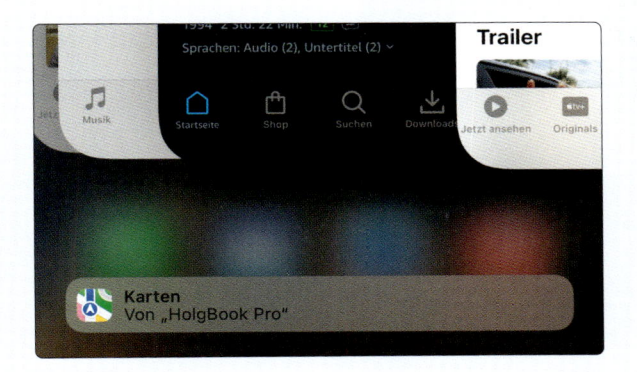

4 Dokument vom Mac übernehmen

Auf dem iPhone ist die Übernahme per Handoff im App-Umschalter versteckt, den man je nach iPhone-Modell durch Wischen von unten nach oben beziehungsweise durch einen Doppelklick auf die Home-Taste erreicht.

5 Bearbeitung auf dem Mac fortsetzen

Es geht auch umgekehrt: Arbeitet man auf dem iPhone oder iPad in einer passenden App, zeigt der Mac das entsprechende Symbol fast ganz rechts im Dock. Ein Klick darauf öffnet das Programm. Auch auf iPads wird Handoff im Dock angezeigt.

6 Dokumente per Handoff übergeben

Das Praktische an Handoff ist, dass nicht nur das Programm, sondern je nach Anwendung auch das gesamte Dokument inklusive aller Bearbeitungen übergeben wird und man wirklich genau an der gleichen Stelle weiterarbeiten kann.

Workshop: Das iPhone für Telefonate und Kurznachrichten benutzen

1 Anrufe auf dem Mac erlauben

Telefoniert wird auf dem Mac über FaceTime. Daher starten Sie auf dem Rechner das FaceTime-Programm, um in dessen Einstellungen „Anrufe vom iPhone" für die Annahme von Gesprächen aus dem Mobilfunknetz zu aktivieren.

2 Anrufe auf anderen Geräte leiten

Auf dem iPhone wählen Sie in den Einstellungen für „Telefon > Auf anderen Geräten", welche mit Ihrer iCloud-ID verknüpften Geräte telefonieren dürfen. Bluetooth und WLAN müssen dafür auf allen beteiligten Geräten aktiv sein.

3 Telefonanrufe auf dem Mac annehmen

Sind Mac und iPhone konfiguriert, erscheint bei eingehenden Anrufen parallel zum iPhone selbst eine Mitteilung auf dem Mac (oberes Bild). Mit „Annehmen" stellen Sie die Verbindung her. Dabei stehen einige Tasten für weitere Funktionen zur Verfügung.

4 Gespräche vom Mac aus starten

Man kann auch vom Mac aus beispielsweise über die Kontakte (im Bild) oder Nachrichten Gespräche starten. Dafür ist das kleine Hörersymbol zuständig, mit dem der Gesprächsaufbau an das iPhone übertragen wird.

5 Mitteilungen für Anrufe anpassen

Ähnlich wie Telefonate lassen sich auch SMS-Nachrichten an den Mac weiterleiten, solange dieser im gleichen WLAN ist wie das iPhone. Auch auf dem Mac ist das Nachrichten-Programm zuständig. Die Einstellungen dafür finden sich ebenfalls unter Nachrichten.

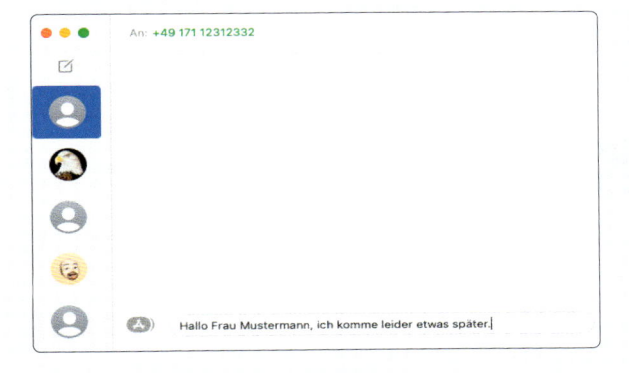

6 Telefonieren aus Programmen

Im Nachrichten-Programm kann man nicht nur SMS-Nachrichten empfangen, sondern auch an beliebige Empfänger und damit auch reine Mobilfunknummern versenden. Das kann sehr praktisch sein, um Leute ohne Smartphone zu erreichen.

Apple One

Seit Apple nicht mehr nur Hardware und ein paar Software-Programme, sondern eine beachtliche Zahl an Internet-Diensten anbietet, schnüren die Kalifornier daraus Pakete. Für 15, 20 oder 29 Euro monatlich bekommt man mit Apple One als Einzelperson oder Gruppe Zugriff auf eine Reihe von Diensten, die jeder für sich kostenpflichtig sind. Wer alle nutzt, spart 6, 8 oder sogar 16 Euro, was mehr ist, als man für jeden einzelnen Dienst zahlt. Wie immer bei Abos muss man sich gut überlegen, ob sich die Gebühr lohnt, aber immerhin darf man Apple One nicht nur einen Monat kostenlos testen, sondern kann es danach monatlich kündigen.

Apple Music

Erster und sicher wichtigster, in jedem Falle aber auch teuerster Einzelbestandteil des Bundles ist Apple Music. Damit haben Sie Zugriff auf fast die komplette Song-Bibliothek im iTunes-Store von jedem Mac, iPhone oder iPad, das mit der gleichen Apple ID registriert ist. Apple spricht von 70 Millionen Songs, die man so hören kann, dazu kommen noch einige Radiosender und redaktionell gepflegte Playlists. Einzelpersonen zahlen nur für Apple Music 10 Euro, Familien mit bis zu sechs Mitgliedern landen bei 15 Euro monatlich.

Trotz der Konkurrenz durch Spotify und andere Anbieter lohnt sich nach unseren Erfahrungen der Apple-Music-Zugang schon dafür, dass man nach Herzenslust stöbern und die gefundenen Songs in guter Qualität hören kann. Der Preis macht aber

	Einzelperson	Familie	Premium
Apple Music	ja	ja	ja
Apple TV+	ja	ja	ja
Apple Arcade	ja	ja	ja
iCloud+	ja, 50 GB inklusive	ja, 200 GB inklusive	ja, 2 TB inklusive
Fitness+	nein	nein	ja
Preis	14,95 Euro/Monat	19,95 Euro/Monat	28,95 Euro/Monat

auch schnell klar, dass sich das ganze Apple One-Bundle niemals lohnen kann, wenn man Apple Music nicht nutzen will.

Apple TV+

Schon seit einer Weile ist mit Apple TV+ ein echtes Streaming-Angebot für Serien und Filme verfügbar. Allerdings beschränkt sich Apple auf selbst produzierte Serien und exklusive Inhalte, was das Angebot etwas einschränkt. Andere Streaming-Dienste von Amazon Prime bis Netflix reichern ihr Angebot auch mit zugekauften Inhalten an, was Apple weitgehend vermeidet. Stattdessen kann man weiterhin Filme und Serien unabhängig von TV+ bei Apple kaufen oder mieten. TV+ kostet rund 5 Euro monatlich, was angesichts des fast nur aus Serien und eher auf den amerikanischen Markt ausgerichteten Angebots nicht wenig ist.

Apple TV+ enthält deutlich mehr Serien als Filme, wenngleich diese sehr reizvoll sein können.

Apple Arcade

Eine ganz witzige Idee steckt hinter dem Spiele-Abo Apple Arcade für ebenfalls rund 5 Euro monatlich. Dafür kann man auf über 100 Spiele zugreifen, die auf Macs, iPhones, iPads und dem Apple TV laufen. Wer mag, kann ein Spiel auf dem iPhone starten und zu Hause auf dem Mac weitermachen. Die ganz großen Games wird man für dieses Angebot kaum finden, vielmehr hat man es hier eher mit kleineren, garantiert jugendfreien Spielen zu tun. Dafür sind alle Angebote frei von Werbung und Zusatzkäufen, was speziell auf iPhones ein eindeutiger Vorzug ist. Denn so kann man auch die Kinder einigermaßen beruhigt mit Arcade spielen lassen. Der Ausbau des Angebots schwächelt aber etwas.

iCloud+

Alle Inhaber:innen einer Apple ID bekommen gratis fünf Gigabyte Speicher in der iCloud. Mit dem Apple One-Bundle stockt Apple diesen Speicher allerdings auf und bietet Einzelkämpfern 50 Gigabyte Platz. Dieses Speicherplatzupgrade würde einzeln allerdings auch nur einen knappen Euro pro Monat kosten. Der Familien-Account enthält 200 Gigabyte Platz, die einzeln rund drei Euro monatlich kosten würden. In der Premium-Version sind sogar die maximal möglichen 2 Terabyte enthalten, die normalerweise 10 Euro monatlich kosten würden.

Zwei Terabyte reichen dann definitiv für alle Backups, große Foto-Mediatheken und umfangreiche Datenbestände - und zwar vermutlich auch dann, wenn alle Familienmitglieder sich diesen Platz teilen. Man fragt sich eigentlich nur, warum Apple den großen Cloud-Speicherbereich im Verbund mit dem Fitness+-Angebot anbietet - ein Zusammenhang zwischen Freizeit-Sport und großen Datenmengen ist beim besten Willen nicht erkennbar.

Apple Fitness+

Es hat eine Weile gedauert, bis Apple das in den USA mit viel Gerassel gestartete Fitness+-Abo auch in Deutschland angeboten hat. Er richtet sich an Sportbegeisterte, die sich von erfahrenen Personal Trainer:innen in verschiedenen Disziplinen per Video auf dem iPhone oder iPad schleifen lassen möchten, statt ins Fitness-Studio zu gehen. Gegen Letzteres spricht in Pandemie-Zeiten natürlich einiges, so dass Apples Angebot willkommen sein mag. Es gibt aber nicht nur Hardcore-Workouts, sondern zum Beispiel auch welche für Einsteiger, Schwangere oder als Vorbereitung auf die Skisaison. Allerdings werden zunächst alle Trainings in englischer Sprache abgehalten - von Trainer:innen, denen das Dauergrinsen nicht aus dem Gesicht zu treiben

Apple Fitness+ nutzt die Messfunktionen der Apple Watch für die Überwachung, funktioniert aber seit kurzem auch ohne Uhr am Handgelenk.

ist. Wer sich davon nicht abschrecken lässt und eine Apple Watch hat, kann Fitness+ eine Chance geben.

Der Preis von 10 Euro monatlich mag im Vergleich zur Mitgliedschaft im Fitness-Studio gering sein, ist im Vergleich zu den anderen Angeboten von Apple aber keine Kleinigkeit – vor allem dann nicht, wenn man den Dienst nur selten nutzt. Ursprünglich war eine Apple Watch Pflicht für die Workouts, denn Herzfrequenz und andere von der Uhr gemessene Kenndaten werden als zusätzliche Information eingeblendet, damit Sie das Training möglichst nicht übertreiben, sondern effizient nutzen. Doch mittlerweile bietet Apple das Sportprogramm auch jenen an, die ausschließlich ein iPhone ihr Eigen nennen. So erweitert Apple zwar den Kreis der potenziellen Nutzer:innen, doch die von der Apple Watch gemessenen Körperdaten sind eigentlich kaum zu ersetzen, die Anschaffung der Uhr kann man Fitness-Fans nur wärmstens empfehlen.

Gründen wir eine Familie?

Sowohl Apple TV+ als auch Arcade darf man ohnehin mit anderen Familienmitgliedern teilen, ohne zusätzlich dafür zahlen zu müssen. Letztlich ist die Zahlung der Familien-Gebühr nur für Apple Music nötig. Nun könnte man auf die Idee kommen, den Familien-Begriff etwas zu dehnen und auf Freund:innen, WGs oder andere auszudehnen. Dagegen spricht aber, dass nicht nur eine:r Verwalter:in der „Familie" ist, sondern die Zeche für alle App-Käufe, Abo-Gebühren, Bücher, Filme und so weiter zahlen muss. Da sollte man sich schon genau überlegen, mit wem man seinen Account teilt, zumal ja auch viele andere Informationen mit dem Account verknüpft sind.

Auch das Premium-Abo enthält übrigens automatisch die Berechtigung für die Familien-Freigabe, was nicht unbedingt Sinn ergibt – Sport ist ja auch für Einzelkämpfer:innen interessant. Doch die Preisersparnis ist beim Premium-Abo mit 16 Euro relativ groß, so dass sich das Angebot auch dann noch lohnt, wenn Sie nicht alle Einzelbestandteile ausnutzen. Weniger Sport-Begeisterte können sich die hohen Gebühren aber meist sparen – es sei denn, sie benötigen den Platz in der iCloud, der im Grunde allein schon den Aufpreis wert ist.

8

macOS Praxis

Die meisten Weisheiten lernen wir zwar erst durch die Praxis, aber hier muss trotzdem niemand bei Null beginnen. Auf den folgenden Seiten sagen wir Ihnen, wie Sie im täglichen Einsatz das Maximum aus macOS herausholen können und wie Sie die Installation des Systems optimieren.

Ein sauberer Neuanfang

Gewöhnlich läuft macOS mittlerweile auch über Jahre so stabil, dass Sie getrost ein einfaches Update machen können. Das ist schnell erledigt und durch einen großen Versionssprung wie beim Umstieg auf Ventura werden ohnehin sehr viele Komponenten des Systems ausgetauscht und erneuert. Anders sieht es aus, wenn Ihr Mac bereits Probleme macht. Dann ist ein Clean Install - also die Installation eines sauberen macOS mit anschließender Neukonfiguration - oft die bessere Lösung. Aber keine Sorge, so viel Arbeit, wie viele denken, ist das gar nicht.

Mit kleinen Problemen fängt es an

Machen Sie jahrelang nur Updates kann es vorkommen, dass sich kleine Fehler in Bibliotheken, Fonts, Einstellungen und anderen Komponenten ansammeln. Jeweils für sich betrachtet, geht von ihnen keine große Gefahr aus, aber in der Summe leidet irgendwann die Zuverlässigkeit, das System läuft zäher und stürzt ab. Probieren Sie oft Software aus, gern auch mal Beta-Versionen, begünstigt das die Entwicklung. Das Tückische ist, dass die Verschlechterung schleichend voranschreitet und scheinbar keine bestimmte Ursache hat. Wer vorbeugen will, installiert bei jedem zweiten oder dritten großen Update ein frisches System. Das ist nur eine grobe Regel, da es darauf ankommt, wie intensiv Sie

Ein Clean Install macht zwar etwas Arbeit, doch der Lohn ist ein Mac, der wieder schnell und zuverlässig arbeitet.

ihren Mac nutzen. Läuft noch alles glatt, können Sie auch darauf verzichten. Das ist wie bei einer Versicherung: Man weiß vorher nie, ob man sie braucht.

Startvolume löschen

Jede Installation beginnt mit einer Datensicherung. Dabei empfehlen wir, außer dem obligatorischen Time-Machine-Lauf auch eine Eins-zu-eins-Kopie des Startvolumes auf einer externen USB-Platte anzulegen. So haben Sie alle Daten schnell zur Hand, und am Ende wandert das Laufwerk als Archiv in den Schrank.

So vorbereitet, können Sie das alte Startlaufwerk löschen, um einen sauberen Neuanfang zu ermöglichen. Dabei reicht es nicht, alle Benutzerdateien in den Papierkorb zu ziehen. Sie müssen das Volume mit dem Festplattendienstprogramm löschen, um auch unsichtbare Systemkomponenten zu entfernen. Zum Klonen oder Löschen des Systems müssen Sie Ihren Mac von einem anderen Medium starten. Dazu eignet sich am besten der Wiederherstellungsmodus. Dafür halten Sie beim Start [cmd] + [alt] + [R] gedrückt (bei einem Mac mit Apple-Chip die Ein/Aus-Taste). Der Mac bootet aus dem Internet und stellt ein Basissystem mit den wichtigsten Dienstprogrammen zur Verfügung.

Ventura installieren

Haben Sie das Zielvolume so wie oben beschrieben vorbereitet, laden Sie macOS Ventura aus dem App Store oder über die Installationsfunktion des Wiederherstellungsmodus, was eine Weile dauern kann. Nach dem Download startet der Installer automatisch. Haben Sie das Zielvolume ausgewählt, kopiert das Programm einige Daten darauf und startet den Rechner neu. Der Mac installiert das System und öffnet zur Einrichtung einen Assistenten, der grundlegende Einstellungen wie Land, Sprache, Zeitzone und Netzwerkzugang abfragt. Dann folgt die wichtige Frage, ob Sie Daten von einer vorhandenen Installation übernehmen wollen. Für einen Clean Install verneinen Sie das, schließlich geht es ja gerade darum, alle Altlasten loszuwerden.

---

iCloud hilft

Der Trend zu Cloud-Diensten nimmt dem Clean Install seinen Schrecken. Vor allem die perfekte iCloud-Integration hilft. Oft reicht schon die Anmeldung bei iCloud und App Store, um mit einem frisch installierten Mac im Handumdrehen wieder arbeitsfähig zu sein.

Im Rahmen der Erstkonfiguration können Sie schon Ihre iCloud-ID eintragen, das lässt sich aber auch später noch nachholen. Ist die Basiskonfiguration des Systems abgeschlossen, werden Sie aufgefordert, einen ersten Benutzer anzulegen. Der ist immer ein Administrator und erhält die interne ID 501. Falls Sie den Namen nicht aus persönlichen Gründen ändern willst, empfehlen wir, für das neu installierte System den gleichen Hauptbenutzer zu verwenden wie für das vorherige. Das vermeidet Probleme mit Apps und Diensten, die sich an Name und ID orientieren.

Konfiguration anpassen

Sie können sich jetzt als der gerade angelegte Benutzer anmelden. Nun geht es daran, wichtige Systemfunktionen zu konfigurieren. Wir wissen natürlich nicht, welche Einstellungen und Dienste Sie vorher benutzt haben, aber wir empfehlen den Besuch in einigen wichtigen Systemeinstellungen. Dazu gehört „Allgemein > Softwareupdate". Klicken Sie auf das „i" für mehr Optionen. Die Suche nach Updates sollte auf jeden Fall aktiv sein, damit Sie benachrichtigt werden. Außerdem empfehlen wir aus Sicherheitsgründen, „Sicherheitsmaßnahmen und Systemdateien installieren" einzuschalten. Das automatische Laden und Installieren von App- und Systemupdates ist ein zweischneidiges Schwert, da Downloads die Internetverbindung zur Unzeit belasten können. Und im professionellen Einsatz sollten Sie vor jedem Update prüfen, ob es zum Beispiel Probleme mit benötigten Apps und Plug-ins gibt. Wer sich selbst gar nicht kümmern will, wählt dagegen die automatische Variante als kleineres Übel. Besser alle Updates als gar keines.

Als Nächstes richten Sie im Einstellungsbereich „Benutzer:innen & Gruppen" die Accounts ein, die Sie brauchen. Dann aktivieren Sie in „Allgemein > Teilen" benötigte Dienste, aber bitte auch nur diese. Denken Sie daran, hier auch den alten Gerätenamen wieder einzutragen. Dann erscheint der Mac auf anderen Rechnern im Netzwerk mit dem gewohnten Namen. Die Auswahl des Time-Machine-Volumes und das Einschalten der Datensicherung, in Ventura ebenfalls unter „Allgemein", gehören auch zur Standardkonfiguration. Sie können das gleiche Volume wie

> **Software**
>
> Programme aus dem App Store können Sie nach der Anmedung schnell wieder herunterladen. Vergewissern Sie sich vor dem Löschen Ihres Startvolumes, dass Sie auch für andere Apps die nötigen Installationsdateien und Lizenzen haben. Achtung: Einige Apps müssen eventuell vor dem Löschen deaktiviert werden.

vor dem Clean Install auswählen und Ihre Datensicherung darauf fortsetzen. Der erste Lauf dauert wegen des Updates etwas länger, aber so behalten Sie Zugriff auf Ihre sicherungs-Historie.

Sicherheit checken

Tipps zu wichtigen Sicherheitseinstellungen finden Sie in der Rubrik Konfiguration. Unter „Datenschutz & Sicherheit" erlaubt macOS den Start neuer Apps aus dem App Store und optional von verifizierten Entwicklern. Bei freien Apps erscheint eine Warnung. Wir empfehlen außerdem einen Passwortschutz und das Abschalten der automatischen Anmeldung. Die schaltet Ventura aber ohnehin aus, wenn FileVault aktiv ist.

Ob das Passwort auch beim Beenden des Ruhezustands abgefragt werden soll und wie schnell, hängt vom persönlichen Sicherheitsbedürfnis ab und davon, ob der Mac leicht für andere Personen zugänglich ist. Das gilt auch für die Volumeverschlüsselung durch FileVault. Die schützt alle Daten auch beim Diebstahl des ganzen Mac aus Wohnung oder Büro. Denken Sie daran, auch die Sicherungs-Platte zu verschlüsseln.

Oberfläche konfigurieren

Die Einstellungen der macOS-Oberfläche sind in vielen Bereichen Geschmackssache, dazu gehört zum Beispiel das dunkle Erscheinungsbild, die Akzentfarbe oder Einstellungen zum Scrollverhalten. Einfarbige Schreibtischhintergründe sind zwar etwas langweilig, aber übersichtlicher als Bilder mit vielen Details. Wer viel mit Fotos zu tun hat, wird ohnehin eher neutrales Grau bevorzugen. Legen Sie oft Dateien auf dem Schreibtisch ab, empfiehlt sich dort die Ausrichtung am Raster oder das automatische Stapeln. Beide Funktionen finden Sie in den Darstellungsoptionen des Finders. Es ist auch sinnvoll, sich in neuen Fenstern das Home-Verzeichnis oder „Dokumente" anstelle von „Zuletzt benutzt" zeigen zu lassen. Das kann die Anzeige auf Macs mit lahmen Festplatten beschleunigen. Außerdem hilft es, wichtige Ordner in die Seitenleiste zu ziehen.

An erster Stelle steht immer die Sicherheit: Starten Sie über das Statusmenü von Time Machine oder das Kontextmenü des Docksymbols eine aktuelle Datensicherung.

Aufwendige Bildschirmschoner kosten nur Strom. Konfigurieren Sie lieber den Ruhezustand des Displays in „Sperrbildschirm" vernünftig. Wollen Sie die Funktion als Zugriffsschutz nutzen, aktivieren Sie die Passwortabfrage und merken Sie sich den Kurzbefehl [cmd] + [alt] + [Auswerfen] zum Aufruf des Ruhezustands. Mit [ctrl] + [cmd] + [Q] können Sie den Bildschirm sofort sperren.

Konfiguration abschließen

Auch für die Konfiguration von Programmen gibt es ein paar wichtige Dinge zu beachten. Der Virencheck bringt auch auf dem Mac immer wieder Plagegeister zum Vorschein. Gewöhnlich handelt es sich allerdings um Windows-Software, die in Zip-Anhängen von Spam-Mails steckt oder als getarnter Download von einer Website erfolgt ist. Sie sollten mit Dateien aus dem Netz trotzdem immer vorsichtig sein. Schalten Sie in den Safari-Einstellungen unter „Allgemein" das Öffnen sicherer Dateien ab. Downloads aus unbekannten Quellen sind niemals sicher. Ähnlich verhält es sich mit dem Nachladen von entfernten Inhalten in E-Mails. Laden Sie Bilder manuell beim Lesen, wenn Sie sie wirklich sehen wollen.

Zum Abschluss installieren Sie Apps neu und stellen Ihre Dokumente wieder her. Letztere lassen sich am besten aus einer Datensicherung oder von dem erwähnten Klonvolume zurückspielen, wenn sie nicht eh in einer Cloud liegen. Das alles dauert eine ganze Weile, aber die Zeit ist gut investiert, denn für die nächste Zeit sollten Ihnen Probleme erspart bleiben.

Handarbeit

Wer seine privaten Daten nicht per Cloud abgleicht, muss wissen, wo er sie findet. Viele liegen in „Benutzer/Name/Library". Kontakte finden Sie in „Application Support/AddressBook". Kalenderdaten liegen in „Calendars". „Mail" enthält lokale Postfächer und alte POP3-Konten, „Safari" die Bookmarks. Schriften liegen in „Fonts", eventuell auch „Library/Fonts".

Ein sauberer Neuanfang

Workshop: Standardkonfiguration von macOS Ventura optimieren

1 Update-Suche aktivieren

Zu den ersten Stationen der Einstellungen gehört „Allgemein > Softwareupdate". Sie sollten macOS immer suchen lassen. Wollen Sie sich nicht selbst kümmern, aktivieren Sie sicherheitshalber die automatische Installation.

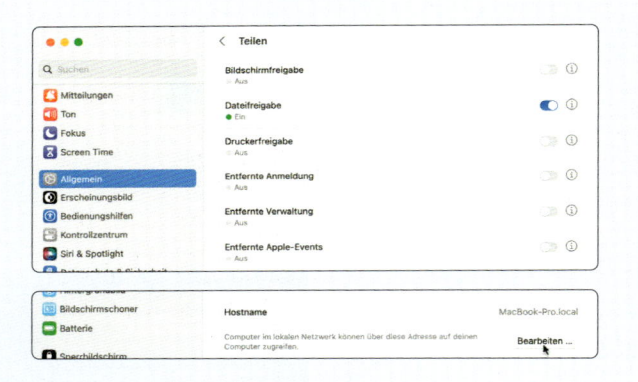

2 Freigaben und Namen einrichten

Als Nächstes setzen Sie unten in „Allgemein > Teilen" wieder den gewohnten Rechnernamen ein und aktivieren Sie die wirklich benötigten Dienste. Denken Sie daran: Je weniger Dienste Sie aktivieren, umso weniger Angriffsmöglichkeiten bietet Ihr Mac.

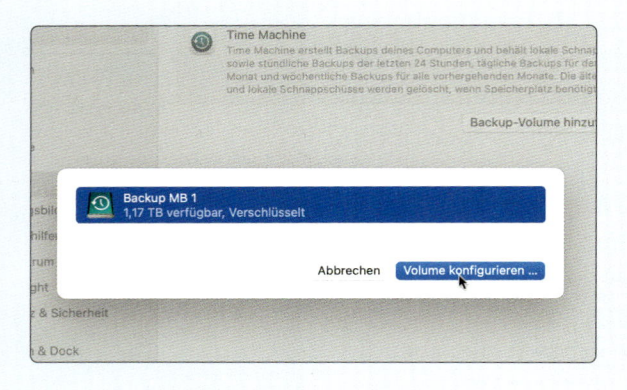

3 Datensicherung mit Time Machine

Die Datensicherung mit Time Machine sollte selbstverständlich sein. In „Allgemein > Time Machine" können Sie die Platte austauschen oder das bereits benutzte Back-up-Volume auswählen und die Sicherung darauf fortsetzen, am besten verschlüsselt!

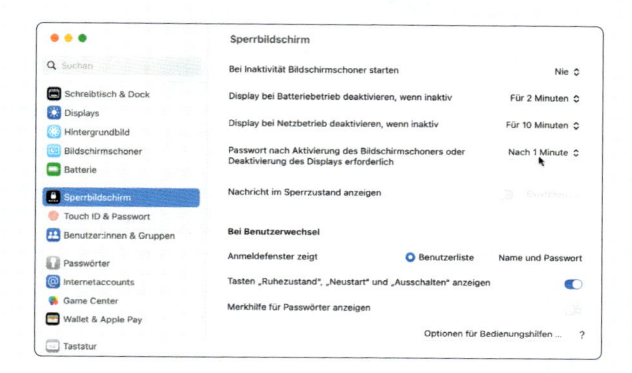

4 Sicherheitseinstellungen anpassen

Aktivieren Sie die Abfrage in „Sperrbildschirm". Setzen Sie unbedingt ein gutes Passwort! Eventuell können Sie die Zeit bis zur Abfrage sogar etwas verlängern. Verzichten Sie aber unbedingt auf die automatische Anmeldung.

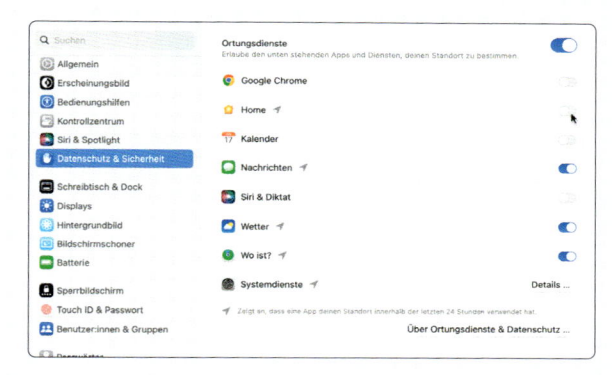

5 Ortungsdienste deaktivieren

Haben Sie die Ortung oder den Versand von Diagnosedaten aktiviert, können Sie das unter Datenschutz korrigieren. Die Nutzung der Ortungsdienste ist nur selten wirklich sinnvoll, belastet aber auf MacBooks den Akku unnötig.

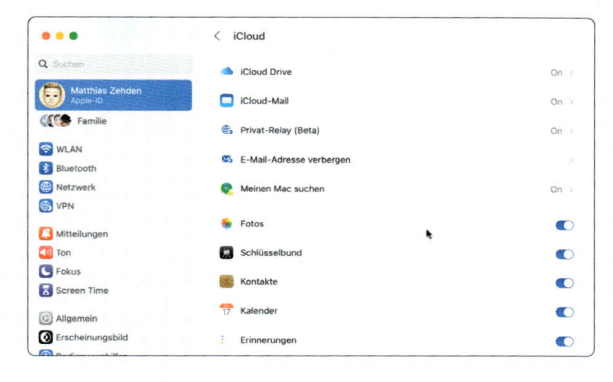

6 Bei der iCloud anmelden

Mit der Anmeldung bei Apples iCloud-Dienst können Sie in einem Rutsch die wichtigsten Daten für das frisch installierte System synchronisieren. Das erspart sehr viel Handarbeit bei der anschließenden Konfiguration des Mac.

Ein sauberer Neuanfang

Workshop: Individuelle Einstellungen für die Mac-Oberfläche konfigurieren

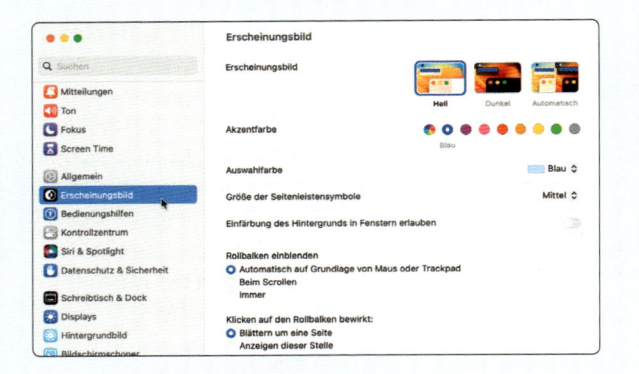

1 Allgemeine Einstellungen treffen

In „Erscheinungsbild" wählen Sie den Bildschirmmodus, die Akzentfarbe und das Verhalten der Scrollbalken. Hier können Sie auch das von vielen als lästig empfundene Einfärben des Hintergrunds in Fenstern ausschalten.

2 Das Dock richtig konfigurieren

Das Dock ist ein zentrales Element der Oberfläche. Passen Sie seine Darstellung inklusive der Position in „Schreibtisch & Dock" an. Fügen Sie wichtige Apps hinzu. Konfigurieren Sie in „Kontrollzentrum" Ihre Statusmenüs.

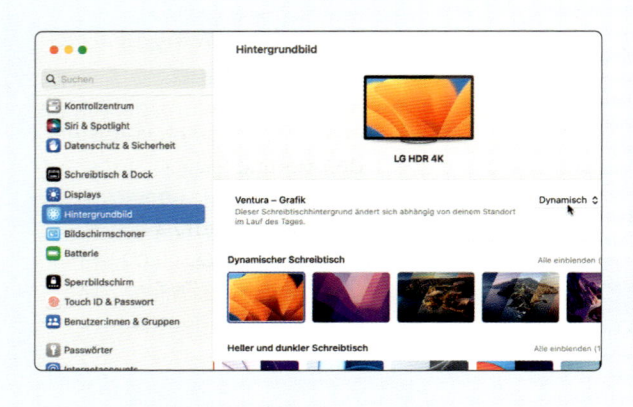

3 Den richtigen Hintergrund wählen

Wer gern Dateien auf dem Schreibtisch ablegt, braucht einen schlichten, am besten sogar einfarbigen Hintergrund. Detailreiche Fotos sind definitiv eher als Dekoration geeignet. Der neue Desktop „Ventura – Grafik" ist wieder mal Geschmackssache.

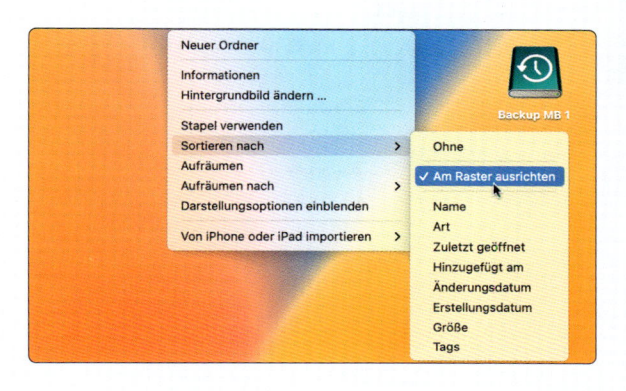

4 Ordnung auf dem Schreibtisch

Für Ordnung auf dem Schreibtisch sorgt die Sortierung im Raster in den Darstellungsoptionen. Oder Sie nutzen die Zusammenfassung von Dokumenten in Stapeln. Die Symbolvorschau zeigt den Inhalt des Dokuments als Icon.

5 Finder-Einstellungen kontrollieren

In den Finder-Einstellungen legen Sie fest, welchen Inhalt ein neues Fenster zeigt. Ein Ordner öffnet sich schneller als die Übersicht „Zuletzt benutzt". Hier können Sie auch die Icons für Laufwerke, DVDs und Server aktivieren.

6 Maus und Trackpad konfigurieren

In den Einstellungen für Maus oder Trackpad aktivieren Sie den Sekundärklick („Rechtsklick"), um das Kontextmenü schneller öffnen zu können. Außerdem finden Sie hier viele nützliche Gesten zum Scrollen und Zoomen.

Workshop: Benötigte Programme installieren und eigene Dokumente kopieren

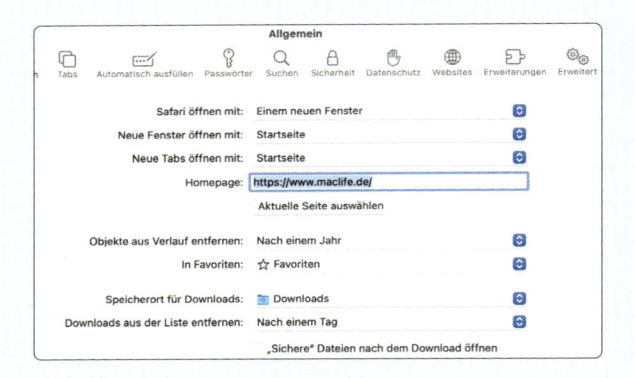

1 Safari Download-Einstellungen
Das Dateiformat sagt nichts über die Sicherheit des Inhalts aus. Deshalb sollte unbedingt unten in den allgemeinen Safari-Einstellungen das Öffnen von Downloads ausgeschaltet sein. Man sollte geladene Dateien immer mit Vorsicht behandeln.

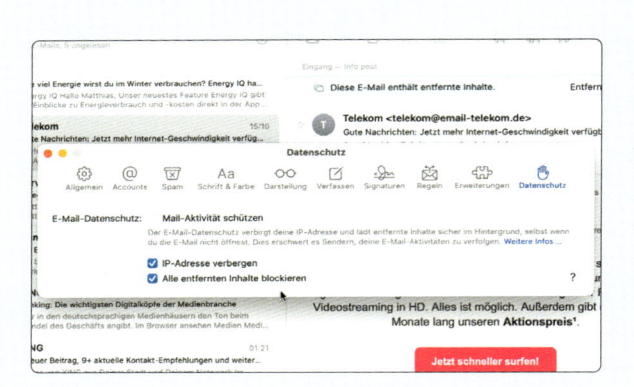

2 Entfernte Inhalte in Mail nicht laden
Ähnlich verhält es sich mit dem Laden entfernter Inhalte in E-Mails, das zum Tracken von Mails und Verifizieren von Adressen genutzt wird. Also sollte man diese in den Mail-Einstellungen unter „Darstellung" abschalten.

3 Optionen für Nachrichten & FaceTime
Damit die Konversation auf Macs und iOS-Geräten synchron läuft, sollten für Nachrichten (im Bild) und FaceTime die gleichen IDs eingetragen und der Nachrichten-Sync in iCloud aktiv sein. Überall sollte die gleiche Absender-ID eingetragen sein.

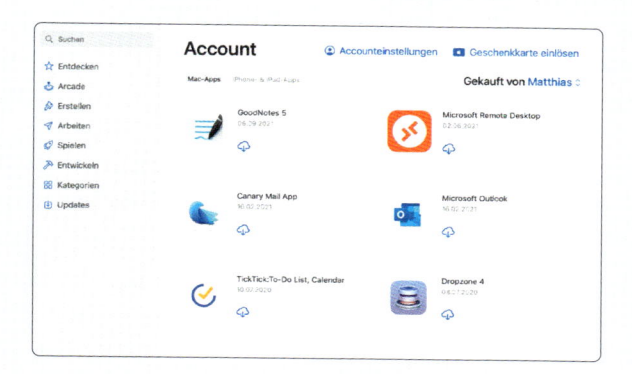

4 Gekaufte Programme im Store

Ist das System konfiguriert, installieren Sie die fehlenden Apps. Der App Store bietet alle Einkäufe übersichtlich zum Download an. Für andere Apps sollten Sie die Installationsdateien und Lizenzschlüssel bereithalten.

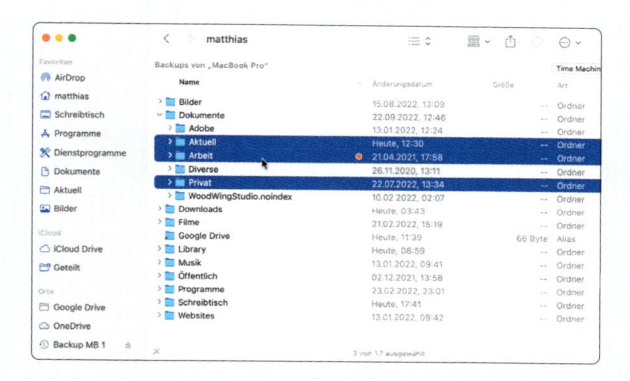

5 Persönliche Dateien kopieren

Ihre persönlichen Daten finden Sie in den Ordnern des Home-Verzeichnisses auf dem Klon-Volume oder im Time-Machine-Back-up. Schauen Sie alle Ordner durch, und kopieren Sie erst einmal nur die nötigsten Daten.

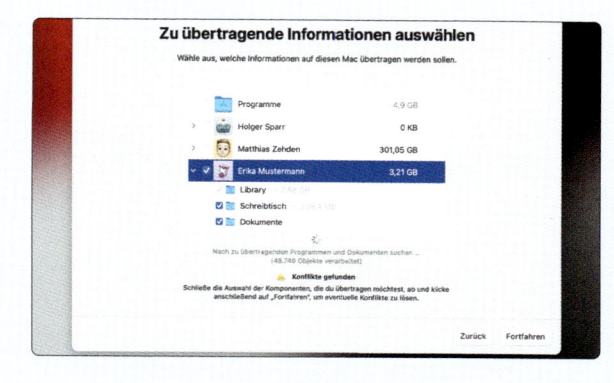

6 Migrationsassistent für weitere Daten

Für den Haupt-Account ist der Migrationsassistent beim Clean Install tabu, doch Sie können später weitere Benutzer oder Dokumente aus einer Datensicherung oder vom Klonvolume übertragen.

Mit wenig Massenspeicher auskommen

Mit dem Wechsel von der klassischen Festplatte zur SSD sind die internen Massenspeicher des Mac nicht nur viel schneller, sondern leider auch kleiner geworden. Eine früher übliche Größe von zwei Terabyte ist als SSD immer noch ein teurer Luxus, den sich eher Profis gönnen. Apples Preise für Arbeitsspeicher und SSDs sind traditionell ziemlich happig und wer mit einer kleinen Konfiguration auskommt, spart eine Menge Geld.

Die interne SSD bietet die höchste Leistung. Deshalb ist sie für das System, regelmäßig genutzte Apps und aktuell in Arbeit befindliche Dokumente reserviert. Was darüber hinausgeht, lässt sich auch auf langsameren Speichermedien lagern. Die klassische Lösung dafür sind externe Laufwerke. Den meisten Platz fürs Geld bieten immer noch Festplatten im USB-Gehäuse. Wer große Datenmengen unterbringen muss, wählt 3,5-Zoll-Laufwerke. Da sie ein eigenes Netzteil benötigen, eignen sie sich allerdings nur im stationären Einsatz. Muss das Archiv unterwegs im Zugriff sein, sind 2,5-Zoll-Laufwerke die bessere Wahl, da sie sich auch über den USB-Anschluss eines MacBook mit Strom versorgen lassen. Sie sind langsamer als die großen Kollegen, was aber beim Einsatz als Zusatzspeicher kein Problem sein sollte.

Wer große Datenmengen bewegt, sollten auch extern zur SSD greifen. Standard-Laufwerke mit SATA-6-Schnittstelle in aktu-

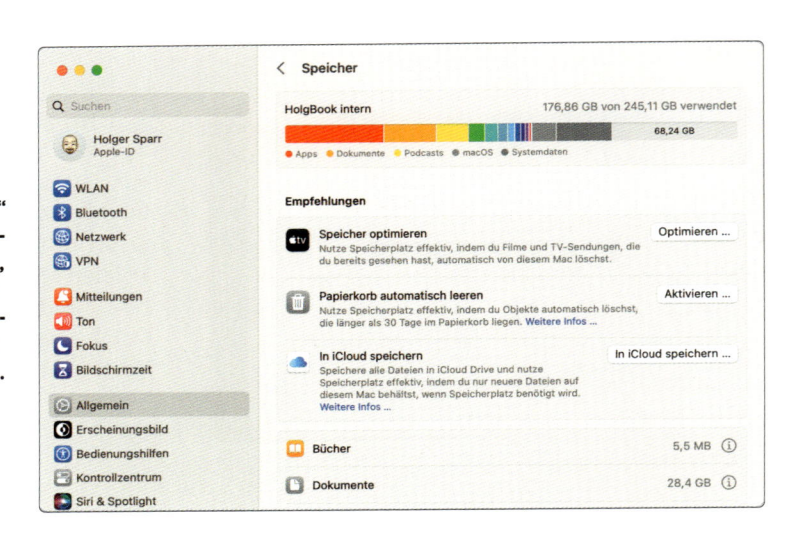

Der Bereich „Speicher" in den allgemeinen Systemeinstellungen zeigt, womit das Startvolume belegt ist und gibt Empfehlungen, wie sich Platz sparen lässt.

ellen USB-3-Gehäusen sollten Übertragungsraten von etwa 400 bis 450 MB/s schaffen. Das ist nicht die Spitze dessen, was heute möglich ist, aber schon sehr flott und mit rund 200 Euro für 2 TB inklusive Gehäuse auch preislich sehr attraktiv.

Für viele reicht schon ein USB-Stick als externes Datenlager. Er ist klein, leicht und relativ preisgünstig. Die praktischen Speichermedien bieten weniger Platz als Festplatten und sind auch nicht so schnell, aber als einfaches, mobiles Archiv eignen sie sich trotzdem gut. Er ist kein ideales Zweitlaufwerk zum Arbeiten, löst aber das Platzproblem.

Mehr Platz im Netz

Der moderne Gegenentwurf zur externen Festplatte ist ein Cloud-Speicher. Neben Apples iCloud gibt es klassische Speicheranbieter wie Dropbox oder Internetprovider, die zusätzlich zum Netzzugang oder Webspace auch Onlinespeicher anbieten. Wer Produkte von Adobe, Google, Microsoft & Co. nutzt, erhält damit in der Regel ebenfalls einen Cloud-Speicher, der sich bequem als virtuelles Laufwerk im Finder einbinden lässt. Preis und Platz sind aber nicht alles. Andere Auswahlkriterien können ein serverseitiges Back-up sein, das den Zugriff auf alte Versionen und gelöschte Dateien erlaubt, oder die Möglichkeit zur Freigabe, um mit anderen gemeinsam arbeiten zu können.

Eine Cloud-Lösung bietet einige Vorteile: Sie benötigt keinen Platz im Gepäck, man kann sie weder vergessen noch verlieren. Die Größe des Speichers lässt sich bei den meisten Diensten relativ flexibel anpassen. Der wichtigste Nachteil liegt auf der Hand. Für den Zugriff auf den Cloud-Speicher ist man auf eine zuverlässige Internetverbindung angewiesen. Bei größeren Datenmengen muss die für komfortables Arbeiten noch dazu schnell sein. Zu Hause oder im Büro ist das normalerweise möglich, doch unterwegs lässt sich das nicht immer sicherstellen. Dienste, die den Inhalt des Cloud-Speichers auf den Mac spiegeln, entschärfen das Internetproblem. Dafür belegen die lokalen Daten aber Platz auf der internen SSD, was wir ja gerade vermeiden wollen.

An die Stelle einer einmaligen Anschaffung treten bei Cloud-Speichern regelmäßige Kosten für ein Abo. Und es liegen private Daten auf den Servern, was im professionellen Einsatz und bei Servern außerhalb der EU sogar rechtliche Probleme aufwerfen kann.

Als Ergänzung zum Mac fällt die Wahl oft auf iCloud. Die meisten nutzen zumindest ein kostenfreies Konto, um die wichtigsten Daten zu synchronisieren. Wer dann noch Fotos abgleicht und Sicherungen von mobilen Apple-Geräten macht, bezahlt vermutlich auch schon ein kostenpflichtiges Paket. Da liegt es nahe, das vorhandene Konto, einfach etwas aufzustocken. Mit rund 3 Euro für 200 GB und 10 Euro für 2 TB liegt Apple preislich im üblichen Bereich.

Das beste Argument für iCloud ist jedoch, dass kein anderer Dienst so perfekt in macOS und die anderen Apple-Systeme integriert ist. Das beginnt damit, dass sich die Ordner für Schreibtisch und Dokumente mit einem Mausklick auf den iCloud-Speicher verlegen lassen. Familien können sich den gebuchten Speicherplatz eines iCloud-Kontos sogar teilen, was eventuell die Kosten senkt. iCloud Drive erscheint einfach in der Seitenleiste des Finder und mittlerweile lassen sich auch Ordner darauf freigeben. Über die iCloud-Freigaben kann man mit anderen zusammenarbeiten oder Daten auf andere Macs transferieren.

Wird der Platz auf dem Startvolume knapp, kann macOS die lokalen Kopien im iCloud-Drive-Ordner automatisch entfernen. Die zugehörige Funktion findet sich in den Systemeinstellungen für iCloud. Der Finder zeigt die Dateien immer noch an, lädt sie aber erst herunter, wenn man versucht, sie zu benutzen. Für die Foto-Mediathek auf iCloud besitzt der Mac eine ähnliche Funktion. Hier reduziert er bei Platzproblemen automatisch die Qualität der lokal gespeicherten Bilder. Die Originale liegen weiterhin auf dem iCloud-Server.

Privater Server

Eine andere Möglichkeit für mehr Speicherplatz zu sorgen, ist ein Server im lokalen Netzwerk. Das kann zum Beispiel ein NAS (Network Attached Storage) sein oder ein alter Mac, der Ordner freigibt. Wer kann, sollte Rechner und Server für optimale Geschwindigkeit mit Gigabit-Ethernet oder mehr verkabeln. Außerdem empfiehlt sich ein Mac mit mindestens macOS Catalina.

Schnell, aber klein

Die aktuellen Macs bieten schnelle SSDs, die aber in bezahlbaren Größen nicht viel Platz bieten. Wer sich den eigenen Arbeitsplatz richtig organisiert, kommt auch mit einer kleinen SSD aus und kann so viel Geld beim Rechnerkauf sparen.

Workshop: So nutzen Sie einen anderen Mac als Server und melden sich an

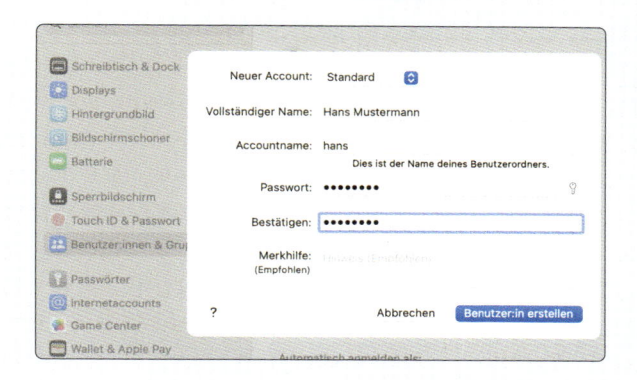

1 Neues Benutzerkonto anlegen

Legen Sie auf dem Mac, der als Server dienen soll, in den Einstellungen für „Benutzer:innen & Gruppen" ein Konto an. Am einfachsten ist ein Standardkonto mit ihrem Namen. Dieses Konto können Sie direkt an diesem Mac oder über das Netzwerk nutzen.

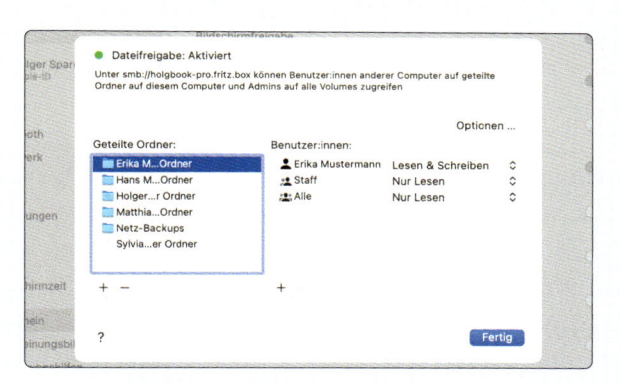

2 Dateifreigabe konfigurieren

Aktivieren Sie unter „Allgemein > Teilen" die Dateifreigabe und klicken Sie auf das „i". Für den Benutzertyp „Nur teilen" müssen Sie hier einen Ordner wählen und ihm das Konto zuordnen. Ordner lassen sich an dieser Stelle auch erstellen oder löschen.

3 Am Server im Netzwerk anmelden

Klicken Sie jetzt auf ihrem Arbeits-Mac in der Seitenleiste auf Netzwerk. Wählen Sie den Server aus und melden Sie sich mit den Daten des gerade angelegten Kontos an. Wenn Sie das Passwort im Schlüsselbund sichern, müssen Sie es nicht wieder eingeben.

Geht es nur darum, ein Archiv für den gelegentlichen Zugriff ins lokale Netz zu stellen, reicht oft schon ein USB-Volume am Router. Viele neuere Modelle erlauben Freigaben. Die sind vielleicht nicht super schnell, aber oft schon vorhanden und sparen letztlich Strom, weil sie ohnehin laufen.

macOS bietet einige Möglichkeiten, den Zugriff auf externe Speichermedien komfortabel zu machen. Oft hilft es schon, wichtige Ordner davon in die Favoriten der Seitenleiste zu ziehen oder ein Alias in den Arbeitsordner zu legen. Um die Daten auf einem externen Laufwerk zu schützen, sollte man es beim Einrichten im Festplattendienstprogramm verschlüsseln. Wer das Passwort im iCloud-Schlüsselbund speichert, muss es beim Mounten nicht jedesmal eingeben, was übrigens auch für Kennworte zu Freigaben gilt. Legen Sie ein Alias des Server-Volumes auf dem Schreibtisch an, haben Sie es immer in Griffweite. Dafür halten Sie einfach beim Bewegen des Icons die Tasten [cmd] und [alt] gedrückt.

Platz sparen

Das Aufräumen ihrer Daten ist vielleicht keine vollwertige Alternative, aber immer eine gute Ergänzung. Zu den großen Platzfressern gehören nicht mehr benötigte Downloads im gleichnamigen Ordner, ein übervoller Papierkorb oder lokale Kopien von Musik und Filmen, die man nicht ständig benötigt. Das Dienstprogramm Systeminformationen liefert im Fenster „Speicherverwaltung" eine zentrale Übersicht über das Startlaufwerk. Über diese App lassen sich auch diverse automatische Optimierungen wie beispielsweise das autoamtische Entfernen von Objekten im Papierkorb nach 30 Tagen starten.

Wie Sie die interne SSD am besten ergänzen, hängt von ihrem individuellen Platzbedarf und Ansprüchen an die Performance ab. Externe USB-Laufwerke bieten viel Platz und sind auch die erste Wahl, wenn es auf die Geschwindigkeit ankommt. Im lokalen Netzwerk kann auch die Freigabe von einem anderen Mac eine gute Alternative sein. Die große Freiheit versprechen dagegen Cloud-Dienste, die von überall und von allen möglichen Geräten aus erreichbar sind. Sie sind allerdings auf eine flotte Internetverbindung angewiesen.

Workshop: So arbeiten Sie ohne Probleme mit verschlüsselten externen Festplatten

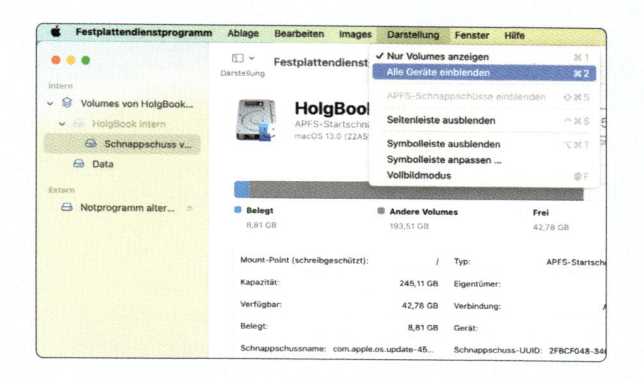

1 Alle Festplatten einblenden

Schließen Sie die externe Festplatte an und starten Sie das Festplattendienstprogramm. Um alle externen Festplatten zu sehen, blenden Sie die Seitenleiste ein. Rufen Sie dann den Menübefehl „Darstellung" > „Alle Geräte" auf.

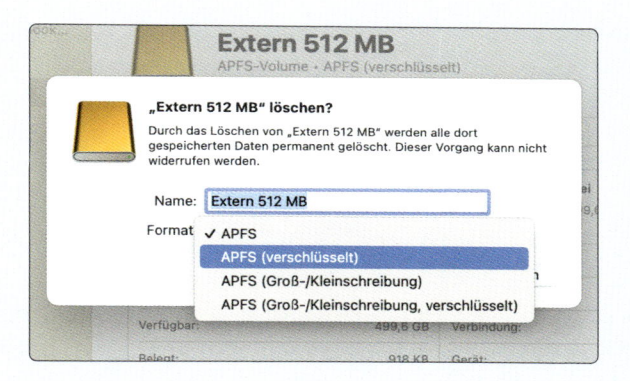

2 Platte löschen und dabei verschlüsseln

Wählen Sie das Laufwerk in der Seitenleiste aus. Klicken Sie dann in der Befehlsleiste auf „Löschen". Wählen Sie das Format „APFS (verschlüsselt)" und vergeben Sie ein Passwort. Die Stärke der Verschlüsselung hängt auch vom Passwort ab.

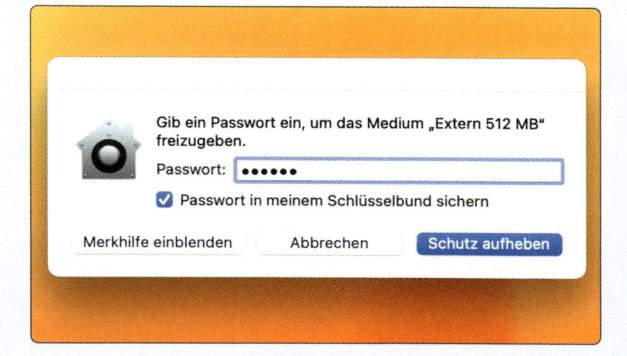

3 Verschlüsseltes Volume mounten

Zum Mounten des Volumes müssen Sie zukünftig das Passwort eingeben. Aktivieren Sie die Option zum Sichern im Schlüsselbund, damit sich der Mac das Passwort merkt. Auf diese Weise merken Sie im Betrieb fast nichts von der Verschlüsselung.

Workshop: So verwenden Sie Ihr iCloud-Konto als externen Speicherplatz für Dateien

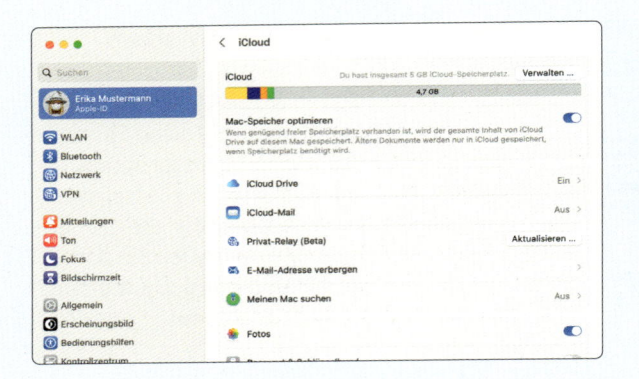

1 Auslastung der iCloud überprüfen

Klicken Sie auf Ihren Namen in den Systemeinstellungen. Im Bereich „iCloud" sehen Sie, welche Art von Daten wie viel Platz in der iCloud belegt und können mit einem Klick auf „Verwalten" mehr buchen.

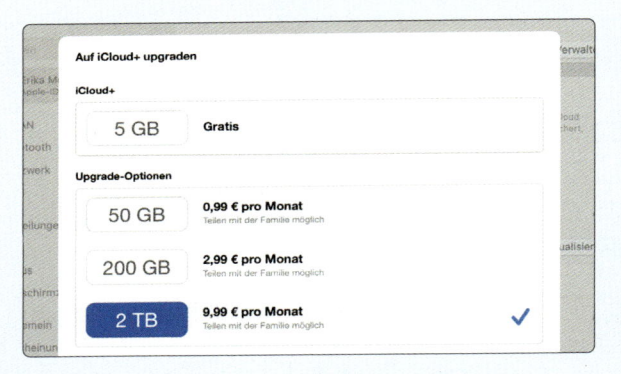

2 Speicher-Upgrade für iCloud bestellen

Klicken sie auf „Speicherplatz hinzufügen" und wählen Sie 200 GB oder 2 TB iCloud-Speicher (für 3 oder 10 Euro/Monat). Mit diesem Speicher für Daten, Fotos und Datensicherungen können Sie die interne SSD Ihres Macs wirkungsvoll entlasten.

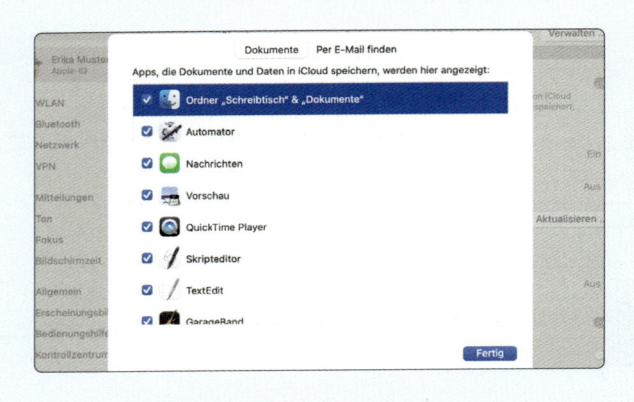

3 Schreibtisch in iCloud sichern

Klicken Sie neben „iCloud Drive" auf „Optionen". Aktivieren Sie den Eintrag für „Schreibtisch & Dokumente", um Ihre gleichnamigen Ordner auf iCloud auszulagern. Diese Daten können Sie später auch von anderen Macs aus nutzen.

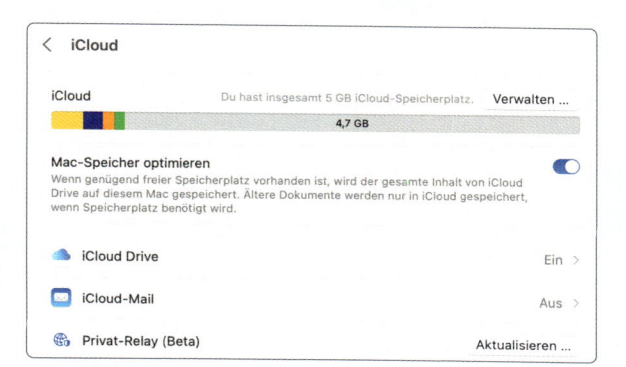

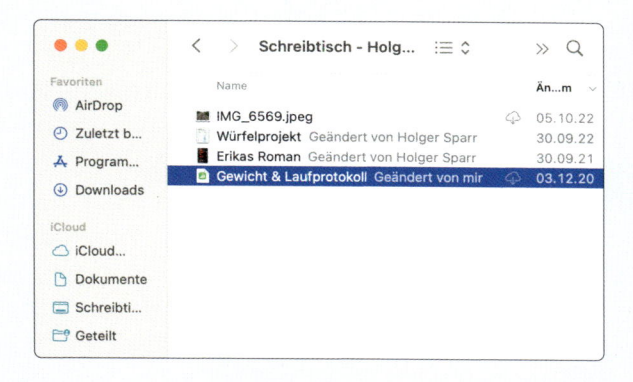

4 Nicht benutzte Dateien auslagern

Aktivieren Sie in den iCloud-Einstellungen „Mac-Speicher optimieren", damit macOS bei Platzmangel automatisch lokale Kopien lange nicht benutzter Dateien entfernt. Verloren geht nichts, weil es bei Bedarf sofort wieder geladen wird.

5 Downloads manuell entfernen

Sie können auf iCloud Drive auch eigene Ordner anlegen oder per „Download entfernen" im Kontextmenü die lokalen Kopien synchronisierter Dateien manuell entfernen. Sie können diesen Job allerdings auch der Automatik überlassen.

6 Dateien bei Bedarf aus iCloud laden

Erscheinen auf iCloud Drive rechts von Datei- oder Ordnernamen Cloud-Symbole, fehlen lokale Kopien. Klicken Sie darauf, um deren Downloads manuell zu starten. Nichts geht verloren und die interne Platte des Macs wird deutlich entlastet.

Der Stage Manager gibt jedem Programm mit all seinen Fenstern viel Raum, zeigt aber auch, was sonst noch läuft. Vor allem für MacBooks eine geniale Idee.

Auf die Bühne mit dem Stage Manager

Apple hat schon so einige Versuche unternommen, die Arbeit mit mehreren Programmen angenehmer und übersichtlicher zu machen. Vor allem die kleineren Bildschirme mobiler Rechner haben meist nicht genügend Platz, um die offenen Fenster mehrerer Programme gleichzeitig anzuzeigen. Ständig verdeckt ein Programm die Fenster eines anderen, weshalb Hilfe sehr willkommen ist. Neu eingeführt mit macOS Ventura hat Apple den Stage Manager. Er ist deutlich einfacher zu bedienen und zu verstehen als das zuvor zuständige Mission Control, kann aber dafür auch nicht ganz so viel.

Im Normalfall lässt sich der Stage Manager blitzschnell über das Kontrollzentrum oder ein Menüleistensymbol aktivieren. Auf der linken Bildschirmseite ist für jedes Programm und seine Fenster ein kleines Symbol zu sehen. Sobald Sie auf eines der Symbole klicken, wird nur noch dieses Programm angezeigt, alle anderen werden ausgeblendet. Die Verkleinerungen auf der linken Bildschirmseite zeigen an, welche Programme sonst noch laufen, was den Stage Manager von vorherigen Alternativen abhebt.

Doch natürlich kann er noch etwas mehr. Wahlweise zeigt er alle Fenster eines Programms einzeln oder alle

Auch fürs iPad

Den Stage Manager gibt es auch für bessere iPads, wo es keinen Vorläufer wie Mission Control gibt. Das Interface ist beinahe identisch.

Workshop: Den Stage Manager einrichten und so effizient wie möglich aufrufen

1 Stage Manager in der Menüleiste

In den Systemeinstellungen für das Kontrollzentrum verbirgt sich die Möglichkeit, das Symbol für den Stage Manager auch in der Menüleiste anzuzeigen. Von dort lässt er sich auf sehr einfache Weise starten und auch wieder beenden.

2 Stage Manager richtig einstellen

Die Einstellungen für den Stage Manager verstecken sich gekonnt unter dem Punkt „Schreibtisch & Dock". Dort lassen sich auch alle Schreibtischobjekte für eine klarere Darstellung ausblenden. Hier bestimmt man auch, ob Fenster einzeln erscheinen sollen.

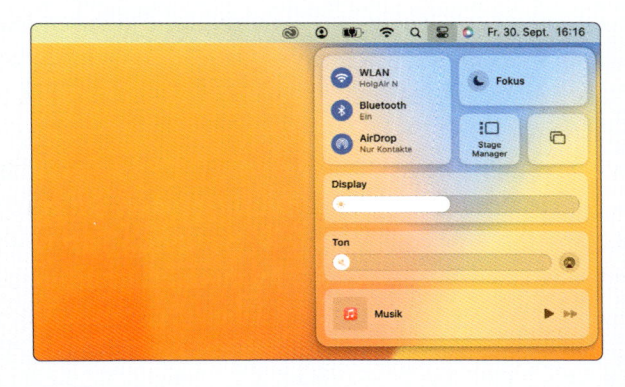

3 Aufruf über das Kontrollzentrum

Der vielleicht einfachste Weg zum Starten des Stage Managers ist sein Symbol im Kontrollzentrum. Er lässt sich so jederzeit und problemlos auch während der laufenden Arbeit ein- und ausschalten. Dies ist ein wichtiger Unterschied zu Mission Control.

gleichzeitig an. Im Einzelmodus muss man für jedes Fenster einmal klicken. Wer dazu neigt, etwa im Finder dauernd neue Fenster zu öffnen, schafft sich so einiges an Arbeit und dürfte eher genervt sein.

Außerdem lassen sich mehrere Programme auf eine „Stage", also eine gemeinsame Bühne bitten. Ein denkbares Beispiel ist das Fotos-Programm im Verbund mit Photoshop, wenn dies gelegentlich die externe Bearbeitung erledigt.

Ist der Bildschirm klein, dürfen Sie Fenster auch bis zum linken Rand aufziehen und sehen dann die anderen Programme erst, wenn Sie mit der Maus an den Rand kommen. Dadurch kann man den Platz besser nutzen.

Limitierungen im Alltag

Doch hier liegt auch gleich eine der Einschränkungen von Stage Manager, denn nutzt man ein Programm im Vollbildmodus, lässt sich der Stage Manager nur dadurch wieder aufrufen, dass man über das Dock ein anderes Programm anwählt oder gleich den Space wechselt. Ebenfalls unmöglich ist das Umsortieren der verschiedenen Stages. Und selbst auf größeren Monitoren lassen sich nur maximal sechs Stages angezeigen. Werden es mehr, stellt der Mac sie nicht mehr getrennt dar.

Zu Gunsten einer simplen Bedienung ist der Stage Manager recht einfach gehalten, was eigentlich kein Nachteil sein muss. Vor allem dann nicht, wenn man ihn mit Tools wie Mission Control und Spaces vergleicht, die zwar leistungsfähiger, aber schlecht zu überblicken sind. Für Apple hat sicher eine Rolle gespielt, dass der Stage Manager zeitgleich auch für größere iPads eingeführt wurde, wo er deutlich revolutionärer wirkt als auf dem Mac, wo ihn manche kritisieren.

Apple wird den Stage Manager sicher noch verbessern und um Features erweitern, doch schon in der vorliegenden Form überzeugt das Tool durch eine sehr einfache Bedienung und viele Vorteile für alle, die auf ihren MacBooks viele Programme parallel starten und dann irgendwann den Überblick verlieren. Je kleiner der Bildschirm, umso mehr Hilfe dieser Art kann man bei der Arbeit gebrauchen. Und der Stage Manager überzeugt gerade dadurch, dass er sich selbst zurücknimmt.

Workshop: So nutzen Sie den Stage Manager mit all seinen Möglichkeiten

1 Stage Manager im Überblick
Ist der Stage Manager aktiv, werden auf der linken Seite des Bildschirms Symbole für jede „Stage" gezeigt. Es reicht ein Mausklick auf eines der Symbole, um zum betreffenden Programm mit seinen geöffneten Fenstern zu schalten.

2 Detailansichten für einzelne Stages
Ein Mausklick auf das Symbol eines Programms zeigt dessen aktives Fenster unverzerrt. Diese Mini-Darstellung entspricht übrigens der Realität, selbst Filme laufen verkleinert weiter. So sieht man im Stage Manager recht gut, welche Fenster wo geöffnet sind.

3 Verschlüsseltes Volume mounten
Haben Sie in den Einstellungen für Stage Manager die Einzeldarstellung für die Fenster der App gewählt, bekommt jedes Fenster eine eigene Ansicht. Jede Ansicht lässt sich einzeln anwählen. Das kann bei vielen Fenstern eines Programms lästig werden.

Workshop: So nutzen Sie den Stage Manager mit all seinen Möglichkeiten (Fortsetzung)

4 Den vollen Bildschirm nutzen

Die Miniaturen werden nur eingeblendet, wenn Platz ist. Verdeckt ein Fenster den linken Bildschirmrand, erscheint der Stage Manager erst dann, wenn der Mauszeiger nach ganz links bewegt wird. So geht kein Platz auf dem Bildschirm verloren.

5 Eine Bühne für mehrere Programme

Um zwei oder mehr Programme auf eine Bühne zu bringen, ziehen Sie einfach das Programmfenster des zusätzlichen Programms mit auf die Bühne des ersten. So entsteht ein gemeinsamer Arbeitsbereich für mehrere Programme.

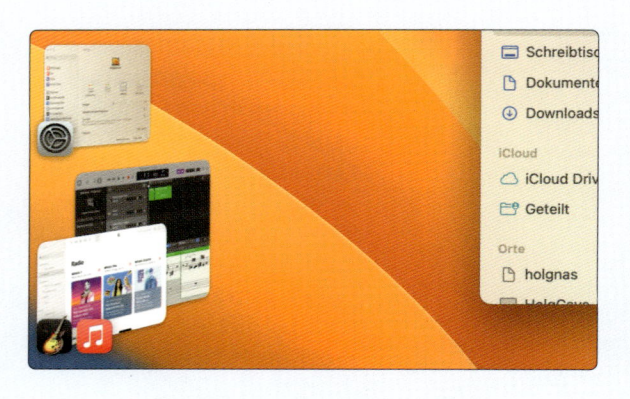

6 Darstellung für zwei Programme

Teilen sich zwei Programme einen Schirm, zeigt der Stage Manager beide Programmsymbole und auch beide Fenster. Die gemeinsame Bühne bietet sich für Programme an, die sich thematisch ergänzen.

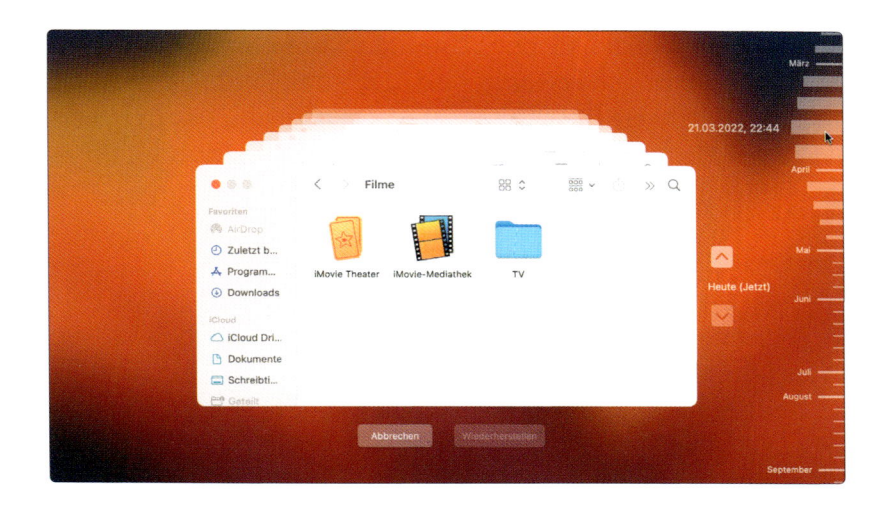

Datensicherung mit Time Machine

Nichts kommt so ungelegen wie Datenverluste, sei es durch kaputte Festplatten oder einfach durch versehentliches Löschen von Dateien. Dabei bietet das zum System gehörige Time Machine kostengünstige Abhilfe, denn Sie benötigen nur eine externe Festplatte, um sich sehr wirkungsvoll abzusichern. Die Sicherung erfolgte bislang stündlich, seit macOS Ventura kann sie aber auch täglich oder wöchentlich stattfinden. Je häufiger gesichert wird, umso kleiner ist die Datenmenge und umso größer die Chance, auch zum Schlechten veränderte Dateien wieder zu restaurieren.

Time Machine verdichtet ältere Datenbestände: Nach 24 Stunden werden sie zu Tagen zusammengefasst, die wiederum einen Monat zur Verfügung stehen, und noch ältere Sicherungen werden zu Wochen verdichtet. Reicht der Platz auf dem Volume nicht, löscht Time Machine schließlich die ältesten Dateien automatisch.

Doppelte Sicherung

Beim Ausfall der Festplatte des Mac hilft die Sicherungskopie, doch was ist, wenn die Time-Machine-Platte selbst kaputtgeht? Dagegen hilft die Nutzung von gleich zwei

> **Frequenz**
>
> Je häufiger Sie sichern, umso kleiner ist jedes Mal die Datenmenge und umso schneller geht es.

Festplatten: Sobald in den Time-Machine-Einstellungen ein zweites Volume ausgewählt wird, darf man beide verwenden. Diese Möglichkeit lässt sich auch gut einsetzen, um beispielsweise ein MacBook sowohl zu Hause als auch im Büro auf unterschiedlichen Festplatten oder im Netzwerk zu sichern.

Die Größe zählt

Es gibt eine einfache Faustregel für die angemessene Größe der Time-Machine-Platte: Sie sollte mindestens doppelt so groß sein wie der Dateivorrat des Rechners, der gesichert werden soll. Wer eine 1-Terabyte-Platte in seinem Rechner hat, sollte also zu einer externen 2-Terabyte-Platte greifen – mindestens. Da Time Machine bei Platzmangel die ältesten Dateien löscht, bedeutet mehr Platz auch, dass Sie weiter zurückblättern können, was manchmal sehr praktisch ist und angesichts der heutigen Laufwerkspreise auch keine großen Investitionen bedeutet.

Übrigens legt Time Machine auf lokalen Volumes sogenannte Snapshots an, die nur Verweise auf Dateien enthalten und daher selbst praktisch keinen Platz belegen. Mit ihrer Hilfe kann Time Machine einzelne Dateien restaurieren, und sie werden auch nur angelegt, wenn Time Machine aktiviert und ein Volume für eine vollständige Datensicherung vorhanden ist.

Über die Time-Machine-Einstellungen lassen sich Ordner und Laufwerke von der Sicherung ausnehmen, was sich für häufig wechselnde, riesige Datenmengen wie beispielsweise das TV-Archiv empfiehlt, die sich sonst schnell summieren würden. Viele Programme wie Parallels Desktop nehmen ihre Daten automatisch von der Sicherung aus. Doch je mehr Daten man ausschließt, umso weniger vollständig lässt sich der Rechner im Fall des Falles wiederherstellen.

Datensicherung übers Netz

Sehr gut funktioniert Time Machine auch übers lokale Netzwerk. Die kommerzielle Lösung dafür sind NAS-Laufwerke, die ausdrücklich als Time-Machine-Server geeignet sein müssen, denn sie müssen ein spezielles Protokoll dafür unterstützen.

Schnappschüsse

Time Machine sichert von allein Schnappschüsse, die selbst keinen Platz blockieren, weil sie nur Verweise enthalten und automatisch wieder gelöscht werden.

Doch es lassen sich auch Ordner auf anderen Macs im lokalen Netzwerk als Time-Machine-Volumes freigeben, wobei Sie sogar ein Speicherplatzkontingent für die Nutzung zur Datensicherung einrichten können, um beispielsweise den Platz gerecht auf mehrere Netzwerkbenutzer zu verteilen.

Demgegenüber lassen sich in der iCloud nur Daten einzelner Programme wie beispielsweise Kalender sichern, außerdem der Schreibtisch und der Ordner „Dokumente". Doch damit ersetzen Sie keine vollständige Datensicherung, zudem brauchen Sie viel Platz, der in der iCloud teuer werden kann. Eine externe Festplatte rentiert sich da schnell.

USB oder iCloud?

Grundsätzlich hat man die Wahl zwischen der iCloud, einem Server im lokalen Netz oder einer USB-Festplatte. Der Unterschied zeigt sich leider erst bei der Wiederherstellung der Daten, denn diese dauert über das Netzwerk oder die iCloud sehr lange. Die lokale Festplatte ist also immer die beste Wahl, denn sie ist schnell, günstig, und man hat sie selbst unter Kontrolle. Achten sollte man darauf, dass sie zumindest über USB 3 an den Rechner angeschlossen wird. Es muss keine teure SSD sein, auch sich drehende Platten sind heutzutage leise und schnell.

Daten wiederherstellen

Das Genialste an Time Machine ist die Wiederherstellung von Daten: Sie öffnen einfach ein Fenster im Finder, in dem die vermisste oder versehentlich geänderte Datei war, starten Time Machine und können nun im Zeitstrahl auf der rechten Bildschirmseite zurückblättern, bis die gewünschte Datei erscheint. Klicken Sie auf „Wiederherstellen", holt Time Machine die Datei zurück. Sollte es eine aktuellere Version der Datei geben, können Sie das Original zusätzlich erhalten, das entsprechend umbenannt wird. Das Wiederherstellen von Daten unterstützen aber auch einige Programme, wie etwa Kontakte: Ist das Programmfenster aktiv und wird Time Machine gestartet, können Sie auch hier in der Zeit zurückblättern. Allerdings handhaben diese Apps die Wiederherstellung teils nicht so flexibel wie der Finder.

Komplette Wiederherstellung

Wenn Sie die Festplatte des Mac nach einem Defekt wechseln mussten, ist eine komplette Wiederherstellung naheliegend. Da sich der Rechner nicht vom Time-Machine-Volume starten lässt, braucht man die Wiederherstellungspartition oder einen bootfähigen USB-Stick, bei neueren Macs geht es übers Internet. Nach dem Start können Sie ein Time-Machine-Volume und sogar die

Uhrzeit des Datenbestandes wählen, den Sie wiederherstellen wollen. Die Wiederherstellung dauert häufig einige Stunden. Übers Netzwerk braucht es noch mal länger, und selbst ganze Nächte sind für eine komplette Wiederherstellung oft zu kurz.

Teilrestauration

Über den Migrationsassistenten lassen sich auch Teile einer Time-Machine-Sicherung wie Programme, Benutzer und Einstellungen selektiv installieren. Das klappt auch dann, wenn das Back-up von einem anderen Rechner stammt oder mit einer anderen Systemversion angelegt wurde. Der Migrationsassistent ist also der Mittelweg zwischen dem Finder zur Wiederherstellung einzelner Dateien und dem kompletten Restaurieren eines Rechners, weil man wesentlich mehr Einflussmöglichkeiten, aber damit natürlich auch mehr Arbeit hat. Auf diese Weise lassen sich auch Daten von einem Rechner oder vielmehr dessen Datensicherung auf einen anderen übertragen.

Organisation

Datensicherungen werden auf Time-Machine-Volumes in einem Ordner namens „Backups.backupdb" und dort in einem Ordner mit dem Namen des jeweiligen Rechners gespeichert. Zu jedem Datum gibt es einen Ordner mit sämtlichen zu dem Termin vorhandenen Dateien, der aktuellste Stand findet sich immer in „Latest" ganz unten in der Liste. Wer nicht den Finder, sondern das Time-Machine-Interface zum Durchsuchen nutzen möchte, kann über das Dock-Symbol „Andere Time Machine-Volumes durchsuchen" aktivieren.

Apple nutzt die Möglichkeiten eines speziell erweiterten Dateisystems für Time Machine, bei dem mehrere Verzeichniseinträge auf die gleiche Datei verweisen dürfen. Klassische Unix-Tools können Time-Machine-Volumes daher nicht kopieren, aber dafür reicht auch der Finder, wenn die neue Platte das passende Format hat und man das Ignorieren der Zugriffsrechte auf dem Zielvolume anwählt. Allerdings dauert eine solche Kopie extrem lang.

> **Austausch**
>
> Alle zwei oder drei Jahre sollte man eine Time-Machine-Platte ersetzen und die alte Platte sicher aufbewahren.

Workshop: Time Machine einrichten und Optionen konfigurieren

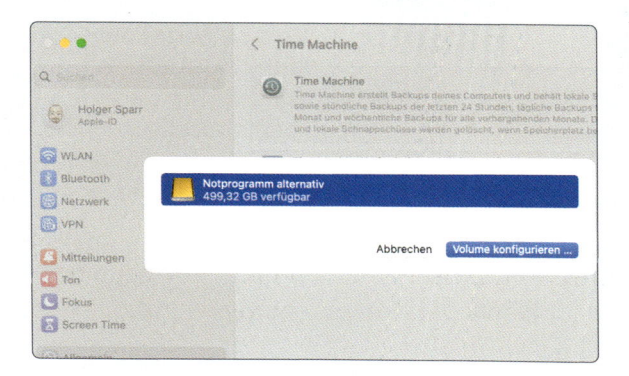

1 Festplatte für Time Machine nutzen

Die Einstellungen für Time Machine verstecken sich unter „Allgemein". Über das Pluszeichen können Sie ein neues Volume für die Datensicherung hinzufügen. Das Volume darf nicht auf der gleichen Festplatte liegen wie das Original.

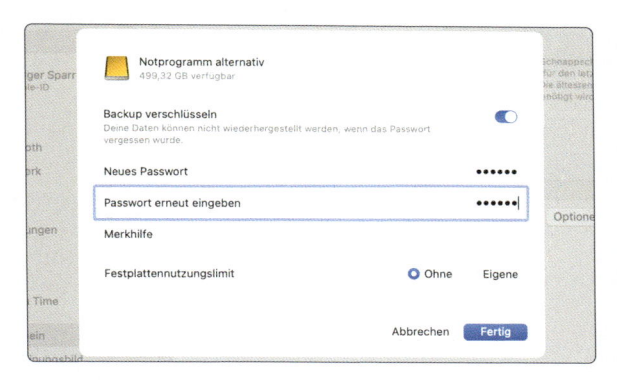

2 Datensicherung verschlüsseln

Datensicherungen lassen sich mit einem Kennwort verschlüsseln, was wichtig sein kann, wenn die Platte Dieben in die Hände fällt. Die Geschwindigkeit leidet je nach Mac natürlich darunter, doch das Mehr an Sicherheit sollte es einem wert sein.

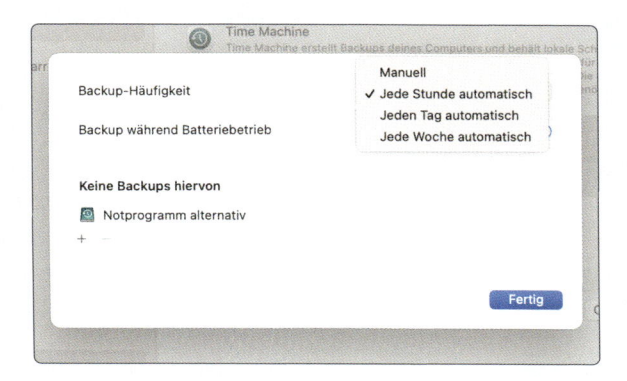

3 Frequenz der Sicherung bestimmen

Neuerdings können Sie zwischen stündlichen, täglichen, wöchentlichen oder manuellen Sicherungen wählen. Am besten bleiben Sie aber bei stündlichen Datensicherungen, denn je häufiger gesichert wird, umso kleiner fallen die Datenmengen aus.

Workshop: Time Machine einrichten und Optionen konfigurieren (Fortsetzung)

4 Von Datensicherung ausnehmen

Ordner mit häufig wechselnden, aber unwichtigen Inhalten kann man von der Datensicherung ausnehmen, kann sie dann aber auch nicht wiederherstellen. Manche Programme tragen sich hier selbsttätig ein.

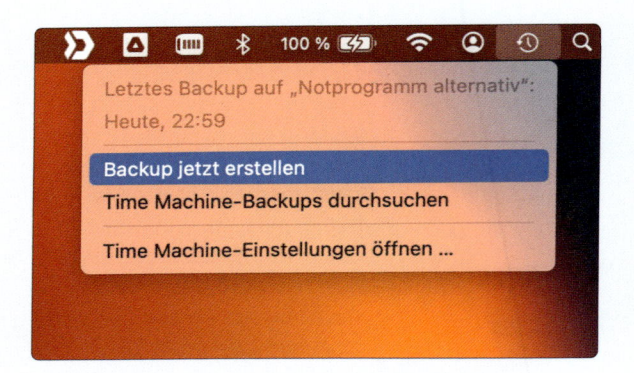

5 Time Machine kontrollieren

Die einfachste Möglichkeit, Time Machine zu starten und zu überwachen, ist das zugehörige Symbol in der Menüleiste. Hier lassen sich Backups auch manuell starten und anhalten sowie die Systemeinstellungen aufrufen.

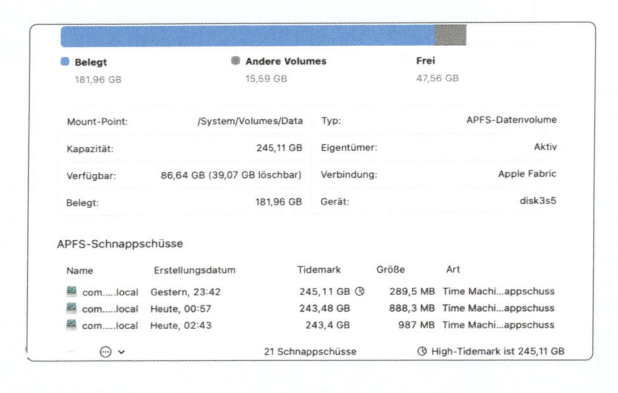

6 Schnappschüsse ansehen

Über das Darstellungsmenü des Festplatten-Dienstprogramms können Sie die „APFS-Schnappschüsse einblenden" und kontrollieren, wieviel Platz diese wirklich einnehmen. Zu konfigurieren gibt es hier aber nichts..

Workshop: Time Machine übers Netzwerk einrichten und nutzen

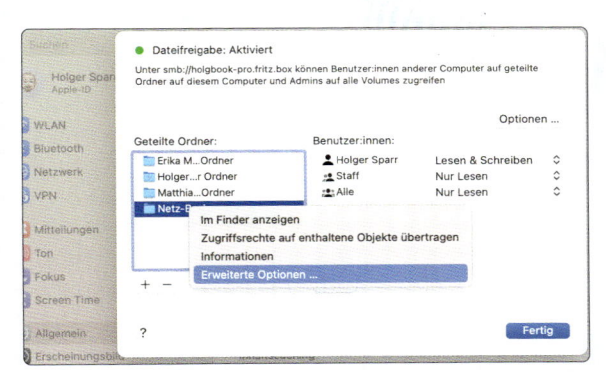

1 Ordner im Netz für Time Machine

Die Freigabe von Time Machine-Ordnern finden Sie unter den Dateifreigaben. Um einen Ordner in der Dateifreigabe als Time-Machine-Ordner zu deklarieren, wählt man ihn mit gedrückter Control-Taste beziehungsweise rechter Maustaste an.

2 Markierungen auf Bildern anbringen

Unter den erweiterten Optionen kann man den Ordner als Time-Machine-Volume für andere freigeben und hat außerdem die Chance, den Speicherplatz zu begrenzen. Allerdings sollte schon genügend Platz für eine vollständige Datensicherung sein.

3 Volume als Ziel auswählen

In den Time-Machine-Einstellungen können andere den freigegebenen Ordner als Ziel für ihre Datensicherung auswählen. Praktisch ist das vor allem für Firmen und MacBooks, die dadurch keine externen Platten mehr benötigen.

Datensicherung mit Time Machine

Workshop: Dateien oder Daten per Time Machine wiederherstellen

1 Wiederherstellung starten

Um eine Datei wiederherzustellen, öffnet man den Ordner, in dem sie lag, und öffnet das Time-Machine-Programm. Im Zeitstrahl auf der rechten Seite kann man nun zurückblättern, bis man die gewünschte Datei gefunden hat.

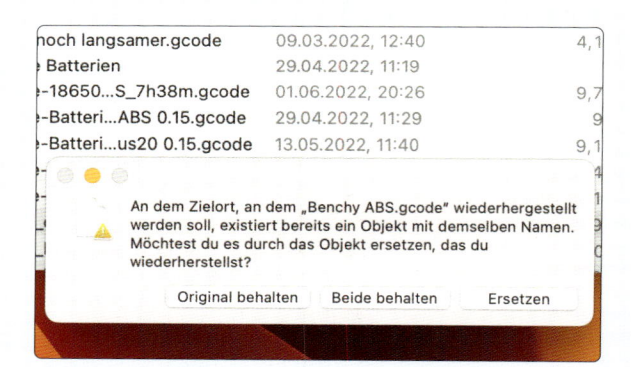

2 Datei aus Datensicherung ersetzen

Ist die Datei noch vorhanden, aber verändert, bekommt man die Möglichkeit, sie durch die Sicherungskopie zu ersetzen oder beide zu behalten. In diesem Fall benennt Time Machine die noch vorhandene Datei automatisch um.

3 Dateien aus Snapshots

Snapshots helfen, wenn Sie Dokumente wie hier in Vorschau verschlimmbessert, gesichert und das Programm zwischendurch beendet haben. Beim Zurücksetzen auf eine frühere Version durchsucht das System die Snapshots.

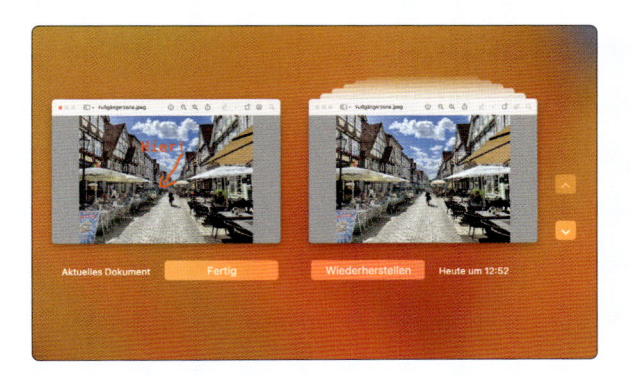

4 In Snapshots nach Dateien suchen

Das Interface für die Wiederherstellung ist das von Time Machine. Wählen Sie mit den Pfeilen eine frühere Version aus und klicken Sie auf „Wiederherstellen", um bereits gesicherte Änderungen wieder rückgängig zu machen.

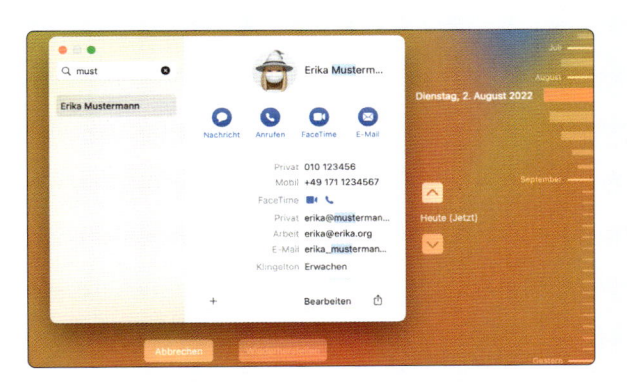

5 Eigenes Interface für Programme

Manche Programme wie hier Kontakte besitzen eine eigene Time-Machine-Steuerung. Hier können Sie sogar einzelne Kontakte, die Sie versehentlich geändert haben, restaurieren. Der Kontakt wird dann als Duplikat importiert.

6 Migrationsassistent nutzen

Der Migrationsassistent ist ideal, wenn Sie nicht nur einzelne Dateien, aber auch nicht gleich den ganzen Rechner restaurieren möchten. Und natürlich kann er Informationen aller Art von einem Rechner zum anderen übertragen.

Workshop: Dateien oder Daten aus Sicherung wiederherstellen (Fortsetzung)

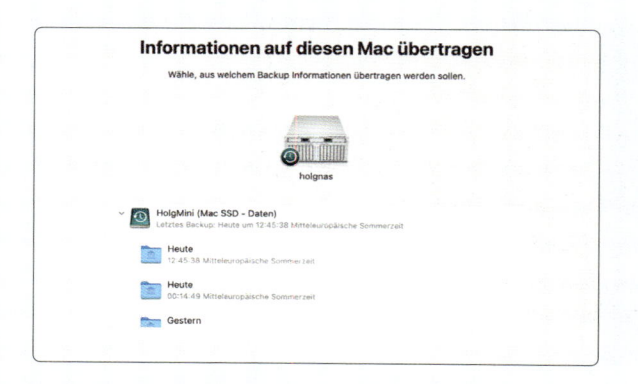

7 Daten aus Sicherung auswählen
Wählen Sie die Möglichkeit, Informationen aus einer Time-Machine-Sicherung wiederherzustellen, können Sie das Datum aussuchen. Diese Sicherung muss weder vom gleichen Rechner noch von der gleichen Systemversion stammen.

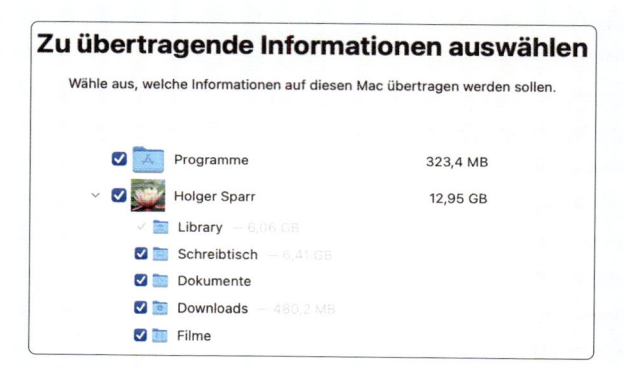

8 Daten und Dateien auswählen
Haben Sie die Datensicherung ausgewählt, müssen Sie die Art der zu übertragenden Daten angeben. Das können Programme oder Benutzeraccounts sein. Diese Auswahl können Sie im nächsten Schritt noch verfeinern.

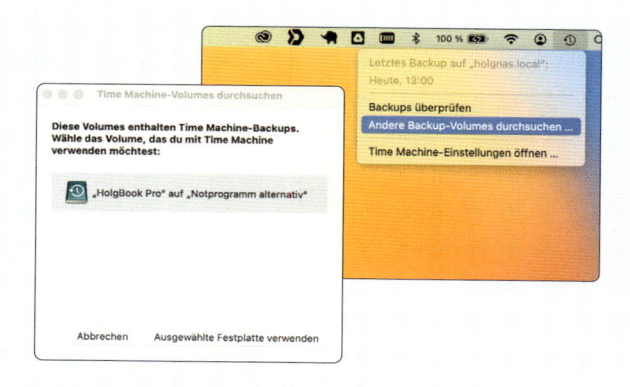

9 Anderes Volume auswählen
Hält man beim Klicken auf das Time-Machine-Symbol in der Menüleiste die Optionstaste gedrückt, kann man ein anderes Time-Machine-Volume für die Wiederherstellung einzelner Dateien oder Daten auswählen.

Auf dem Stick finden Sie neben dem System auch die nötigen Dienstprogramme, die man vor der Installation benötigen könnte.

Startfähiger USB-Stick für den Notfall

Ein USB-Stick als Installationsmedium scheint auf den ersten Blick etwas altmodisch zu sein. Schließlich lässt sich das aktuelle System jederzeit aus dem App Store laden. Notfalls lässt sich der Mac sogar per Wiederherstellung über das Internet starten, um dann Ventura neu aufzuspielen. In der Praxis ist es dann aber oft gar nicht mehr so einfach. Ist die Verbindung zum App Store unterbrochen, ist der Download nicht möglich. Dann klappt auch der Wiederherstellungs-Boot bei Problemen mit der internen Platte nicht mehr. Auch wer unterwegs mit dem MacBook über das Handy surft, sieht im Notfall schnell alt aus. Das mobile Datenvolumen eines durchschnittlichen Mobilfunkvertrags ist dem riesigen Download des macOS-Installationsprogramms kaum gewachsen. Und viele Hotel-WLANs sind da nicht wesentlich besser.

Starthilfe ohne Internet

Außer der Beschaffung kann auch die Installation problematisch sein. Sie brauchen auf jeden Fall ein startfähiges Volume, um das Startlaufwerk reparieren oder neu formatieren zu können. Wer die Festplatte gerade aus

USB-Stick

Für den Workshop empfehlen wir einen mindestens 16 Gigabyte großen USB-3-Stick. Der kostet heute keine 10 Euro mehr. Benutzen Sie einen vorhandenen Stick, sollten sich darauf keine wichtigen Daten mehr befinden, da er bei der Prozedur gelöscht wird.

Alters- oder Platzgründen ausgetauscht hat, kann ebenfalls nur via Internet in den Wiederherstellungsmodus starten, was aber einen einigermaßen leistungsfähigen Internetzugang erfordert. Ohne externes Laufwerk mit System und Installationsprogramm kommt man oft nicht weiter.

Eine simple und preisgünstige Lösung für diese Probleme ist ein startfähiger USB-Stick, bestückt mit dem macOS-Installer. Von ihm lässt sich der Mac booten und mit einem frischen System versehen. Sie können auch schnell von einem Mac zum nächsten gehen, um mehrere Installationen hintereinander durchzuführen. Der Stick passt zudem locker mit in die MacBook-Tasche, um im Notfall unterwegs zu helfen.

Da Apple keine Systemmedien mehr verkauft, müssen Sie den Stick selbst basteln. Das ist mit wenig Aufwand aus dem macOS-Installationsprogramm möglich. Dafür brauchen Sie neben einem 16 Gigabyte großen USB-3-Stick lediglich die Software aus dem App Store, das Festplattendienstprogramm, die Terminal-App und eine gute halbe Stunde Zeit. Wir beschreiben den Vorgang Schritt für Schritt in den Workshops, deren größte Schwierigkeit darin besteht, die Optionen für ein Terminal-Kommando korrekt abzutippen.

Probleme vermeiden

Ein kleiner Fallstrick ist noch der Start vom Stick, denn hier müssen Sie drei Fälle unterscheiden und verschieden behandeln. Bei einem älteren Mac halten Sie einfach die Wahltaste gedrückt, um den Startvolume-Manager zu öffnen. Dann können Sie den Stick auswählen. Auf einem M1/2-Mac müssen Sie nach dem Einschalten die Einschalttaste festhalten, bis die Startoptionen erscheinen und Sie den Stick auswählen können.

Etwas aufwendiger ist es nur bei den Intel-Macs mit T2-Chip, den Apple seit 2018 verbaut hat und der für verbesserte Sicherheitsmechanismen zuständig ist. Bei diesen müssen Sie erst mit [cmd] + [R] in die Wiederherstellung starten, um über die Dienstprogramme den Start von einem externen Speichermedium zu erlauben. Beim anschließenden Neustart mit gedrückter Wahltaste lässt sich dann der Ventura-USB-Stick als aktuelles Startvolume auswählen.

Workshop: Ventura-Installer laden und USB-Stick vorbereiten

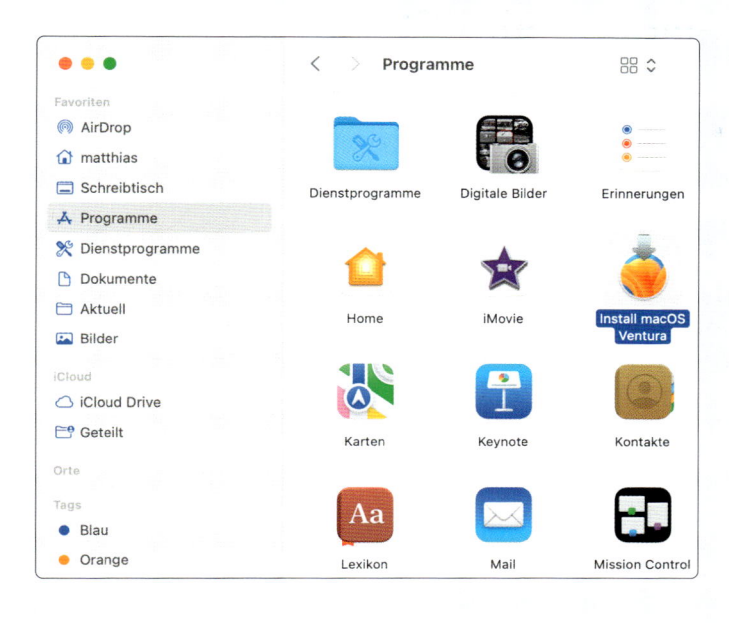

1 macOS im Store laden

Als Erstes laden Sie macOS Ventura aus dem App Store, falls Sie keine Kopie mehr im Ordner Programme finden. Um Platz zu sparen, löscht der Installationsassistent das Programm nämlich nach erfolgreicher Ausführung. Tipp: Wenn der Installer nach dem Download startet, sofort mit „Komprimieren" ein Zip-Archiv anlegen.

2 USB-Stick formatieren

Öffnen Sie das Festplattendienstprogramm, und wählen Sie links den Stick aus. Markieren Sie das Gerät (nicht ein Volume), eventuell „Darstellung > Alle Geräte einblenden" aktivieren, und klicken Sie auf „Löschen". Wählen Sie „Mac OS Extended (Journaled)" mit „GUID-Partitionstabelle", um ein Volume zu erzeugen.

Workshop: Startfähigen USB-Stick mit dem Terminal erzeugen

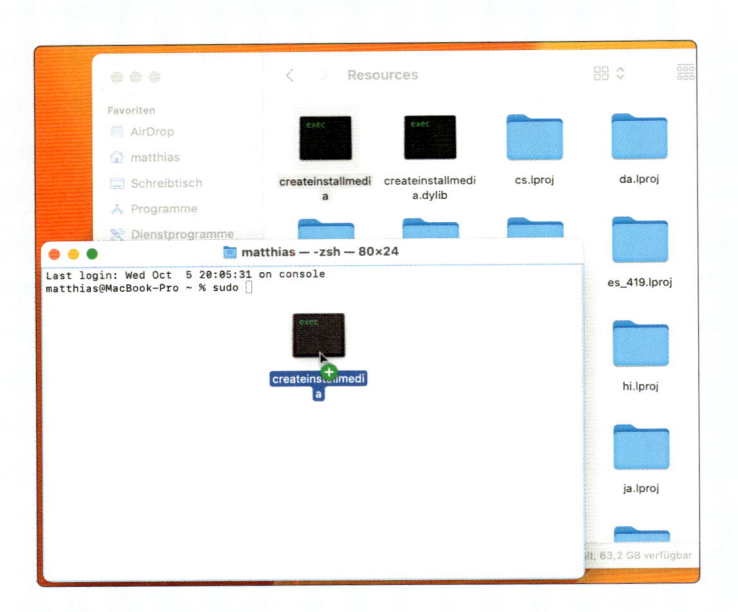

1. Terminal einfach nutzen

Öffnen Sie das Terminal. Hier geben Sie den Befehl „sudo" für die Ausführung mit Admin-Rechten ein, dann ein Leerzeichen. Markieren Sie im Finder den Installer, und wählen im Kontextmenü „Paketinhalt zeigen". Öffnen Sie dann die Ordner „Contents > Resources" und ziehen Sie „createinstallmedia" hinter „sudo" ins Terminal.

2. Stick erzeugen lassen

Das Terminal setzt die App mit Pfad ein. Fügen Sie dann mit weiteren Leerzeichen getrennt die Optionen hinzu: „--volume /Volumes/Stick --nointeraction" (auf einer Zeile). Dabei ist „Stick" der Name des Volumes auf dem vorbereiteten USB-Stick. Drücken Sie die Zeilenschaltung und geben Sie das Administrator-Passwort ein.

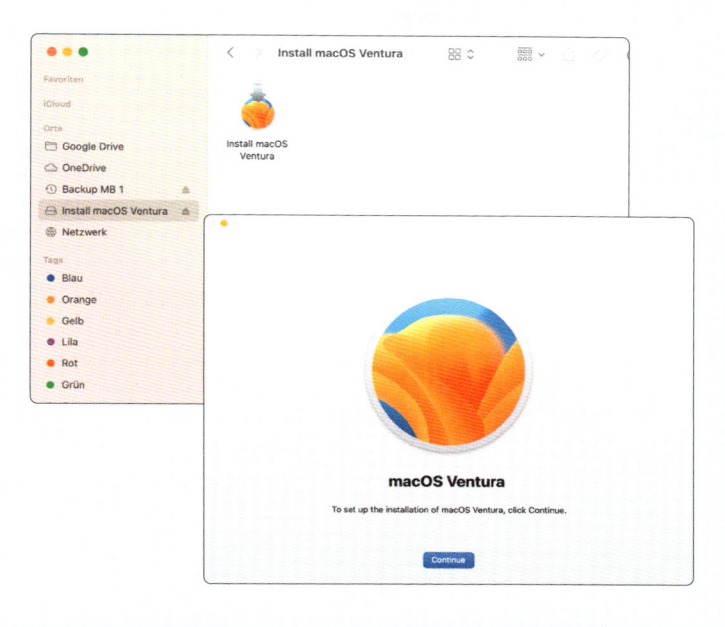

3 Erstellung abwarten

Die Ausführung des Terminal-Befehls dauert je nach Mac etwa 10 bis 30 Minuten. Verlieren Sie nicht die Geduld. Zum Ende erscheint die Meldung, das Installationsmedium sei verfügbar. Im Finder sehen Sie nun das Installationsprogramm für Ventura, das Sie auf kompatiblen Macs direkt vom Stick starten können.

4 Starten vom USB-Stick

Um einen Mac von dem Stick zu starten, stecken Sie ihn ein und machen einen Neustart. Halten Sie nach dem Startsound die [alt]-Taste gedrückt oder auf M1/2-Macs die Powertaste. Im Startvolume-Manager wählen Sie das USB-Volume „Install macOS Ventura" aus, danach im Dienstprogramme-Fenster „macOS installieren".

9

Umstieg von Windows

Die Hauptarbeit beim Umzug von Windows auf den Mac besteht darin, die persönlichen Daten zu übertragen, um sie in die neue Welt zu retten. Dabei gibt es ein paar Herausforderungen zu bewältigen. Wir zeigen hilfreiche Strategien, Apps und Tipps, wie es klappt.

Daten vom Windows-PC übertragen

Das erste Problem beim Wechsel vom PC zum Mac ist, alle Daten vom einen zum anderen Computer zu bewegen. Apple hat für genau diesen Zweck den Migrationsassistenten (in Dienstprogramme) ersonnen, der alles in einem Rutsch erledigt. Zuerst gab es das Tool nur für Macs, später kam auch noch eine Version für den Umzug vom Windows-PC auf einen Mac hinzu. Der Windows-Migrationsassistent überträgt dabei vieles, aber auch nicht alles. Er kann Kontakte, Kalender, E-Mail-Accounts und mehr nicht nur auf die Festplatte des Mac kopieren, sondern sie auch gleich in den richtigen Ordnern ablegen.

Das kann der Migrationsassistent

Unterstützt werden dabei Outlook, Windows Mail, Lesezeichen aus Internet Explorer, Safari für Windows und Firefox, die er in Safari auf dem Mac überträgt. Alle Inhalte aus iTunes, Fotos und Bilder kopiert das praktische Utitlity in Ihren privaten Ordner. Diese Dateien können Sie nach der Übertragung zu Fotos hinzufügen. Erstaunlich klingt zunächst, dass er auch Systemeinstellungen von Windows liest und auf den Mac kopiert. Allerdings sind es nur Sprach- und Standorteinstellungen, die Webbrowser-Startseite und das

> **Hilfe vom Profi**
>
> Apple Stores bieten in den USA einen Service zur Datenübertragung vom PC an. Hierzulande weist Apple darauf hin, danach im lokalen Apple Store zu fragen. Wenn der nicht hilft, bieten freie Anbieter und autorisierte Apple Service Provider verschiedene Stufen der Datenübertragung von PCs auf Macs an. Infos zu Hilfe in der Nähe: https://locate.apple.com/de/de/

Hintergrundbild des Explorer, wobei Windows-Standardbilder wohl aus rechtlichen Gründen nicht auf dem Mac landen. Macht nichts, macOS bringt genug Auswahl mit und Sie wollen ja auch erkennen, dass Sie einen schönen neuen Mac vor sich haben. Zudem überträgt der Assistent „Andere Dateien", aus dem Ordner des aktiven PC-Benutzers oder von der obersten Ebene.

Die Migration funktioniert in relativ kurzer Zeit (die natürlich im Wesentlichen von der zu übertragenden Datenmenge und der Netzwerkgeschwindigkeit abhängt) und meistens reibungslos. Mac und PC müssen sich im gleichen WLAN befinden. Schneller geht es per Ethernet-Kabel. Eine stabile Netzwerkverbindung ist wichtig. Dabei sollten Sie alle Programme auf dem PC beenden. Das gilt besonders für Antivirenprogramme.

Datenübertragung mit der Cloud

Heutzutage landen viele Daten automatisch im Cloud-Speicher. Auf dem PC alles, was Sie in Microsofts Onedrive speichern, genauso auch synchronisierte Ordner von Google Drive und Dropbox. Wenn Sie diese Dienste nutzen, brauchen Sie eigentlich nur noch deren Mac-Software zu laden, auf dem Mac zu starten und darauf zu warten, bis Ihre Ordner und Daten synchronisiert sind. Einige müssen Sie auch gar nicht übertragen, zum Beispiel die Musiksammlung in Spotify, da diese sowieso in der Dienst-eigenen Cloud gespeichert ist. Anmelden auf dem Mac reicht, und alles ist wieder da. Lediglich offline benötigte Titel müssen Sie laden. Auch die voluminösen gekauften Filme oder die Musik in iTunes können Sie mit Ihrem iTunes-Konto in Musik oder TV

Cloud-Dienste wie Onedrive, Dropbox oder Google Drive synchronisieren die PC-Daten automatisch. Installieren Sie die Software einfach auf dem Mac.

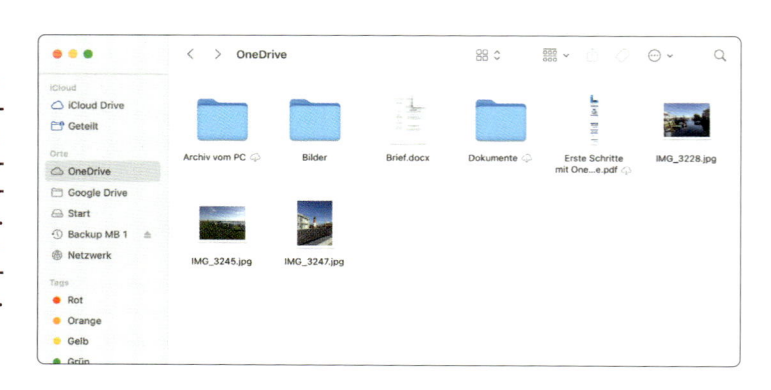

Workshop: Verbindung mit dem Apple Migrationsassistent herstellen

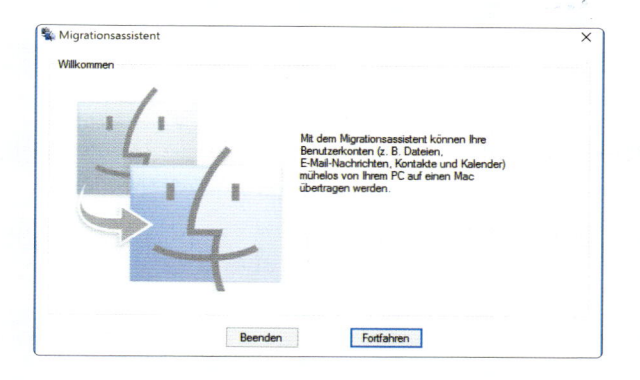

1 Software für Windows laden
Laden Sie sich auf dem PC zunächst den kostenlosen Migrationsassistenten von Apples Website unter der URL support.apple.com/de-de/HT204087, und installieren Sie das Tool. Mit „Fortfahren" starten Sie den Vorgang.

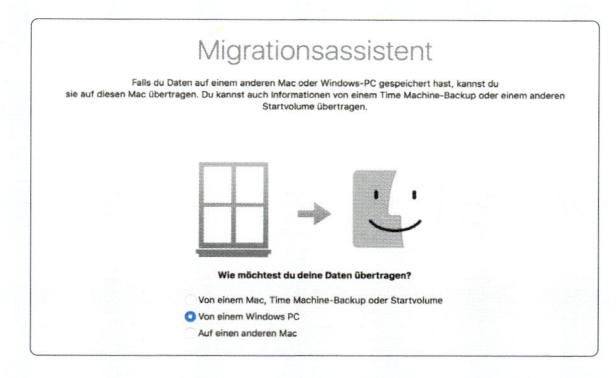

2 Migrations-App auf dem Mac starten
Ein neuer Mac bietet den Start des Migrationsassistenten im Installationsassistenten an. Bei einem bereits eingerichteten Mac starten Sie den Migrationsassistenten manuell im Verzeichnis „Programme > Dienstprogramme".

3 Daten für Übertragung wählen
Auf dem Mac sollte der PC im Migrationsfenster auftauchen. Wenn beide denselben Code anzeigen, klicken Sie auf „Fortfahren". Dann erscheint eine Liste der verfügbaren Daten. Wählen Sie die aus, die Sie übertragen wollen.

Daten vom Windows-PC übertragen

Apples iCloud lässt sich auch unter Windows nutzen, um diverse Daten zu synchronisieren, zum Beispiel Bookmarks oder Fotos.

auf dem Mac einfach noch einmal herunterladen und sich damit lange Kopiervorgänge von Rechner zu Rechner sparen.

Apple bietet iCloud auch für Windows an. Die Software kann nach der Installation auf dem Windows-PC nicht nur Fotos und Videos von iCloud auf den PC laden, sondern auch umgekehrt die Windows-Bildbibliothek vom PC hochladen – und somit auf dem Mac verfügbar machen. Zudem synchronisiert iCloud die Bookmarks vom Internet Explorer in Richtung Mac. iCloud kann auch Kalender, Kontakte und Erinnerungen aus Outlook mit iCloud abgleichen und die Daten in die passenden macOS-Apps holen.

Daten manuell kopieren

Wenn es darum geht, große Datenmengen vom PC zum Mac zu schaufeln und Sie sich nicht mit der Vernetzung von Mac und PC beschäftigen möchten, ist der Griff zum externen Datenträger oft die schnellste Methode. Manchmal ist es auch schlicht die einfachste Strategie. Hier gibt es verschiedene Möglichkeiten: Für kleinere Datenmengen kann schon ein USB-Stick reichen. Hier gibt es inzwischen auch große Modelle mit schnellen Schnittstellen wie USB-C und hohen Kopiergeschwindigkeiten.

Mehr Platz als Speichersticks und auch als gebrannte CDs oder DVDs bieten externe Festplatten. Wer ein kleines 2,5-Zoll-Modell ohne externe Stromversorgung wählt, kann leichter zwischen den Rechnern hin- und herwechseln, falls Sie nicht am gleichen Ort stehen. Nach der Datenübertragung auf den Mac können Sie

Workshop: Externes Speichermedium für Windows formatieren

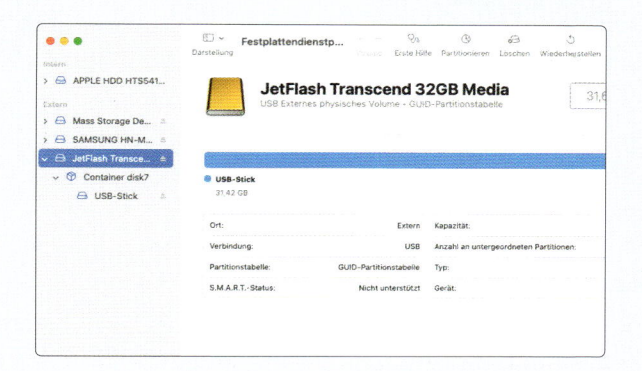

1 Externes Laufwerk auswählen
Starten Sie das Festplattendienstprogramm aus dem Ordner „Dienstprogramme". In der Seitenleiste finden Sie Festplatten und Volumes. Markieren Sie das externe Medium, das Sie für Windows formatieren möchten.

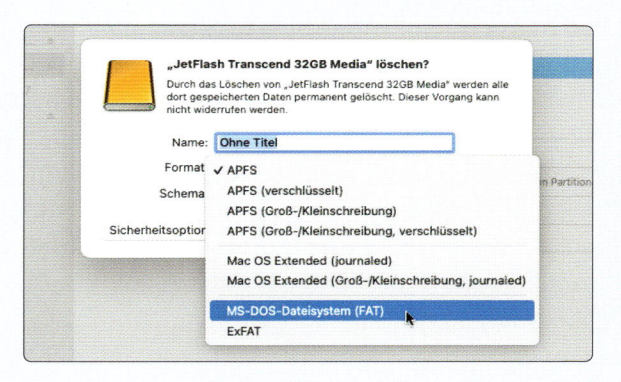

2 Kompatibles Format wählen
Klicken Sie in der Befehlsleiste auf „Löschen". Öffnen Sie dann das Aufklappmenü für das Format, und wählen Sie „MS-DOS-Dateisystem (FAT)". Bei größeren Volumes wird automatisch das erweiterte FAT32-Format verwendet.

3 Ausgewähltes Medium löschen
Geben Sie einen Namen für das Volume ein. Bei dessen Länge dürfen Sie elf Zeichen nicht überschreiten. Klicken Sie dann auf „Löschen", um den Vorgang zu starten. Das Plattenutility bestätigt die erfolgreiche Formatierung.

Fehlende Medien aus dem iTunes Store können Sie am Mac laden, wenn Sie sich in Musik oder TV an Ihrem Konto anmelden. Beide Apps bieten über das Account-Menü schnellen Zugriff auf Ihre Einkäufe.

die externe Festplatte noch prima für Back-ups, etwa für Time Machine nutzen. Oder Sie legen sie zur Sicherheit eine Weile als Archiv des PC in den Schrank, falls Sie etwas übersehen haben.

Bei allen physikalischen Datenträgern ist es wichtig, den externen Datenträger mit einem Dateisystem zu formatieren, das beide Systeme beherrschen. Es hat sich bewährt, das Medium mit dem Festplattendienstprogramm auf dem Mac (zu finden in Dienstprogramme) zu löschen und für Windows zu formatieren.

Wer sich das ständige Umstöpseln sparen möchte, kann auch ein „NAS" nutzen, also eine Netzwerk-Festplatte, mit der beide Rechner permanent verbunden sind. Oft vergisst man im ersten Durchgang noch einige Dateien, die sich dann über das NAS-Laufwerk nach und nach auf den Mac holen lassen.

Dokumente weiter nutzen

Natürlich bringen nur Daten etwas, die Sie auch weiterhin auf dem Mac verwenden können. Hier lautet die Strategie, am besten schon auf dem Windows-Rechner darauf zu achten, die Medien und Dokumente in ein kompatibles Format zu bringen – wenn möglich. Am leichtesten ist es bei Fotos und Musik. Die gebräuchlichen Formate wie JPEG, TIFF, PNG für Fotos, MP3, AAC oder WAV funktionieren auch auf dem Mac. Apples Fotos-App kann nach importierbaren Dateien suchen und so Fotos und Videos seiner Datenbank hinzufügen. Für das Sammeln und Verwalten von Musik eignet sich Musik bestens (vor Catalina iTunes).

Ebenfalls problemlos klappt der Austausch von Office-Dokumenten – am besten mit dem Original Microsoft Office zwischen Windows und Mac, das sogar Layouts unverändert lässt. Wer es nicht besitzt, kann mit Apples iWork-Apps mit kleinen Abstrichen die Dokumente öffnen und weiter verarbeiten. Wer öfter Office-Dokumente bearbeiten und austauschen muss, sollte sich auch freie Alternativen wie Libreoffice ansehen.

Etwas hakeliger wird es bei Filmen und Musik in Windows-Media-Formaten wie WMA und WMV, doch auch hierfür gibt es Konverter. Geschützte Dateien bleiben allerdings ein Problem. Bei ungwöhnlichen Medienformaten hilft auf dem Mac oft der kostenlose Allrounder VLC Media Player (www.vlc-download.de).

Mails, Kontakte und Kalenderdateien

Wenn ein automatischer Abgleich, etwa mit iCloud, nicht klappt, bleibt noch der manuelle Austausch. Die Adressbuch-App auf dem Mac kann Kontaktdaten in den Formaten vCard (Outlook), LDIF (Thunderbird) oder CSV (Trennung per Tab oder Komma) importieren. Kalender auf dem Mac nutzt das Kalenderformat „ics" sowie das ältere „vcs". Dateien mit diesen Endungen können importiert werden. In Windows können Sie in einem der beiden Formate exportieren und so die Dateien auf den Mac holen. Lokale Postfächer sollten Sie am PC im Mbox-Format exportieren, das Mail unter macOS Ventura importieren kann.

Die Mail-App des Mac kann unter Windows archivierte Mailboxen im Mbox-Format importieren.

Windows-Apps auf dem Mac

Nicht zu jedem Dokument und für jeden Zweck gibt es die passende App für den Mac. Manchmal muss man Windows oder zumindest die PC-Apps weiterhin nutzen können. Eine Lösung dafür ist ein echter PC als Zweitrechner auf dem Schreibtisch, doch sehr viel eleganter und ganz nebenbei auch platzsparender ist es, die benötigten Windows-Apps auf dem Mac zum Laufen zu bringen. Dafür gibt es verschiedene Wege, die zum Teil jedoch nur für Macs mit Intel-Prozessor infrage kommen.

Windows statt macOS starten

Mit Apples Umstieg auf Intel-Prozessoren vor einigen Jahren sind sich Macs und Windows-PCs in Hardware – vorübergehend – sehr viel ähnlicher geworden. Das hat Apple zur Entwicklung von Boot Camp genutzt. Die Software erlaubt die Installation von Windows auf Intel-Macs und stellt Windows-kompatible Treibern für Netzwerk- und Grafikkarten, Eingabegeräte und andere Mac-spezifische Komponenten bereit. Mittlerweile hat Apple die Entwicklung eingestellt, wodurch Boot Camp offiziell nur Windows 10 unterstützt. Für die Nutzung vorhandener älterer PC-Software, sollte das jedoch kein großes Problem sein.

Mit Boot Camp wird Windows als alternatives Betriebssystem auf einer eigenen Partition installiert. Der Wechsel erfolgt über einen Neustart, wobei Sie über die Systemeinstellung „Startvolume" oder den Startup-Manager ([alt] beim Start gedrückt halten) bestimmen, welches System hochfährt. Starten Sie Windows, übernimmt es die Kontrolle und kann die volle Leistung nutzen.

Windows unterstützt Apples Dateisysteme HFS und APFS nicht und kann daher nicht auf macOS-Volumes zugreifen. Für den Datenaustausch können Sie auf lokale Server, Cloud-Dienste oder eine FAT-formatierte Platte zurückgreifen. Damit können dann beide Systeme umgehen und Daten austauschen.

Den PC im Mac simulieren

Die zweite Alternative sind Programme zur Virtualisierung. Diese bilden die Hardware eines PC nach und schaffen so eine Umge-

> **Neue Macs**
>
> Auf den aktuellen Macs mit Apple Silicon funktioniert Boot Camp nicht mehr. Auch Virtualisierungslösungen haben mit der neuen Hardware zu kämpfen.

bung, die „virtuelle Maschine" (kurz VM), in der sich Windows und zugehörige Programme installieren lassen. Dabei handelt es sich um Mac-Software, die alle Zugriffe auf die PC-Hardware abfängt. Als Host-System ist macOS aktiv, darauf läuft die VM-Software und darauf dann Windows - in einem Finder-Fenster. Ein ungewohnter Anblick, aber unerhört praktisch.

Da macOS und Windows gleichzeitig aktiv sind, ist der Datenaustausch sehr einfach. Der virtuelle PC verfügt natürlich auch über simulierte Netzwerkschnittstellen, sodass sich Mac und PC Volumes freigeben können. Kommerzielle Lösungen wie Parallels Desktop oder VMware Fusion gehen noch weiter. Sie bieten eine gemeinsame Zwischenablage für den Datenaustausch per Copy-and-Paste oder erlauben, einfach Objekte zwischen macOS und dem PC-Fenster hin- und herzuziehen. Die Integration geht sogar so weit, dass sich unter macOS bestimmte Dokumentarten direkt mit einem Windows-Programm in einer VM öffnen lassen.

Grenzen der Simulation

Die Schwachstelle der Virtualisierung ist die Performance. Die Nachbildung der PC-Hardware ist ein ziemlich aufwendiges Geschäft. Bei Standardfunktionen klappt das alles noch sehr gut, aber wenn es keine direkte Entsprechung gibt oder normalerweise von der PC-Hardware beschleunigte Funktionen mühsam per Software nachgebildet werden müssen, fällt der virtuelle PC in der Leistung deutlich hinter echte Hardware zurück. Das Paradebeispiel sind Spiele mit aufwendiger Grafik. Ohne direkten Zugriff auf die Grafikkarte, geht Spielen und ähnlichen Apps schnell die Puste aus.

Um es deutlich zu sagen, Virtualisierung ist eine Materialschlacht. Die Performance hängt extrem davon ab, wie viele Prozessorkerne und Arbeitsspeicher der Mac zur Verfügung stellt. Ist die VM aktiv, nutzt sie die zugeordneten Ressourcen exklusiv. macOS muss mit dem auskommen, was noch übrig ist. Einen Intel-Mac mit Quad-Core-Prozessor und 16 GB

> **Günstige Alternativen**
>
> Einen weiteren Weg neben Boot Camp und VMs bietet die Wine-Bibliothek für Unix. Sie kommt ohne Windows aus, sondern stellt kompatible Libraries zur Verfügung. Zur Nutzung von Wine können Sie die Tools WineBottler und Crossover verwenden. Das erste ist kostenlos, erfordert aber mehr Aufwand vom Nutzer. Crossover kostet 74 Euro. Dafür ist es leichter zu bedienen und bietet eine breitere Softwareunterstützung. Trotzdem sollten Sie für jedes PC-Programm, das Ihnen wichtig ist, zuerst die Kompatibilität prüfen.

Arbeitsspeicher sollten Sie schon haben, wenn Sie den VM-PC häufig benutzen und er mehr als einfache Aufgaben bewältigen muss.

Bei vielen Standard-Apps ist die Kompatibilität mittlerweile ausgezeichnet. Das Problem sind Programme, die direkt auf die Hardware zugreifen. Hier kommt es nicht nur zu Performance-Einbrüchen, sondern auch zu Fehlern in einzelnen Funktionen bis zur völligen Unbrauchbarkeit.

Die sehr verbreitete Lösung von Parallels kostet als Abo in der Basisversion 100 Euro im Jahr. Als Einmalkauf beträgt der Preis rund 130 Euro, wobei man alle zwei Jahre mit einem kostenpflichtigen Update, momentan 70 Euro, rechnen muss, da die Software sehr stark an das jeweilige macOS angepasst ist. Mehr als ein Update kann man erfahrungsgemäß kaum überspringen. Dazu kommen die Kosten für eine Windows-Lizenz.

Als freie Alternative bietet Oracle mit Virtualbox eine Open-Source-Software an. Im Vergleich müssen Sie damit erhebliche Abstriche beim Komfort machen. So müssen Sie zum Beispiel auf die perfekte Finder-Integration verzichten, und bei Problemen sollten Sie sich nicht scheuen, in Foren zu stöbern und selbst nach Lösungen zu suchen. Auch hier benötigen Sie zusätzlich noch Windows.

Sonderfall Apple Silicon

Auf der neueren Macs mit Apple-Prozessoren ändert sich die Situation. Es gibt kein Boot Camp für sie, damit scheidet Windows als alternatives Startsystem aus. Parallels hat seine VM-Lösung angepasst, doch um eine langsame CPU-Emulation zu vermeiden, benötigt sie Windows für ARM-Prozessoren und daran angepasste PC-Programme. Als weitere Alternative lässt man den alten PC unter dem Schreibtisch stehen und nutzt ihn ab und zu per Screensharing über das für Privatleute kostenlose Teamviewer, Windows Remote Desktop oder eine VNC-Software.